Michail Chodorkowski

Briefe aus dem Gefängnis

Mit einem Essay
von Erich Follath

Aus dem Russischen
von Birgit Veit und
Ganna-Maria Braungardt

Knaus

Das Original erschien 2010 unter dem Titel
»Aufsätze, Gespräche, Interviews« bei Eksmo, Moskau.
Die deutsche Ausgabe enthält eine veränderte und erweiterte
Auswahl der Beiträge, die auf Michail Chodorkowskis Seite im
Internet (khodorkovskycenter.com) veröffentlicht wurden.

Anmerkung:
Birgit Veit übersetzte S. 9–22, S. 122–251, S. 275–278, S. 283–286;
Ganna-Maria Braungardt übersetzte S. 65–121;
Knaus Verlag S. 252–271.

MIX
Papier aus verantwor-
tungsvollen Quellen
FSC® C014889

Verlagsgruppe Random House FSC-DEU-0100
Das für dieses Buch verwendete
FSC-zertifizierte Papier *EOS*
liefert Salzer Papier, St. Pölten, Austria.

1. Auflage
Copyright © der Originalausgabe 2010
by Mikhail Khodorkovsky/MBK IP Limited
Copyright © der deutschsprachigen Ausgabe 2011
beim Albrecht Knaus Verlag, München,
in der Verlagsgruppe Random House GmbH
Gesetzt aus der Sabon von Uhl + Massopust, Aalen
Druck und Einband: Friedrich Pustet KG, Regensburg
Printed in Germany
ISBN 978-3-8135-0449-1

www.knaus-verlag.de

Inhalt

»An Chodorkowskis Händen klebt Blut [...]
der Dieb gehört hinter Gitter.«

W. Putin, November 2010.

»Ich bin keineswegs ein idealer Mensch, aber ich bin
ein Mensch der Ideen. Wie jedem wird es mir schwer,
im Gefängnis zu leben, und ich will nicht darin sterben.
Aber wenn es sein muss, werde ich nicht schwanken.
Meine Überzeugung ist mir mein Leben wert.«

M. Chodorkowski, 2. November 2010.

»Unsere Justiz ist unabhängig, sagen Putin
und Medwedew, von Gesetzen und dem
gesunden Menschenverstand, sage ich.«

M. Chodorkowski, 24. Januar 2011

An die Eltern

»…ich wünsche Euch das Beste. Macht Euch keine Sorgen. Stellt Euch einfach vor, ich sei auf einer langen Geschäftsreise, genauer: ich diente in der Armee eines demokratischen Russland. Das finde ich übrigens wirklich. Es ist sehr ähnlich.

Ich liebe und küsse Euch.
Euer Sohn.«

»*Meine gute, liebe Mamulja!*

Ich gratuliere Dir zum Geburtstag!… Achte auf Deine Gesundheit!… Du musst nicht nur aushalten, bis ich zurückkomme, sondern mir dabei helfen, das, was in diesen Jahren zerstört worden ist, wieder aufzubauen. Ich hoffe sehr auf Dich.

Ich liebe und küsse Dich.
Dein Sohn.«

Warum ich dieses Buch geschrieben habe

In diesem Buch sind einige meiner Essays und Briefe aus dem Gefängnis versammelt. Ein Teil entstand in Moskau, ein anderer in Tschita, einem Ort an der Grenze zu China, wo ich ein paar Jahre meiner Haft absaß, ein dritter wiederum in Moskau, während des zweiten Strafprozesses.

Auf die Veröffentlichung meiner Texte reagierten die Machthaber manchmal gelassen, manchmal aber auch nervös, weshalb ich dann in Isolationshaft gesteckt wurde.

Ich werde immer wieder gefragt, warum ich schreibe, warum ich die Regierung weiter provoziere, ob ich denn nicht freikommen wolle.

Ich kann dazu nur sagen: Natürlich will ich die Freiheit. Ich habe vier Kinder, eine Enkelin[1], die ich nie gesehen habe, eine Frau, Eltern, die nicht mehr jung sind. Gleichzeitig kann ich mich nicht damit abfinden, dass die Regierung an mir ein Exempel statuiert, um ihren Gegnern zu zeigen, dass sie einen Menschen brechen oder vernichten kann. Ein modernes europäisches Land, das als demokratischer Rechtsstaat gelten will, kann sich das nicht leisten.

---

[1] Geburt im Dezember 2009, Tochter von Chodorkowskis Sohn Pawel aus erster Ehe, der in New York lebt.

Solange ich im Gefängnis bin, solange ich irgend kann, werde ich kämpfen und schreiben.

Ich bin ein ganz normaler Mensch, nur ist mein Schicksal vielleicht etwas ungewöhnlich. Ich komme aus einer ganz normalen sowjetischen Ingenieursfamilie, habe eine ganz normale sowjetische Schule besucht, habe studiert, war im kommunistischen Jugendverband und bin nur durch Zufall mitten in die revolutionären Umwälzungen der neunziger Jahre geraten und zu einem Mitgestalter des neuen russischen Staates geworden.

Als Berater der ersten russischen Regierung stand ich Boris Jelzin nahe, zusammen mit seinen Leuten habe ich 1991 das Weiße Haus verteidigt, mich 1993 für die neue Regierung stark gemacht und 1996, während der schwierigen Wahlen, gehörte ich wieder zu Jelzins Mannschaft. Wir versuchten, einen neuen demokratischen Staat aufzubauen, die Gesellschaft zu erneuern, und wir haben uns im Laufe dieses Kampfes auch selbst verändert.

Ich habe erst allmählich gelernt, was Demokratie wirklich heißt, was eine moderne Wirtschaft ausmacht, wie man als Bürger seine Verantwortung wahrnehmen und sich auch für soziale Belange einsetzen muss. Mit großer Dankbarkeit denke ich in diesem Zusammenhang an die Mitglieder des Konzernvorstandes von Jukos – Sarah Carey, Bernard Lozé, Jacques Kosciusko, Michel Soublin, an meine Kollegen Bruce Misamore, Joe Mach, Frank Rieger und zahlreiche andere. Sie haben mir weit mehr vermittelt als ein Verständnis für globale Wirtschaft, internationales Finanzwesen und gutes korporatives Management. Ich habe mich meinerseits bemüht, diese neuen Erkenntnisse und Erfahrungen weiterzugeben.

Die Projekte »Offenes Russland«,»Neue Zivilisation«, »Föderation Internet-Bildung« (»FIO«), meine Beteiligung an den »Schulen öffentlicher Politik«[2] und die öffentliche Unterstützung bestimmter politischer Parteien sind mein Beitrag zu den Veränderungen, die mein Land braucht.

Besonders wichtig für ein grundsätzliches Umdenken war meine Bekanntschaft mit dem berühmten amerikanischen Kongressabgeordneten Tom Lantos, einem Holocaust-Überlebenden. Tom machte mir anschaulich klar, worin die Vorzüge des modernen Parlamentarismus liegen und wie er funktioniert.

Der eingeschlagene Weg in Richtung europäische Demokratie, verbal durchaus unterstützt von der derzeitigen Regierung, hat bei bestimmten einflussreichen Kreisen unseres Landes große Unzufriedenheit ausgelöst. Diese Unzufriedenheit entlud sich am 19. Februar 2003 während einer öffentlichen Konferenz bei Präsident Putin, bei der es vor allem um das Thema Korruption ging. Im Auftrag des Russischen Unternehmer- und Industriellenverbands (RSPP) hielt ich eine sehr polemische, ehrliche Rede und stieß damit auf Unverständnis. Schon im März begann die Strafverfolgung, ich wurde zu Vernehmungen vorgeladen und im Juni zum ersten Mal festgenommen. Man drängte mich förmlich dazu, das Land zu verlassen, doch ich lehnte eine Ausreise öffentlich ab.

Meine Verhaftung und die darauf folgenden Strapazen haben viel verändert, sowohl in mir selbst als auch an dem Bild, das sich der gebildete Teil der russischen Gesellschaft von mir gemacht hatte.

[2] 2003 von Chodorkowski ins Leben gerufenes Projekt zur politischen Aufklärung.

Vorher, noch in Freiheit, musste ich mich nur selten publizistisch äußern, und ich betrachte dies auch nicht als mein Metier. Aber durch meine Inhaftierung und die öffentlichen Strafprozesse haben die Machthaber mich und meine Kollegen zu einem Symbol des Kampfes gegen autoritäre bürokratische Willkür gemacht und mir quasi das Recht gegeben, mich direkt an die Menschen zu wenden.

Seitdem ich begriffen habe, dass ich auf absehbare Zeit nicht freikommen werde, ist die Angst von mir abgefallen, und ich sage, was ich denke. Zu meiner Überraschung stießen meine Gedanken bei den russischen Intellektuellen auf Anklang. Und so wurden die Gefängnismauern auf einmal zu einem gewaltigen Resonanzraum. 80 bis 85 Prozent der Hörer von »Echo Moskwy«,[3] des einzigen liberalen Rundfunksenders in unserem Land, stimmen mit mir überein.

Sie werden in diesem Buch einen Menschen vorfinden, der sich selbst sehr verändert hat und in einem Land lebt, das ebenfalls im Wandel begriffen ist. Und Sie werden erfahren, wie ein großer Teil der gebildeten Bürger Russlands die Wirklichkeit erlebt.

Ich möchte der deutschen Öffentlichkeit von ganzem Herzen danken für die Anteilnahme und Unterstützung, die sie mir und meinen Kollegen entgegenbringt. Wir haben ein gemeinsames Ziel – ein europäisches, friedliches, demokratisches und modernes Russland.

---

[3] »Moskauer Echo«, nach Meinung russischer und westlicher Experten einziges wirklich unabhängiges Medium in Russland und einziger Beweis dafür, dass es so etwas wie Meinungsfreiheit überhaupt noch gibt. Tägliche Hörerschaft: 600 000 Moskauer und 1,5 Millionen Menschen im übrigen Russland.

Schlussplädoyer vom 2. November 2010

Verehrtes Gericht!

Wenn ich zurückschaue, erinnere ich mich an den Oktober 2003. Meinen letzten Tag in Freiheit. Ein paar Monate nach der Verhaftung sagte man mir, Präsident Putin habe beschlossen, ich solle acht Jahre lang »die Schleimsuppe« der Gefängnisse »löffeln«. Damals fiel es schwer, das zu glauben.

Seitdem sind sieben Jahre vergangen. Sieben Jahre sind eine sehr lange Zeit, besonders im Gefängnis. Wir alle hatten viel Zeit, das ein oder andere neu zu bewerten oder zu interpretieren.

Das Auftreten der Staatsanwälte nach dem Motto »Brummen Sie ihnen 14 Jahre auf« und »Pfeifen Sie auf die früheren Gerichtsurteile«, bedeutet wohl: Man hat in diesen Jahren noch mehr Angst vor mir bekommen und achtet das Gesetz noch weniger.

Beim ersten Mal haben sie wenigstens versucht, hinderliche juristische Verordnungen vorher aufzuheben. Diesmal geht es auch so, zumal nicht nur zwei, sondern mehr als sechzig Verordnungen aufgehoben werden müssten.

Ich möchte jetzt nicht auf die juristische Seite des Falls zurückkommen. Alle, die etwas davon verstehen wollten, haben längst alles verstanden. Keiner erwartet ernstlich ein Schuldeingeständnis von mir. Es würde heute kaum einer glauben, wenn ich sagte, das ganze Öl, das mein Konzern gefördert hat, sei von mir geraubt worden.

Aber genauso wenig glaubt jemand, dass ein Moskauer Gericht im Fall Jukos auf Freispruch erkennen könnte.

Trotzdem möchte ich meiner Hoffnung darauf Ausdruck geben. Hoffnung ist das Wichtigste im Leben.

Ich erinnere mich an die achtziger Jahre des vorigen Jahrhunderts. Ich war damals 25. Unser Land lebte in der Hoffnung auf Freiheit und Glück für uns und unsere Kinder.

Zum Teil erfüllten sich die Hoffnungen, zum Teil nicht. Dafür dass sie sich nicht dauerhaft und nicht für alle erfüllten, trägt wohl unsere Generation die Verantwortung, darunter auch ich.

Ich erinnere mich auch an das Ende des vorigen Jahrzehnts. Ich war damals 35. Wir bauten den besten Ölkonzern Russlands auf. Wir errichteten Sport- und Kulturzentren, leisteten Pionierarbeit, erschlossen Dutzende neuer Fördermöglichkeiten, nahmen die Ausbeutung der ostsibirischen Reserven in Angriff und führten neue Technologien ein. Taten eigentlich all das, wessen sich Rosneft, der Konzern, der Jukos übernahm, heute rühmt.

Dank der auch durch unter Verdienst beträchtlich gestiegenen Ölförderung konnte unser Land die günstige Konjunktur für Öl ausnutzen. Wir hatten Hoffnung, dass die Zeit der Erschütterungen und Wirren endlich vorbei sei, dass wir in stabilen Verhältnissen, die enorme Anstrengungen und Opfer gekostet hatten, in Ruhe ein neues Leben und eine große Zukunft für unser Land würden aufbauen können.

Leider hat sich auch diese Hoffnung bisher nicht erfüllt. Die Stabilität wich zusehends der Stagnation. Die Gesellschaft erstarrte. Obwohl die Hoffnung noch lebendig ist. Selbst hier im Saal des Chamownitscheski-Gerichts ist sie lebendig, jetzt, wo ich schon beinahe fünfzig bin.

Mit dem Regierungsantritt des neuen Präsidenten, und das ist schon mehr als zwei Jahre her, schöpften viele meiner Mitbürger wieder Hoffnung. Hoffnung, Russland werde doch noch ein modernes Land mit einer entwickelten Zivilgesellschaft. Frei von Beamtenwillkür, Korruption, Ungerechtigkeit und Gesetzlosigkeit.

Klar, dass das nicht von selbst und von einem Tag auf den anderen geschehen konnte. Aber so zu tun, als ob wir vorankämen, während wir in Wirklichkeit auf der Stelle treten und sogar zurückfallen, das ist, auch wenn es sich den Anschein eines edlen Konservativismus gibt, inzwischen unmöglich und schlicht gefährlich für unser Land.

Man kann unmöglich hinnehmen, dass Menschen, die sich Patrioten nennen, sich derart vehement gegen jede Änderung sperren, die ihre Futtertröge und Privilegien begrenzen würde. Ich erinnere nur an Paragraf 108 der Strafprozessordnung der Russischen Föderation, in dem es um die Festnahme von Unternehmern oder die Einkommenserklärung von Staatsdienern geht. Die Verhinderung von Reformen beraubt unser Land der Perspektiven. Das ist kein Patriotismus, sondern Heuchelei.

Ich schäme mich zu sehen, wie einige in der Vergangenheit von mir geachtete Leute versuchen, bürokratische Willkür und Gesetzlosigkeit zu rechtfertigen. Sie geben ihren guten Ruf im Tausch gegen ein ruhiges, privilegiertes Leben im Rahmen des herrschenden Systems.

Zum Glück sind nicht alle so, und die anderen sind in der Mehrheit.

16

Ich bin stolz darauf, dass es unter den tausend Mitarbeitern von Jukos während der sieben Jahre dauernden Verfolgungen keinen einzigen gegeben hat, der bereit gewesen wäre, durch eine Falschaussage seine Seele und sein Gewissen zu verkaufen.

Dutzende wurden bedroht, von ihren Angehörigen und Freunden getrennt und ins Gefängnis geworfen. Einige wurden gefoltert. Aber obwohl sie ihre Gesundheit und Jahre ihres Lebens opferten, bewahrten sich die Menschen das, was sie für die Hauptsache hielten: ihre Menschenwürde.

Diejenigen, die diesen schändlichen Fall angezettelt haben – Birjukow, Karimow und andere –, haben uns verächtlich »Händler« (»kommersanty«) genannt, uns als Gesindel bezeichnet, das zu allem bereit ist, um seinen Wohlstand zu retten und nicht ins Gefängnis zu kommen.

Inzwischen sind Jahre vergangen. Und wer hat sich wie Gesindel verhalten? Wer hat für Geld und aus Feigheit vor der Obrigkeit gelogen, gefoltert, Geiseln genommen?

Und das haben sie eine »Staatsangelegenheit« genannt!

Ich schäme mich. Ich schäme mich für mein Land.

Ich glaube, eines ist uns allen sehr wohl klar: Die Bedeutung dieses Prozesses geht weit über das Schicksal von Platon (Lebedew) und mir hinaus, ja sogar weit über die Schicksale all derer, die im Zuge der großen Abrechnung mit Jukos unschuldig gelitten haben, derer, die ich nicht habe schützen können, die ich aber nicht vergesse und an die ich jeden Tag denke.

Fragen wir uns doch: Was denkt denn heute ein Unternehmer, eine Führungskraft in der Industrie, schlicht ein gut ausgebildeter, kreativer Mensch, wenn er unseren Prozess beobachtet und dessen absolut vorhersehbaren Ausgang sieht?

Die klare Schlussfolgerung jedes denkenden Menschen ist schrecklich einfach: Die Polizei-Bürokratie ist allmächtig. Ein Recht auf Privateigentum gibt es nicht. Die Menschenrechte haben bei einem Konflikt mit dem »System« grundsätzlich keine Geltung.

Obwohl sogar im Gesetz verankert, werden die Rechte nicht vom Gericht verteidigt. Entweder weil das Gericht ebenfalls Angst hat oder weil es Teil des »Systems« ist. Wen überrascht es, wenn niemand danach strebt, Verantwortung zu übernehmen?

Wer soll die Wirtschaft modernisieren? Die Staatsanwälte? Die Milizionäre? Die Geheimpolizisten? Eine solche Modernisierung hat man schon einmal versucht, es hat nicht geklappt. Die Wasserstoffbombe und Raketen konnten sie bauen, aber einen eigenen guten, modernen Fernseher, ein eigenes billiges, konkurrenzfähiges modernes Auto, ein eigenes modernes Handy und jede Menge anderer moderner Produkte, das kriegen wir bis heute nicht hin.

Dafür hat man sich mit bei uns hergestellten, veralteten ausländischen Modellen geschmückt, und die wenigen Entwicklungen russischer Erfinder finden, wenn überhaupt, nur im Ausland Anwendung.

Was ist aus den im vorigen Jahr unternommenen Initiativen des Präsidenten zur Industriepolitik geworden? Sind sie ad acta gelegt? Dabei waren sie durchaus eine reale Chance, von der Rohstoffabhängigkeit wegzukommen.

Warum sind sie begraben? Weil es zu ihrer Realisierung nicht nur eines Koroljows und eines Sacharows unter den

18

Fittichen des allmächtigen Berija[1] und seines Millionen-
heers bedurft hätte, sondern Hunderttausender von Koroljows und Sacharows, beschützt von gerechten, verständ-
lichen Gesetzen und unabhängigen Gerichten, die diesen
Gesetzen Leben einhauchen und ihnen nicht einen Platz im
verstaubten Regal zuweisen würden wie es einst mit der
Verfassung des Jahres 1937 geschah.

Wo sind diese Koroljows und Sacharows heute? Emigriert? Auf dem Sprung in die Emigration? In der inneren
Emigration? Haben sie sich unter die grauen Bürokraten
gemischt, um nicht wieder unter die Dampfwalze des »Systems« zu geraten?

Wir, die Bürger Russlands und Patrioten des ganzen Landes, können und müssen das ändern.

Wie soll Moskau zu einem Finanzzentrum Eurasiens
werden können, wenn unsere Staatsanwälte in einem öffentlichen Prozess unumwunden und unmissverständlich
wie vor zwanzig und fünfzig Jahren dazu aufrufen, das
Streben nach Vergrößerung der Produktion und Kapitalisierung eines Privatunternehmens als verbrecherisches Ziel
anzuerkennen, das mit 14 Jahren Gefängnis zu ahnden ist?

Wenn der Konzern laut dem *einen* Urteil Steuern hinterzogen haben soll, obwohl er nach Gasprom der größte
Steuerzahler im Land ist, es sich laut dem *anderen* Urteil
aber gar nicht um einen besteuerungsfähigen Gegenstand
gehandelt hat, sondern um gestohlenes Gut!

Ein Land, das sich damit abfindet, dass die Polizeibüro-

---

[1] Lawrenti Pawlowitsch Berija (1899–1953); ab 1938 Chef der Geheimdienste der Sowjetunion und Schlüsselfigur des stalinistischen
Terrors.

kratie im eigenen und keineswegs im Interesse des Landes Zehn-, wenn nicht Hunderttausende talentierter Unternehmer, Führungskräfte und einfacher Bürger statt und zusammen mit Verbrechern in Gefängnissen hält, ist ein krankes Land.

Ein Staat, der seine besten Konzerne zerschlägt, die auf dem Weg sind, in die Weltklasse aufzusteigen, ein Staat, der seine Bürger verachtet, der nur der Bürokratie und den Geheimdiensten vertraut, ist ein kranker Staat.

Die Hoffnung ist der Hauptantrieb für große Reformen und Änderungen, die Gewähr für deren Erfolg. Wenn sie erlischt, wenn sie von dumpfer Enttäuschung abgelöst wird, wer und was wird dann unser Russland aus einer neuen Stagnation herausführen können?

Ich übertreibe nicht, wenn ich sage: Millionen Augen in unserem Land und auf der ganzen Welt verfolgen den Ausgang dieses Prozesses. Sie verfolgen ihn in der Hoffnung, dass Russland doch noch zu einem Land der Freiheit und des Gesetzes wird, in dem das Recht höher steht als ein Beamter.

In dem die Unterstützung oppositioneller Parteien aufhört, ein Anlass für Repressionen zu sein.

In dem die Sicherheitsdienste Volk und Gesetz schützen, nicht die Bürokratie vor Volk und Gesetz.

In dem die Menschenrechte nicht mehr von der Laune des Zaren abhängig sind. Sei es nun ein guter oder ein böser.

In dem im Gegenteil die Regierung wirklich von den Bürgern und das Gericht nur von Recht und Gott abhängig sein werden. Wenn Sie wollen, nennen Sie das Gewissen.

Ich glaube, dass das kommen wird.

Ich bin keineswegs ein idealer Mensch, aber ich bin ein Mensch der Ideen. Wie jedem fällt es mir schwer, im Gefängnis zu leben, und ich will nicht darin sterben.

Aber wenn es sein muss, werde ich nicht schwanken. Meine Überzeugung ist mir mein Leben wert. Ich meine, das bewiesen zu haben.

Und die Ihre, meine Herren Opponenten? An was glauben Sie? An das Recht der Obrigkeit? An das Geld? Daran, dass das »System« straflos ausgeht?

Euer Ehren!

In Ihren Händen liegt sehr viel mehr als nur zwei Schicksale. Hier und jetzt wird über das Schicksal eines jeden Bürgers unseres Landes entschieden. Über das Schicksal derjenigen in Moskau und Tschita, Petersburg und Tomsk und in anderen Städten und Dörfern, die darauf zählen, nicht ein Opfer der Gesetzlosigkeit der Miliz zu werden, derjenigen, die ein eigenes Geschäft gegründet, ein Haus gebaut, Erfolg gehabt haben und möchten, dass dies ihren Kindern und nicht Plünderern in Uniform zugutekommt, und schließlich derjenigen, die ehrlich für ein gerechtes Gehalt ihre Pflicht tun wollen, ohne jede Minute befürchten zu müssen, unter einem beliebigen Vorwand von einer korrumpierten Obrigkeit entlassen zu werden.

Es geht nicht um Lebedew und mich, jedenfalls nicht nur. Es geht um die Hoffnung vieler unserer Mitbürger. Um die Hoffnung, dass das Gericht morgen ihre Rechte wird verteidigen können, sollte es irgendwelchen Bürokraten wieder in den Sinn kommen, diese Rechte dreist und demonstrativ zu verletzen.

Ich weiß, dass es Menschen gibt – ich habe ihre Namen während des Prozesses genannt –, die uns weiter im Gefängnis sehen wollen. Für immer! Sie verheimlichen das im Grunde genommen auch nicht, indem sie öffentlich betonen, der Fall Jukos sei längst nicht abgeschlossen.

Weil sie demonstrieren wollen: Sie stehen über dem Gesetz, sie erreichen immer das, was sie vorhaben. Bisher haben sie das Gegenteil erreicht: Sie haben aus gewöhnlichen Menschen ein Symbol des Widerstands gegen die Willkür gemacht. Jetzt brauchen sie einen Schuldspruch, um nicht selbst zu »Sündenböcken« zu werden.

Ich gebe der Hoffnung Ausdruck, dass das Gericht diesem Druck ehrenhaft standhält. Wir wissen alle, wie und über wen er ausgeübt wird.

Ich möchte, dass eine unabhängige Justiz zur Realität wird und zum Alltag meines Landes gehört, dass die Worte vom »gerechtesten Gericht der Welt«, die in der Sowjetzeit geprägt wurden, aufhören, ironisch zu klingen. Dass wir unseren Kindern und Enkeln nicht die gefährlichen Symbole des totalitären Systems als Erbe hinterlassen.

Euer Ehren, mir ist klar, Sie haben es außerordentlich schwer, vielleicht haben Sie sogar Angst. Ich wünsche Ihnen Mut.

Wer ist Michail Chodorkowski?

Ein Essay von Erich Follath

Erich Follath, Jahrgang 1949, ist promovierter Politologe und Diplomatischer Korrespondent des »Spiegel«. Er hat in dem Hamburger Nachrichtenmagazin zahlreiche Titelgeschichten über Russland, China und den Nahen Osten veröffentlicht. Follath ist Autor mehrerer erfolgreicher Sachbücher (u.a. »Die letzten Diktatoren«, »Die Kinder der Killing Fields«).

Ein fast mitleidiges Lächeln auf den Lippen, die Stimme leise und fest, fordernd und verzeihend zugleich, die Haltung betont aufrecht, als wolle da jemand mit jeder Bewegung beweisen: Mich bricht niemand. Michail Borissowitsch Chodorkowski ist kein brillianter Romancier, kein mitreißender Revolutionär, auch kein Rhetoriker von Gnaden. Und doch erinnert das Schlusswort, das er während dieses bitterkalten Novembertags 2010 im Gitterkäfig des Moskauer Gerichtssaals hält, an zwei andere berühmte historische Reden, die alle Menschen aufgewühlt haben und dies bis heute noch tun. An Plädoyers, die nicht nur die Justiz eines Landes durcheinander gewirbelt haben, sondern ein ganzes Stück auch die Geschichte der Welt.

Emile Zola hat einst seine Wut herausgeschleudert, in Worten, die wie Blitze einschlugen, in einer einzigen Anklage. »J'accuse!« nennt der französische Schriftsteller denn

23

auch seinen auf Seite eins der Pariser Zeitung »L'Aurore« am 13. Januar 1898 veröffentlichten Brandbrief an Félix Faure, den Präsidenten der Republik. Er plädiert nicht in eigener Sache; Zola ergreift für den jüdischen Hauptmann Alfred Dreyfus Partei, der offensichtlich unter einem Vorwand als Landesverräter verhaftet wurde. Er prangert den herrschenden Antisemitismus an und beklagt die Willkür des Rechtssystems und deren Deckung durch die hohe Politik: »Sie, Herr Präsident, haben die Herzen erobert. Sie sind umstrahlt von dem Glanz des patriotischen Festes. Aber welch eine Befleckung Ihres Namens – ich hätte fast gesagt Ihrer Regierungszeit – ist diese abscheuliche Affäre Dreyfus! Ich werde die Wahrheit sagen, denn ich habe versprochen, sie zu sagen. Es ist meine Pflicht zu sprechen, ich will nicht Komplice sein. Meine Nächte würden gestört sein von dem Geist des Unschuldigen, der dort unten unter den furchtbarsten Qualen für ein Verbrechen büßt, das er nicht begangen hat. Für Sie Herr Präsident, schreie ich die Wahrheit in die Welt – mit der ganzen Gewalt der Empörung eines ehrlichen Mannes. Im Interesse Ihrer Ehre bin ich überzeugt, dass Sie nichts davon wissen. Vor wem soll ich den Haufen schuldiger Übeltäter anklagen, wenn nicht vor Ihnen, der ersten Autorität des Landes?«

Der Brief verursacht einen ungeahnten politischen Sturm, der Frankreich tief spaltet; die Staatsmacht zeigt sich beeindruckt. Erst reduziert man das Strafmaß von Dreyfus; dann wird er begnadigt, 1906 schließlich rehabilitiert. Zola, der berühmte Autor von »Der Totschläger« und »Der Zusammenbruch«, erlebt das nicht mehr. Er stirbt vier Jahre zuvor an einer Rauchvergiftung. Vielleicht ist es ein Unfall, vielleicht ein Mord – man weiß es bis heute nicht.

Fast ein halbes Jahrhundert später, am 16. Oktober 1953, steht Fidel Ruz Castro vor Gericht und hält seine Brandrede. Der Revolutionär und seine Männer haben eine der symbolischen Hochburgen der Batista-Diktatur, die Moncada-Kaserne in Santiago de Cuba, überfallen; die Mehrzahl der Angreifer starb bei dem selbstmörderischen Kommando. Ein Dutzend und der Anführer selbst kamen mit dem Leben davon, wurden aber gefasst und eingekerkert. »Es ist zu einem Rollentausch gekommen im Laufe dieser Verhandlung«, ruft Castro, der sich selbst verteidigt, vor Gericht triumphierend aus. »Die Ankläger wurden zu Angeklagten und die Angeklagten zu Anklägern! Es ist nicht entscheidend, dass hier einige aufrechte Leute verurteilt werden, entscheidend ist, dass das Volk schon morgen den Diktator und seine grausamen Schergen verurteilen wird. Kuba sollte ein Bollwerk der Freiheit und nicht ein schändliches Kettenglied des Despotismus sein! Was mich selbst betrifft, so weiß ich, dass der Kerker hart sein wird, verschärft durch Drohungen, durch gemeine und feige Wut. Ich fürchte das nicht, wie ich den Zorn des elenden Tyrannen nicht fürchte. Verurteilt mich, das hat nichts zu bedeuten. Die Geschichte wird mich freisprechen!«

Castro wird zu 15 Jahren Zuchthaus verurteilt, im Rahmen einer Generalamnestie kommt er schon nach zwei Jahren frei und geht in den Untergrund. Am 1. Januar 1959 flieht Diktator Fulgencio Batista, die Guerilleros haben gesiegt. Aber: »La historia me absolverá«? Ob Castro, der sich schon bald zum Autokraten zu wandeln begonnen hat und viele seiner Mitstreiter verriet, von der Geschichte freigesprochen wird, bleibt offen. Vielleicht für seinen Aufstand, aber auch für seine spätere Repression? Darüber steht das endgültige Urteil noch aus.

Und nun also Michail Borissowitsch Chodorkowski. Der Ruhige. Der Nachdenkliche. Der sich die Brille putzt, bevor er spricht und so buddhistisch gelassen wirkt, als sei er ein jüngerer Bruder des Dalai Lama. Der fast schüchtern zu seinen Verwandten und Freunden hinüberwinkt, die wie an jedem Verhandlungstag in den kleinen, gerade einmal vier Dutzend Zuhörer fassenden Saal gekommen sind. Der Mann, der nicht so geschliffen formulieren kann wie Zola bei seiner Anklage und nicht so brachial argumentieren wie Castro bei seiner Abrechnung. Der eher appelliert als anklagt oder abrechnet, und immer höflich bleibt gegenüber dem »verehrten Gericht«. Der zum Zeitpunkt seines Moskauer Schlussworts schon eine lange Leidenszeit hinter sich hat: Der Chef des erfolgreichen Erdöl-Konzerns Jukos und reichste Mann Russlands hat, in einem höchst obskuren Prozess 2005 wegen schweren Betrugs verurteilt, sieben Jahre im Gefängnis abgesessen, größtenteils im sibirischen Tschita. Er überstand Messerattacken von Mithäftlingen und einen Hungerstreik. Im Oktober 2011 spätestens hätte man ihn freilassen müssen. Nun ist ein zweites Gerichtsverfahren gegen ihn angestrengt worden, diesmal wegen Unterschlagung und Geldwäsche. Es sieht nicht gut aus für seine Freiheit und eine Rückkehr in ein »normales« Leben.

Und doch hält der Angeklagte Chodorkowski am 2. November 2010 in Moskau eine Rede, die wie jene von Zola und Castro vielleicht noch in Jahrzehnten zitiert werden wird, die historisch werden könnte. Das Plädoyer steht am Beginn der in diesem Buch erstmals in deutscher Sprache vorliegenden Originaldokumente von Russlands berühmtestem Häftling. Es ist ein politisches Manifest.

Mit seinem juristischen Fall gibt sich Chodorkowski gar nicht mehr ab: »Alle, die etwas davon verstehen wollten, haben längst alles verstanden. Keiner erwartet ernsthaft ein Schuldeingeständnis von mir.« Stattdessen macht er in ebenso schlichten wie scharfen Worten klar, worum es wirklich geht: um die Hoffnung, Russland trotz aller Widerstände der Regierenden den Übergang in eine »entwickelte Zivilgesellschaft, frei von Beamtenwillkür, Korruption, Ungerechtigkeit und Gesetzlosigkeit« zu ermöglichen und den »Menschenrechten«, die »grundsätzlich keine Geltung« hätten, Gewicht zu verschaffen. Der Sträfling sieht sich als »Patriot«. Er gibt sich, trotz seiner leisen und wenig revolutionären Töne in der Sache sehr selbstbewusst. Er weiß um die Bedeutung der Causa Chodorkowski weit über den kleinen Moskauer Gerichtssaal hinaus. »Ich übertreibe nicht, wenn ich sage: Millionen Augen in unserem Land und auf der ganzen Welt verfolgen den Ausgang des Prozesses.« Er endet mit einem dramatischen Appell an »Euer Ehren«, den Richter Viktor Danilkin, dem er – was für eine ungeheure Provokation in einem russischen Gericht – fast mitleidig »Mut« wünscht.

Chodorkowskis Skepsis ist augenfällig. Es ist unverkennbar, dass sich seine Worte über den Kopf des Justizbeamten hinweg an einen ganz anderen richten, von dem er annimmt, dass er sein Urteil schon gefällt hat: an den mächtigsten Mann im Land, an seinen großen Widersacher. An Ministerpräsident Wladimir Putin.

Die Anklage umfasst 3487 Seiten, das Urteil kommt mit vergleichsweise schlanken 689 Seiten aus. Die Verteidigung hat im Lauf des Prozesses Entlastungszeugen vorführen können, die alle Anklagepunkte ad absurdum führten. Der frühere Wirtschaftsminister German Gref und der Ex-Vizepremier Viktor Christenko bestätigten übereinstimmend, sie hielten es für ausgeschlossen, dass Chodorkowski gemeinsam mit seinem Mitangeklagten Platon Lebedew 350 Millionen Tonnen Öl gestohlen haben könnte. Das wäre ihnen – damals in Regierungsverantwortung – mit Sicherheit aufgefallen. Geradezu kafkaesk mutet das Verfahren an, die Vorwürfe sind nach Ansicht aller sachkundigen ausländischen Prozessbeobachter an den Haaren herbeigezogen, und auch Politiker von Angela Merkel bis Barack Obama schließen sich dieser Meinung an. Es nützt alles nichts. Am 27. Dezember 2010 verkündet der Richter den Schuldspruch, drei Tage später das Strafmaß. Es übertrifft in seiner Härte die Erwartungen der meisten Prozessbeobachter: 14 Jahre Freiheitsentzug. Das zweite Urteil hebt das erste auf; unter Berücksichtigung der noch nicht abgebüßten Reststrafe bedeutet das für Chodorkowski noch über sechs Jahre Haft. Gefasst und mit seinem üblichen ironischen Lächeln auf den Lippen akzeptiert Chodorkowski den Schuldspruch zum »Gulag light«, wie er den Strafvollzug im Putin-Reich ironisch nennt. Kommt es zu keiner Begnadigung, kann er erst 2017 seine Freiheit wiedererlangen.

Aber selbst dann wird Chodorkowski noch kein Greis sein, sondern gerade erst 54 – eigentlich im besten Alter für eine Karriere in der Politik oder Wirtschaft. Er hat in der Haft mit seinen Aufzeichnungen begonnen. Er reflektiert darin nicht nur seine eigene Vergangenheit, sondern schreibt auch auf, welchen politischen Weg seine Heimat gehen könnte; er diskutiert diese Gedanken in Briefwechseln mit einigen der interessantesten russischen Schriftsteller und Philosophen – und lässt dabei auch eigene Lernprozesse erkennen. Sie sind in diesem Buch dokumentiert mit unterschiedlichen Schwerpunkten. Der Autorin Ljudmila Ulitzkaja verrät er vieles über seinen Werdegang. Dem Essayisten Boris Akunin erzählt er von den Bedingungen seiner Gefangenschaft, in seinen Essays analysiert er das Justizsystem und die Chancen der Demokratisierung in seiner Heimat. Und Chodorkowski verrät auch Ambitionen. Er lässt zwischen den Zeilen der hier abgedruckten Interviews, Essays und Briefe deutlich erkennen, dass er in einem veränderten Russland durchaus auch eine wichtige Rolle für sich selbst sieht.

Vom Knast in den Kreml – ist so etwas auch nur im Ansatz denkbar? Und was genau will Chodorkowski politisch und ökonomisch, wie glaubt er es erreichen zu können? Ist er wirklich die strahlende Ikone der Freiheit, der Märtyrer, zu dem ihn seine Bewunderer machen oder doch eher ein reichlich spät geläuterter Raubtierkapitalist, womöglich zum Teil sogar zu Recht von der Staatsmacht abgestraft?

Drei Leben jedenfalls scheint dieser Mann schon geführt zu haben. Das erste, als er in den spätsowjetischen Zeiten jede Gesetzeslücke skrupellos ausnützt, zum Milliardär aufsteigt und sich als Lobbyisten Abgeordnete der Staatsduma hält; das zweite, als er sich zum modernen Konzernchef und Wohltäter seiner Belegschaft entwickelt, sich mutig, geradezu tollkühn gegen die Korruption an der Staatsspitze auflehnt; das dritte, als er sich unter schwierigen Haftbedingungen zum nachdenklichen, durch nichts und niemanden zu brechenden Idealisten entwickelt. Kann man diese drei Leben mit ihren so offensichtlichen und eklatanten Widersprüchen voneinander trennen? Den Rücksichtslosen vom Cleveren und den Cleveren dann vom Gutherzigen?

Wer ist dieser Michail Borissowitsch Chodorkowski, dämonisiert von den einen, verklärt von den anderen?

Ich habe Chodorkowski vor seinem Moskauer Prozess dreimal getroffen, in durchaus unterschiedlichen Lebensphasen.

Das erste Mal Ende 1999, als ich für eine Geschichte über Russlands Wirtschaft recherchiere. Es ist ein kurzes Kennenlerntreffen in seinem Büro.

Chodorkowski wirkt auf mich überraschend jugendlich, noch jünger als seine damaligen 36 Jahre, begeisterungsfähig, hemdsärmelig, gelegentlich ein wenig ruppig – eine Mischung aus Musterschüler und Rabauke, schon damals Unvereinbares miteinander vereinend. Und so, als könne er selbst seinen steilen Aufstieg noch gar nicht fassen, als sei er in ein Märchen geraten und müsse sich in den Arm zwicken, um sich zu vergegenwärtigen, dass er nicht träumte. Einer, der um die Zeitenwende weiß. »Ich bin Mitglied der letzten Generation von Sowjetmenschen, von denen, die im Zeichen der UdSSR geboren und sozialisiert wurden«, sagt er nachdenklich. »Ich war Mitte zwanzig, als die Sowjetunion unterging, schon mein ältester Sohn kennt diese Zeiten nur mehr von Geschichten, die wir ihm erzählen, von Eindrücken, die wir ihm vermitteln.« Wir unterhalten uns dann über die gerade überstandene Rubel-Krise, die Chancen der Erdölförderung in Sibirien und das »Corporate Governance«, das er seinen Worten nach bei seinem Jukos-Konzern eingeführt hat. »Der Westen wird meine

Firma bald beneiden«, sagt er zum Abschied. Und im Hinausgehen gibt er noch eine Empfehlung: »Kaufen Sie Jukos-Aktien. Glauben Sie mir, es wird sich für Sie auszahlen.«

Das zweite Mal im Frühsommer 2002, als ich für den »Spiegel« ein Porträt über den »reichsten Mann Russlands« vorbereite. Wir sehen uns im Moskauer Jukos-Büro, einem Raum, an dessen Wänden nun neben einer Russlandkarte mit den markierten Standorten der Erdöl- und Erdgas-Anlagen des Konzerns auch moderne Kunstwerke hängen und der mit einer Ledergarnitur, Glastischen und Mahagoni-Tisch erkennbar auf internationale Repräsentation getrimmt worden ist.

Was haben sie ihm nicht damals schon alles nachgesagt, seine geschäftlichen Konkurrenten, seine kommunistischen Feinde und natürlich »diese Giftzwerge von der Journaille«, die er ganz selten nah an sich heranlässt: Er sei ein Mafia-Typ, ein Rohstoffdieb im großen Stil, ein Ausbeuter seines Volkes. Mehrere tausend Fundstellen mit Informationen zu seinem Namen gebe es im Internet, sagt Russlands vielleicht mächtigster Wirtschaftsboss. Fast alles Schund, seiner Meinung nach.

Bleibt die Frage, wie der Tycoon seine Unternehmerrolle in der postkommunistischen Wirtschaft selbst sieht? Chodorkowski, im ganzen Land nur MBC genannt, stößt einen tiefen Seufzer aus. Er hebt die Hände wie zum Schutz, ganz Unschuldslamm im Raubtiergehege – und überrascht mit einem Geständnis. »Hier herrschte in den Übergangszeiten nach dem Zusammenbruch des Sowjetsystems das Gesetz des Dschungels. Keiner wusste genau, welche Vorschriften noch galten – ich nutzte das aus, so wie andere Unternehmungslustige auch.«

Er gönnt sich eine kleine Verschnaufpause in Sachen Ehrlichkeit. Zögert, nimmt einen Schluck Mineralwasser. »Waren wir deshalb Räuberbarone? Vielleicht. In dem Sinne, wie die großen amerikanischen Firmengründer Ende des 19. Jahrhunderts Robber Barons waren.« Der Russe nennt die Rockefellers als sein Vorbild, allen voran John D., den Selfmademan und Gründervater der Ölindustrie. »Er war am Anfang seiner Karriere nicht der absolute Saubermann. Sein Sohn galt schon als respektabler, die Generation der Enkel dann über alle Zweifel erhaben. Hundert Jahre und drei Generationen dauerte dieser Prozess vom etwas dubiosen Beginn bis zur allgemeinen gesellschaftlichen Anerkennung – als ich kürzlich in Harvard eine Rede hielt, hat mir ein Professor versichert, ich hätte dasselbe allein und in wenigen Jahren geschafft.«

Als Unternehmer im Rampenlicht muss er auch repräsentieren, so schwer ihm das fällt. Und deshalb trägt Chodorkowski nicht mehr seine geliebten speckigen Jeans und den alten Rollkragenpullover bei der Arbeit. Er hat sich durchstylen lassen: der dunkle Anzug Maßarbeit, die Krawatte von Ermenegildo Zegna, die randlose Brille Porsche-Design. MBC ist immer bereit für einen Auftritt bei CNN. Sogar das stets kontrollierte Lächeln in dem jungenhaften Gesicht wirkt wie vom Designer verordnet. Eingefroren, bei Bedarf aufzutauen.

Jedes Wort, jede Geste macht es deutlich: Die Suche nach Respekt für seine Leistung und die Respektabilität des Jukos-Konzerns sind sein Antrieb, seine Droge. Mal springt MBC auf, um an der Landkarte in seinem Büro mit einer weit ausladenden Handbewegung zu zeigen, wo die Firma überall Erdöl und Erdgas fördert. An der Wolga bei Samara etwa, aber vor allem in den sibirischen Weiten, am Flusslauf des Ob. Mal schaut er, ganz Wall-Street-Manager, in seinem elektronischen Notizbuch nach dem Börsenkurs der Unternehmenspapiere.

Jukos gilt schon damals als die Erfolgsfirma im boomenden Markt der Energie-Anbieter, als »erste Adresse der russischen Investoren« (»Frankfurter Allgemeine Zeitung«). Über 90 000 Mitarbeiter, eine Börsenkapitalisierung von 20 Milliarden Dollar und ein Nettogewinn von über 3,5 Milliarden lassen Jukos bei den Produktionszahlen zwar (noch) nicht am russischen Konkurrenten und Branchenriesen Lukoil vorbeiziehen. Aber das von Chodorkowski geleitete Privatunternehmen ist um einiges effektiver als der bürokratische Lukoil-Konzern, der immer noch zu 14 Prozent dem russischen Staat gehört.

In den Weiten unter den Frostböden liegen noch ganze Meere des schwarzen Goldes – rund ein Viertel dieser Vorkommen kontrolliert der Jukos-Chef. Und macht sich einen Spaß daraus, der Konkurrenz eins auszuwischen. »Willkommen beim Branchenführer«, steht provozierend in großen Lettern auf dem Banner vor dem Jukos-Hauptquartier in Moskaus Stadtmitte. Das graue Monsterbauwerk aus Sowjetzeiten beherbergte einst eine Waffenfirma und liegt damals gleich ums Eck vom protzigen Glaspalast des Wettbewerbers. Es ist schwer für Lukoil-Mitarbeiter, auf dem Weg zur Arbeit nicht zu Jukos aufzusehen.

MBC scheut sich nicht, von Kapitalisten zu lernen – und beste westliche Fachleute für sich arbeiten zu lassen. Im Aufsichtsrat sitzen im Jahr 2002 schon drei Franzosen, sein Büromanager ist ein Norweger, der Vizepräsident ein Amerikaner. Joe Mach heißt der Mann, ein alter Hase im Geschäft. Mach arbeitete früher für die modernste US-Firma in Sachen Erdöl-Ausrüstung und empfahl seinem russischen Chef, deren teure Bohrmaschinen und Software-Programme zu kaufen. Das Hightech-Gerät amortisiert sich. Für ein nach westlichen Regeln geführtes Unternehmen von dieser Größenordnung ist es ungewöhnlich, dass die Eigentumsverhältnisse lange verschleiert wurden. Erst Ende Juni gab Jukos bekannt, dass MBC 36,3 Prozent der Firmenaktien hält – ein Riesenpaket. Nach Berechnungen des amerikanischen Magazins »Forbes« ist Chodorkowski mit konservativ geschätzten 3,7 Milliarden Dollar Vermögen damals der reichste Russe. Ein Big Shot von Weltniveau.

MBC hat den Durchbruch in Sachen Seriosität geschafft. Er rettet mit einer Finanzspritze von 100 Millionen Dollar ein traditionsreiches Unternehmen der kapitalistischen Welt. Jukos wird beim vom Konkurs bedrohten norwegisch-britischen Anlagen- und Schiffsbaukonzern Kvaerner zweitgrößter Anteilseigner. 30 000 Arbeitsplätze scheinen durch den Einsatz aus Moskau gerettet. Einen »Zusammenbruch der Stereotypen« konstatierte daraufhin nicht ohne Stolz die russische Zeitung »Nowyje Iswestija«. Und die »Frankfurter Allgemeine« befand, Jukos habe sich »vom Schmuddelkind zum Musterknaben« gewandelt.

Verschafft ihm das Genugtuung? Was macht er, plant er mit all seinem Geld? Und wie kommt er mit dem Präsidenten Wladimir Putin zurecht, der doch Chodorkowskis Mit-Oligarchen und Co-Milliardäre Boris Beresowski und Wladimir Gussinski außer Landes gedrängt hat?

MBC wählt bei unserem Treffen im Sommer 2002 seine Worte, als hätte sich bei diesen Reiznamen die eingebaute

Selbstkontrolle angeschaltet: Achtung, vermintes Terrain. Er sagt, Putin sei generell auf dem richtigen Weg. Er sehe ihn in regelmäßigen Abständen gemeinsam mit anderen Wirtschaftsführern »zum Gedankenaustausch«. MBC vermeidet aber Vieraugengespräche mit dem Kreml-Chef: »Ich will keine Privilegien, zu große Nähe zum Präsidenten muss nicht hilfreich sein.« Der Platz auf der Liste der weltweit Reichsten ist für ihn »Bestätigung, dass uns der Westen anerkennt«. Aber auch Verpflichtung, wie er gleich hastig hinzufügt, immer aufs Image bedacht: Verpflichtung, anderen zu helfen. Er sieht sich als Wirtschaftsführer in einer Vorbildrolle. Deshalb fördert er mit Millionengeldern Computerprogramme für Schulen. 300 000 Kinder sollen davon profitieren.

»Jeder kann es schaffen, wenn er eine gute Ausbildung und eine Chance bekommt«, sagt Chodorkowski. Er hat sich unweit von Putins Domizil am Stadtrand eine Villa gekauft, fährt einen großen BMW und lässt seinen 17-jährigen Sohn in der Schweiz studieren, die kleineren Kinder leben bei ihm und seiner Frau. »Dafür steht mein Lebensweg in den schwierigen Zeiten des Umbruchs.« Und dann lädt er mich ein zu einem Rückblick auf sein Leben, erzählt entlang der wichtigsten Stationen.

Moskau, 10. März 1985. Es ist einer dieser tristen Tage, für die Russlands Hauptstadt damals berühmt-berüchtigt ist. Lange Schlangen vor weitgehend leeren Geschäften; in den Fluren der Regierungsbüros der ewigsozialistische Geruch von Bohnerwachs und billiger Seifenlauge; auf den Straßen fast nur zusammenbrechende Ladas. Die Sowjetunion in den Zeiten der Stagnation, ein Land wie gelähmt.

Im Kreml aber herrscht an diesem Tag fieberhafte Aktivität. Generalsekretär Konstantin Tschernenko ist gestorben – nach dem Ableben Breschnews und Andropows nun schon der dritte Tod eines greisen KP-Chefs innerhalb von zweieinhalb Jahren. Der Kreml-Chefarzt benachrichtigt Michail Gorbatschow, das jüngste Mitglied des Politbüros. Innerhalb weniger Stunden geschieht Erstaunliches: Das mächtigste Gremium der UdSSR einigt sich auf den 54-Jährigen als neuen Generalsekretär. Welche revolutionären Folgen diese Wahl für die Welt haben wird, kann damals keiner auch nur erahnen. Schon gleich gar nicht einer der jungen Männer, die zu den Wirtschaftsführern eines neuen Russland aufsteigen sollten: Sie sind damals fern der Macht, und sie haben noch keinen Kontakt zueinander. Was sie verbindet, ist ihr Ehrgeiz, sich Freiräume zu verschaffen innerhalb des zerfallenden Sowjetsystems – zur Not auch ein wenig außerhalb.

Wladimir Gussinski, bei Gorbatschows Wahl 31 Jahre alt, fährt damals eines der nicht lizenzierten Taxis, die zwischen Innenstadt und Flughafen pendeln. Er hat von einer Karriere am Theater geträumt, ist aber als Regisseur nie recht zum Zug gekommen. Ein von Zorn getriebener, begabter Außenseiter, ausgestattet mit einem ausgeprägten Geschäftssinn.

Boris Beresowski, damals 39, hofft am Institut für Komplexe Steuerungssysteme auf ein eigenes Laboratorium; der Mathematiker beschäftigt sich mit Studien zur Entscheidungsfindung, interessiert sich aber mehr für die Praxis als für die Theorie. Ein Hansdampf in allen Gassen. Ein meisterlicher Organisator, dem nur das Instrument fehlt, auf dem er spielen kann.

Auch Michail Chodorkowski ist ein Suchender, politisch vielleicht der Angepassteste im Kreis der späteren Oligarchen. Mit 21 fehlt ihm beim Gorbatschow-Antritt noch ein Jahr bis zum Examen als Chemie-Technologe am prestigereichen Mendelejew-Institut. Er ist das einzige Kind einer Arbeiterfamilie, ein brillanter Student, Mitglied beim KP-Jugendverband Komsomol. Schon als Sechsjähriger, als Alterskameraden Lokomotive fahren oder als Astronauten durchs All jagen wollen, hat er seinen Eltern seinen eher konventionellen Berufswunsch verraten, und bei dem bleibt er auch: »Ich möchte Werksleiter werden.«

Sacharow oder andere Dissidenten sagen ihm auch noch wenig, statt verbotener Samisdat-Literatur liest der Jungkommunist mit Begeisterung Staatstragendes, etwa Nikolai Ostrowskis Heldenepos »Wie der Stahl gehärtet wurde« aus der Zeit des Aufbaus der Sowjetunion: »Ich glaubte damals wirklich, so aufopferungsvoll müsse man leben – und rücksichtslos. Wenn es sein müsste, eben auch dem Gegner den Hals brechen.« Skrupel sind dem Durchsetzungskräftigen fremd, der sich früh in asiatischen Kampfsportarten stählt. Die lange Narbe am linken Arm stamme von einer Messerstecherei im Moskauer Untergrund, erzählt einer seiner alten Bekannten. Er mag das bei unserem Gespräch nicht bestätigen.

Als Student mit dem besten Examen darf Chodorkowski sich eine Arbeitsstelle aussuchen. Er will in eine Rüstungsfirma. Das wird von den Behörden aus »Sicherheitsgründen« verweigert – in Chodorkowskis Pass steht unter Nummer fünf »Jude«, und das heißt für die Bürokraten: möglicher Risikofaktor. »Dabei waren wir zu Hause gar nicht religiös, schon gar nicht politisch subversiv«, sagt er.

Die Zurückweisung wird zum Wendepunkt. Was ihm die Obrigkeit nicht zugestehen will, muss er sich eben nehmen. Als Kassierer der Komsomol-Beiträge pflegt Chodorkowski seine Verbindungen zu KP-Größen. Er gründet ein Jugendcafé, das freilich kein Erfolg wird: Es liegt ungünstig auf dem Gelände der Uni, dem die Studenten in ihrer Freizeit so schnell wie möglich entfliehen wollen. Er lernt seine erste Lektion von Angebot und Nachfrage – und glaubt Ende der Achtziger doch noch immer, dass der Sozialismus das überlegene Wirtschaftssystem sei, wenn man es nur ein wenig zurechtbiege.

Das Erstaunliche: Die KP lässt ihn und die anderen Partei-Kids Kapitalismus spielen. Ausgerechnet den Komsomol hat der frühere Komsomol-Aktivist Gorbatschow für Wirtschaftsexperimente freigegeben. Der Verband der Parteijugend wird so etwas wie eine marktwirtschaftliche Oase in der Wüste der Planwirtschaft. Versuchslaboratorien wie die »Zentren der wissenschaftlich-technischen Kreativität der Jugend« und die »Kooperativen« entstehen, ihre Repräsentanten dürfen gegen Entgelt Staatsfirmen beraten und auf eigene Faust neue Produkte entwerfen.

Chodorkowski gestaltet diese neuen Freiräume äußerst kreativ – plötzlich, da der marktwirtschaftliche Geist aus der Flasche ist, weiß keiner, wer ihn stoppen sollte. Der Jungunternehmer lässt ab 1987 Matrjoschka-Puppen mit Gorbatschow-Porträts herstellen, verkauft dann Brandy – gelegentlich etwas verschnitten, wie er zugibt –, verlegt sich schließlich auf den höchst lukrativen Import von Computern. »Wissentlich brach ich kein Gesetz«, sagt er in der Rückschau vorsichtig. Galten beispielsweise Zollbestimmungen eines Staates, der zu existieren aufhörte – wenn neue, russische, noch nicht geschrieben waren? Wilde Zeiten auch im Bankgewerbe: Chodorkowski, der in seinem Einzimmerbüro in einem Keller 14 Stunden am Tag arbeitet, findet einen genialen Weg zum »Gelddrucken«. Er schafft es – unter dem Schutzschild des Komsomol –, staatliche Subventionsgutscheine zu baren Rubel zu machen, sogar zu Dollar. Er gründet 1988 mit Menatep eine der ersten russischen Privatbanken und wirbt in Fernsehspots mit eigenen Auftritten für seine Firma.

Zu diesem Zeitpunkt ist MBC im Big Business. Sein Kreditinstitut kauft auch mit Geld aus dem Ausland sowie mit großen Staatskrediten, die ihm wundersam gewährt werden, russische Metallurgiebetriebe und Chemiewerke. Als Gorbatschow 1990 eine Reihe neuer Wirtschaftsführer in den Kreml bittet, gehört Chodorkowski dazu, tauscht die Jeans gegen einen Anzug. 27 ist er, nun schon ein überzeugter Kapitalist. Und ein Jahr später auch politisch auf der richtigen Seite: Beim Putsch der Altkommunisten verteidigt er an Boris Jelzins Seite das russische Parlament und den neuen Kurs. Gemeinsam mit seinem Freund und jetzigen Jukos-Vorstand Leonid Newzlin schreibt er ein Buch, dessen Lektüre dem strammsten Neoliberalen Tränen der Rührung in die Augen treiben würde. »Unser Kompass ist der Profit, unser Idol das Kapital, unser Ziel die erste Milliarde«, heißt es in »Der Mann mit dem Rubel«. Und an anderer Stelle machen sich die Autoren über Lenin lustig, dessen Maxime Gleichheit in der Armut gewesen sei: »Wir sind Verfechter einer anderen Gleichheit – des Rechts auf Reichtum.«

Bei den Neureichen fließt der Champagner. Man zeigt, was man hat, um sich und anderen zu beweisen, dass man zur neuen Elite gehört. MBC macht sich nach Aussage seiner Freunde wie seiner Feinde nie viel aus Luxus. Aber an dem Trend zum Protzen kommt er nicht vorbei, und so lädt er 1991 zu einer rauschenden Party in den »Commercial Club«. Unter den Gästen ist alles, was in der Moskauer KP oder im KGB Rang und Namen hat. Die Wirtschaftsjournalistin Julija Latynina erinnert sich: »Chodorkowski hat als einer der Ersten begriffen, welchen Vorteil es bringt, in Regierungsleute zu investieren.«

Die Menatep-Bank kann es sich bald leisten, die strengen Regeln für Geschäfte in harter Währung mit dem Ausland zu ignorieren. Womöglich werden dabei Parteigelder im großen Stil in den Westen verschoben. Nach dem missglückten Coup gegen Gorbatschow und Jelzins Aufstieg im Sommer 1991 haben sich innerhalb weniger Wochen die beiden letzten Schatzmeister der Kommunistischen Partei in den Tod gestürzt – Selbstmord, sagt man. KP-Barvermögen und KP-Guthaben verschwinden auf Nimmerwiedersehen.

»Kann es sein, dass dieser begabte junge Mann zum Rettungsanker der Kommunisten wurde, dass er für die Parteibosse und den KGB die Reichtümer auf ausländische Konten transferierte? Er hatte die Fähigkeit und das Netzwerk«, schreibt der Russland-Kenner David E. Hoffmann über Chodorkowski. MBC mag von solchen Spekulationen nichts hören, er meint, die Konkurrenten könnten das gestreut haben. Aber die Gerüchte über seine engen Kontakte zu Offshore-Banken auf Zypern, in Gibraltar und der Isle of Man wollten nie verstummen. Beim Verkauf der russischen Bodenschätze verdienen sich jedenfalls die Leute mit den richtigen Kontakten eine goldene Nase. MBC erkennt, dass sich mit Erdöl schnell Geld machen lässt. Sein Ziel ist es, einen Konzern aufzubauen und unter seiner Leitung zum modernen Unternehmen von Weltrang zu machen. Der Jugendtraum vom allseits respektierten »Werksdirektor« – in neuen Dimensionen.

Chodorkowski mag es nicht, wenn man ihn als Oligarchen bezeichnet: »Dieses herabsetzende Wort, was bedeutet es schon?« Aber die Härte und Skrupellosigkeit, mit der er sich im Dezember 1995 Jukos sichert, muss jeden der anderen Neokapitalisten, die sich Staatsvermögen zu Schleuderpreisen unter den Nagel gerissen haben, vor Neid erblassen lassen.

Der Staat braucht damals dringend Geld. MBC schafft es, dass seine Bank die Versteigerung der Jukos-Aktienmehrheit durchführen darf – und trickst ausländische Interessenten wie inländische Konkurrenz aus. Für die Aktienmehrheit bei Jukos hat Chodorkowski nicht mehr als 410 Millionen Dollar bezahlt – ein Spottpreis, den er zudem größtenteils nicht bar auf den Tisch legt, sondern über zukünftige Öllieferungen an den Staat finanziert. Politik interessiert den neuen Zaren des schwarzen Goldes nur in dem Maß, wie sie seine Geschäfte fördert oder behindert. Gemeinsam mit Oligarchen-Kollegen organisiert er Geheimtreffs, in einer Villa auf den Moskauer Sperlingsbergen. Man kennt sich, schätzt sich – und belauert sich: Beresowski, Gussinski, Chodorkowski & Co., die allesamt durch zweifelhafte Rohstoff-, Firmen-Deals und Bankengründungen zum großen Geld gekommen sind, vereinbaren gemeinsames Handeln. Und sie schließen einen Waffenstillstand untereinander, angeblich sogar schriftlich. »Kann sein, dass es so war«, sagt MBC, und dann lächelnd: »Manchmal habe ich Gedächtnislücken.«

Anfang 1996 wird die Situation für die Oligarchen prekär. Die Unzufriedenheit im Land ist groß, weil sich der Lebensstandard der meisten Russen dramatisch verschlechtert hat; Jelzins Chancen, die anstehende Wahl zu gewinnen, sind gering, eine Rückkehr der Kommunisten wird immer wahrscheinlicher. Beim Weltwirtschaftsforum in Davos umwerben westliche Wirtschaftsführer und Politiker KP-Chef Gennadi Sjuganow schon wie einen Sieger. George Soros, Investor mit besonderem Gespür für Entwicklungen in Russland, rät Chodorkowski, die Koffer zu packen und in den Westen zu fliehen.

In Jelzins Umfeld denkt man an Verfassungsbruch, will die Wahl absetzen, politische Gegner inhaftieren. Der oft kranke und gelegentlich alkoholisierte Präsident schwankt. Da ergreift der »Club der Oligarchen« die Initiative. »Es war eine bewusste politische Entscheidung unsererseits«, sagt Chodorkowski, der bei den entscheidenden Sitzungen im Kreml dabei war und damals gern ausführlich von den aufregenden Stunden erzählt. »Wir schenkten Jelzin reinen Wein ein. Ihre Berater führen Sie in die Irre und betrügen Sie, sagte ich. Er wurde weiß wie die Wand, hörte uns aber weiter zu.«

Die Oligarchen organisieren und finanzieren Jelzins Wahlkampf. Sie stellen ihm ihre Massenmedien praktisch exklusiv zur Verfügung, heuern amerikanische PR-Profis an. »Man kann uns vorwerfen, dass wir Standards der Fairness verletzt haben, aber angesichts der Alternative haben wir das Beste für unser Land getan«, sagt MBC. Sicher auch das Beste für sich selbst. Jelzin gewinnt, die Tycoons und der Präsident sind nun zusammengeschweißt. Seine Macht hängt fest an ihrem Reichtum, an ihrer Unterstützung. Je mehr Jelzin körperlich zerfällt, desto wichtiger werden die Wirtschaftsbosse – und desto dreister. Beresowski plädiert im Oligarchen-Kreis für eine »Regierung der Konzerne«. In einem Interview sagt er am 22. März 1998 in Gussinskis Fernsehsender NTW, die Suche nach einem Nachfolger für den Präsidenten sei in Gang, und es gebe »enorme Chancen, neue Leute an die Spitze zu bringen«. Jelzin hat da laut Verfassung noch zwei Jahre im Kreml vor sich.

Am Tag nach dem Beresowski-Interview feuert der Präsident seinen Premier Viktor Tschernomyrdin, und in rascher Folge kommen »neue Leute« in hohe Ämter. Am 16. August 1999 wird der weitgehend unbekannte Wladimir Putin Premier, nach Jelzins dramatischem Verzicht aufs Amt in der Silvesteransprache der amtierende Präsident. Er gewinnt dann im März 2000 auch die Wahl. Ein Mann, ausgesucht von den Oligarchen, eine Marionette von ihren Gnaden? »Der Name Putin wurde in unserem Kreis schon mal diskutiert, ich kenne ihn seit seinen KGB-Zeiten«, sagt Chodorkowski. Er sei aber an Putins Aufstieg oder gar der Ernennung nicht beteiligt gewesen. Er habe sich von den Sitzungen des »Clubs« schon vor Jahren zurückgezogen. »Beresowski und Gussinski wurden immer mehr zu Politikern. Ich wollte ein Mann der Wirtschaft bleiben.«

Und was für einer. Schon im August 1998, als der Rubel ins Bodenlose fällt und die russische Wirtschaft über Nacht wieder am Boden zu liegen scheint, startet er kaltblütig einen großen Coup. Verhindert nicht, dass die Menatep-Bank pleitegeht, die Jukos-Aktien abstürzen. Erklärt seinen westlichen Gläubigern, unter anderem der Düsseldorfer

WestLB, er könne die ihm gewährten Darlehen nicht voll zurückzahlen. In Panik geben die Gläubiger sich mit etwa der Hälfte der geliehenen 236 Millionen US-Dollar zufrieden. Sie hätten besser gewartet: Im nächsten Jahr und bei gestiegenen Ölpreisen ist Chodorkowski schon längst wieder flüssig. Sollte jemand klagen und Akten einsehen wollen, so erlebt er einen herben Rückschlag. Unter mysteriösen Umständen stürzt im Mai 1999 ein Lastwagen mit 607 Kisten von Dokumenten der Menatep-Bank in den Fluss Dubna.

Auch bei Jukos passieren merkwürdige Dinge. Chodorkowski gibt neue Aktien aus und verringert so die Macht seines amerikanischen Großinvestors Kenneth Dart. Die neuen Papiere und viele alte Aktien geraten an undurchsichtige Offshore-Gesellschaften, die Chodorkowski angeblich nur zu diesem Grund gegründet hat – praktisch die gesamten Firmenanteile wandern so ins Ausland. Für westliche Kreditgeber bleibt in Russland nur der Zugriff auf eine leere Hülle.«Wie man eine Ölgesellschaft stiehlt« nennt der amerikanische Analyst James Fenkner die Aktion; Chodorkowskis Vorgehen sei »unglaublich unverschämt« gewesen. Doch Männer wie der US-Milliardär Dart verstehen, wenn sie verloren haben. Er lässt sich auszahlen.

MBC ist seinen letzten ernsthaften Konkurrenten um die Macht bei Jukos los. Und wandelt sich, fast über Nacht, vom Saulus zum Paulus. Als hätte er nie von schmutzigen Tricks gehört oder sie gar angewendet, predigt er nun Durchlässigkeit, Regeltreue und westliches »Corporate Governance« für seinen Konzern. Der Chef selbst reist zu den Arbeitern nach Sibirien. Mit aufgekrempelten Hemdsärmeln wirbt er um ihr Vertrauen und drängt darauf, in der

Ölstadt Neftejugansk neue Wohnblocks und vorbildliche Sozialeinrichtungen zu bauen. Jukos zahlt jetzt seinen Aktionären Dividenden, lässt seine Bilanzen von dem internationalen Marktführer PricewaterhouseCoopers kontrollieren.

So schnell, wie sich westliche Unternehmer und Banken von dem »Schmuddelkind« MBC abgewandt haben, so schnell sind sie wieder zurück, um mit ihm Geschäfte zu machen. »Das Big Business hat eben keine Zeit für Larmoyanz«, sagt der Jukos-Chef mir in seinem Büro unter einem Porträt Katharinas der Großen. In London hat MBC den ehemaligen Außenminister Lord Owen als Jukos-Repräsentanten angeheuert, israelische Regierungsmitglieder hofieren ihn bei Jerusalem-Besuchen: Das ist der Umgang, den der Jukos-Boss sucht. Neben seinen Spenden für russische Schulen und Waisenhäuser gibt sich MBC nun auch als Kunstmäzen. Prinz Charles eröffnet im Herbst 2000 die von Jukos mitfinanzierten »Eremitage-Räume« im Londoner Museum Somerset House. »In Würdigung der Großzügigkeit des Spenders« wird einer dieser Räume nach Michail Chodorkowski benannt. Er ist angekommen bei den Großen. Er muss nun nicht mehr wie die gewöhnlichen russischen Neureichen an der Côte d'Azur Urlaub machen: MBC leistet es sich, seine Ferientage im unglamourösen Finnland zu verbringen oder gar patriotisch in der Heimat. Und er verschlingt dabei Science-Fiction von seinen Lieblingsautoren Arthur C. Clarke und Boris Strugazki.

Schon damals gibt es Gerüchte, Präsident Putin suche nur nach einem Vorwand, um gegen den mächtigen Jukos-Boss vorzugehen. Den Oligarchen Gussinski, der dem Kreml-Chef mit seinem regierungskritischen Medien-Imperium gefährlich zu werden drohte, haben Anteilseigner mit wirtschaftlichen Tricks, unterstützt vom Kreml, um seinen Einfluss gebracht; Gussinski lebt heute in Spanien. Den Oligarchen Beresowski, der Putin im Wahlkampf noch geholfen hat, will die Staatsanwaltschaft wegen Wirtschaftsvergehen verhaften. Putin stört besonders Beresowskis Kritik am brutalen Vorgehen der russischen Armee in Tschetschenien; der Tycoon lebt heute in London. »Beresowski – wer ist das?«, rief Putin 2002 bei einer Pressekonferenz. Und dann blickte er in die Runde, die Augen lauernd und rücksichtslos wie die eines Panthers beim Sprung auf die Beute.

Zum Abschied fragt Chodorkowski mich damals: »Na, haben Sie die Jukos-Aktien gekauft, die ich Ihnen damals so ans Herz gelegt habe?« Als ich verneine, betrachtet er mich fast mitleidig – und beginnt zu rechnen. »Der Kurs hat sich in diesen gut zwei Jahren versiebenfacht.« Dann korrigiert er sich: »Nein, nein, was sage ich: verachtfacht.«

Mein nächstes Treffen mit MBC findet dann schon in einer ganz anderen Atmosphäre statt. Es ist Mitte September 2003, mein Moskauer Kollege Uwe Klußmann und ich sind zu einem »Spiegel«-Gespräch verabredet; wieder in seinem Büro; wieder wird es eine außergewöhnlich offene, stundenlange Diskussion. Chodorkowski bemüht sich, locker zu wirken. Doch die Anspannung lässt sich nicht ganz überspielen. Zum ersten Mal sind tiefe Ringe unter seinen Augen zu sehen, seine Bewegungen wirken fahrig. »Können Sie noch ruhig schlafen? Oder leben Sie in ständiger Angst, verhaftet zu werden?«, lautet meine erste Frage. »Nein, warum sollte ich? Ich habe mir nichts zuschulden kommen lassen«, antwortet er und erklärt seine »gewisse Nervosität« mit der

Arbeitsüberlastung und den langen Flügen. Er sei gerade mit seinem Privatjet aus den USA zurückgekommen, wo er Verhandlungen mit US-Ölkonzernen über Beteiligungen an Jukos geführt habe. Und die langen, nach vielen Schwierigkeiten erfolgreichen Fusionsverhandlungen mit der russischen Energie-Firma Sibneft und deren schillernder Führungsfigur Roman Abramowitsch hätten viel Kraft gekostet.

Chodorkowski ist auf dem Höhepunkt seiner Karriere – Jukos liegt nach BP, ExxonMobil und Shell an vierter Stelle unter den privaten Ölproduzenten der Erde, ein Weltkonzern, der außerdem noch über die größten Ölreserven verfügt. Das US-Wirtschaftsmagazin »Forbes« führt ihn inzwischen als Nummer 26 unter den Reichsten der Erde, aber darüber hinaus auch als Nummer 7 unter den mächtigsten Wirtschaftsführern weltweit. Er hat über eine seiner Stiftungen die einflussreiche Wochenzeitung »Moskowskije nowosti« gekauft und dort einen als besonders kremlkritisch bekannten Chefredakteur installiert. Er erklärt jetzt ganz offen, Geld für die liberalen Oppositionsparteien Jabloko und die Union der Rechten Kräfte zu spenden. Und er hat sich im Februar 2003 bei einer vom Kreml einberufenen Sitzung der mächtigsten Wirtschaftsführer direkt mit dem Präsidenten angelegt, dessen Mannschaft und indirekt auch ihn selbst er der »Korruption im ganzen Land« beschuldigte. Längst ist er vom Rädelsführer der Räuberbarone zum Mahner für mehr Rechtsstaatlichkeit und Demokratie geworden. Einer, für den sein soziales Engagement, die Spenden für Schulen und Waisenhäuser, die Förderung von freier Presse und sauberer Unternehmensführung kein reiner Ausdruck von Nächstenliebe geworden ist, sondern zunehmend ein Instrumentarium für den Umbau des ganzen Landes. Eine Alternative.

Chodorkowski ist somit nicht nur an der Spitze, sondern auch an einem bedrohlichen Wendepunkt angekommen: Die Firmenräume seines Konzerns wurden wenige Wochen zuvor durchsucht. Zum Zeitpunkt unseres Gesprächs ist sein Hauptgeschäftspartner Lebedew schon festgenommen, ein anderer Jukos-Manager wurde gar zweier Auftragsmorde beschuldigt (und MBC mehr oder weniger erkennbar unterstellt, dass er von diesen Taten gewusst haben müsste). »Die Einschläge kommen näher«, sage ich. »Müssen Sie nicht Vorkehrungen treffen? Ihr Oligarchen-Kollege Beresowski hat Ihnen aus dem Londoner Exil geraten, das Land zu verlassen.« Er denkt nicht einen Moment nach; es ist offensichtlich, dass er seine Entscheidung schon getroffen hat. »Ich habe keinen zweiten Pass«, sagt er. »Ich besitze nicht einmal Immobilien im Ausland. Meine Zukunft liegt in Russland, in Russland allein. Man kann mich von hier nur fortjagen.«

Oder wegsperren. Schwer zu sagen, ob Chodorkowski sich wegen seiner internationalen Kontakte, wegen seiner Finanzmacht für unantastbar gehalten hat. Ob er wirklich geglaubt hat, dass Putin ihm die Brüskierung im Kreis der Kreml-Insider und Wirtschaftsbosse durchgehen lassen, seine erkennbaren politischen Ambitionen tolerieren würde. Viel spricht dafür, dass er das Risiko bewusst eingegangen ist. Diesmal gibt er bei unserem Treffen keinen Aktien-Tipp, und die Frage eines nächsten Termins wischt er fast melancholisch bei Seite. »Das wissen die Götter.«

Sechs Wochen später wird Chodorkowski bei einem Zwischenstopp seines Privatjets im sibirischen Nowosibirsk festgenommen und zunächst in Moskau inhaftiert. Er wird dann im Mai 2005 wegen Unterschlagung und Steuerhinterziehung gegenüber dem russischen Staat in Höhe von über einer Milliarde Dollar zu neun Jahren Lagerhaft verurteilt; die Strafe wird von einem Revisionsgericht dann um ein Jahr verkürzt. Als wollte die Staatsmacht den einst so Reichen und Mächtigen auch körperlich so weit weg wie möglich schieben, nach alter zaristischer Tradition in den letzten Winkel des Reiches verbannen, muss er seine Strafe in Sibirien verbüßen; zunächst im Straflager von Krasnokamensk, dann im trostlosen Tschita, ganz in der Nähe der chinesischen Grenze. Jukos wird zerschlagen.

Machtpolitisch hat Putin einen Sieg auf der ganzen Linie errungen, gewinnt auch die anstehenden Wahlen klar. Er hat zu Recht kalkuliert, dass weite Kreise der russische Öffentlichkeit den tiefen Sturz eines Oligarchen mit klammheimlicher Freude verfolgen würden.

International macht ihm freilich schon dieser erste Prozess gegen Chodorkowski Ärger. Der Europäische Gerichtshof für Menschenrechte in Straßburg befasst sich mit dem Fall; westliche Politiker verurteilen das, was sie als »Willkürjustiz« erkannt haben. Und wenn der Herr des Kremls gedacht haben sollte, dass er MBC nicht nur kalt –, sondern auch ruhig gestellt hätte, erwies sich das schon bald als Fehlkalkulation. Der Gefangene verzweifelt nicht, er fleht nicht um Gnade, er verflucht seine Verfolger nicht. Er denkt. Er bildet sich fort. Er schreibt.

»Es geht mir persönlich besser, je härter die äußeren Umstände sind. Am angenehmsten ist es in der Isolationshaft, wo man den direkten unmittelbaren Widerstand gegen eine gegnerische Kraft spürt. Unter normalen Umständen ist die Mobilisierung schwieriger«, notiert er in seinen von Anwälten und Familienmitgliedern in die »Außenwelt« geschmuggelten Notizen. Sie sind auf den kommenden Seiten ebenso wiedergegeben wie seine Korrespondenz mit liberalen russischen Intellektuellen, die ihn bald als einen der Ihren akzeptieren: als Konvertit zum Guten. Dass die Staatsmacht diese Meinungsäußerungen nicht unterbindet, zeigt, dass Russland bei allen zunehmend autoritären Strukturen eben doch noch eine Zivilgesellschaft besitzt und die unabhängige Presse längst nicht ganz mundtot gemacht worden ist.

»Sehr geehrter Wladimir Wladimirowitsch, Sie sind ein äußerst erfolgreicher Führer, der die größte Errungenschaft des modernen Russland bewahrt hat – den hohen Ölpreis. Sie sind ein wunderbarer Freund: Sie riskieren den eigenen Ruf für Ihre Freunde, die Jukos zerstört haben, obwohl es das erfolgreichste Unternehmen des Landes war«, schreibt Chodorkowski aus dem Kerker an seinen übermächtigen Gegenspieler im Kreml. »Sie besitzen fast alles. Deshalb wünsche ich Ihnen zum Geburtstag das Einzige, was Ihnen fehlt: Freiheit und Ruhe. Beides werden Sie bekommen, wenn Sie Ihre unglückselige Amtszeit beenden.« Den sarkastischen Brief hat die Moskauer Zeitung »Kommersant« im Oktober 2005 veröffentlicht – in Stalins, wohl auch noch in Chruschtschows und Breshnews Zeiten hätten Verfasser und Verbreiter wohl mit ihrem Leben bezahlt.

Das Gefängnis als Bildungsanstalt, die Haft als Charakterprüfung – russische Persönlichkeiten unterschiedlichster Couleur, von den Dekabristen des 19. Jahrhunderts über die Kommunisten des frühen 20. Jahrhunderts wie Lenin und Trotzki bis zu den Sowjet-Dissidenten wie Sacharow und Solshenizyn haben Gitterstäbe nicht als einengende Begrenzung verstanden, sondern durchaus auch als erweiternde Erfahrung. Chodorkowskis unbeugsame Haltung imponiert vielen und hat ihm sicher schon in den ersten sieben Gefängnisjahren unter der Intelligenzija Anerkennung eingebracht. Diese Haltung bringt ihm auch die Aufmerksamkeit – und die Bereitschaft zum Zuhören – all derjenigen ein, die immer große Vorbehalte gegenüber Oligarchen und deren oft mehr als ruppigen Geschäftspraktiken hatten.

In seinem bisher letzten Interview mit dem »Spiegel«, zustande gekommen Mitte August 2010 in einem schwierigen Prozedere auf Umwegen eingereichter Fragen und erhaltener Antworten, betont Chodorkowski, er wolle kein Märtyrer sein, er liebe solche Stereotypen nicht. Ambitionen auf das Präsidentenamt verwirft er – offensichtlich nicht, weil er sich das nicht zutraute, sondern aus ganz pragmatischen, nüchternen Gründen: »In Russland wird niemand einen Menschen jüdischer Abstammung als einen ernsthaften Konkurrenten in dieser Frage ansehen, das ist eine Binsenweisheit. Ich habe auch niemals einen solchen Wunsch geäußert, ich bin doch kein Narr.« Und der Mann, der kein Revolutionär sein will, plädiert für einen starken Staat – »das müssten effektiv arbeitende demokratische Institutionen sein: unabhängige Gerichte, ein selbstbewusstes Parlament mit Fachleuten, eine einflussreiche Opposition, ehrliche Wahlen, eine entwickelte Bürgergesellschaft und unabhängige Massenmedien«.

An einem der bitterkalten Dezembertage 2010 sehe ich dann Michail Borissowitsch Chodorkowski ein – vorläufig – letztes Mal: Moskau 7, Rostowski-Gasse, Chamownitscheski-Bezirksgericht. Es ist sein zweiter Prozess, er steht in seinem Glaskäfig, wie immer, auf der Zuschauertribüne die üblichen Verdächtigen: seine Mutter Marina Filipowna, bedrückt und verhutzelt; Vater Boris Moissejewitsch, fahl, grau und in sich zusammengefallen; die abgespannt wirkende Ehefrau Inna, die nur noch selten kommt, weil sie das alles nicht mehr ertragen kann und so viel Lebensmut verloren hat seit damals, seit dem ersten Prozess, als sie darauf bestand, ihrem Mann in die sibirische Verbannung nachzufahren, so wie es einst Maria im Jahr 1826 tat, die Gattin des Reformer-Fürsten Sergej Wolinski; und anwesend vor Gericht sind auch einige der treuen ehemaligen Jukos-Angestellten, seit Jahren arbeitslos und ebenso verfemt wie ihr ehemaliger Chef; Bürgerrechts-Aktivistinnen, in die Jahre gekommen und stämmig, aber zur Feier des Gerichtstages sorgfältig hergerichtet und mit blutrot geschminkten Lippen.

Es ist eine fast rührende Fan-Gemeinde. Eine verschworene Sippe, man tauscht Notizen aus, Plakate und Bilder. Fast wäre man versucht zu sagen: ein Kaffeekränzchen. Aber dazu ist die Umgebung und die Sache zu ernst, und sobald der Richter den Saal betritt, erstirbt auch das freundschaftliche Geraune. Selten übrigens kommt eines der vier Chodorkowski-Kinder in den Gerichtssaal, wie es heißt, auf ausdrücklichen Wunsch des Angeklagten, der seine Familie herauszuhalten versucht. Besonders seit bekannt wurde, dass der Geheimdienst FSB sogar die Schulfreundinnen seiner Tochter ausspioniert hat.

Gerade hat Wladimir Putin – längst nicht mehr Präsident, aber nun als Premier der starke Mann – über seinen Widersacher öffentlich gelästert. Bei einem Fernsehauftritt elf Tage vor der Urteilsverkündung hat er in einer Fernsehsendung vor 30 Millionen Zuschauern sein Verdikt schon gesprochen. Chodorkowski habe »Blut an den Händen«, er sei ein »Dieb«, und so einer »muss im Gefängnis sitzen, seine Verbrechen sind bewiesen«. Putin, selbst Absolvent der Leningrader Rechtsfakultät, verletzt mit dieser eklatanten Vorverurteilung die elementarsten Regeln des Rechtsstaats – offensichtlich glaubt er, über dem Gesetz zu stehen.

Chodorkowski nimmt das Gericht ernst. Seine Mutter sagt, die Haft habe ihren Sohn »weicher und weiser« gemacht. Er sagt mit dezidiertem Nicht-Pathos erstaunliche Sätze, wie: »Wenn mein Land meine professionellen Fähigkeiten noch einmal benötigen sollte, auch wenn es mein Leben haben wollte, es kann alles haben. Ich bin Russe, und so denken wir Russen.« Oder: »Die autoritären Mächte wollen an mir ein Exempel statuieren, um so andere einzuschüchtern. So wie bei einer öffentlichen Hinrichtung. Aber diese Form der öffentlichen Abrechnung hat auch eine Kehrseite – sie verwandelt einen gewöhnlichen Menschen wie mich in ein Symbol.« Der Richter, merkt MBC an, habe ihm während des ganzen Verfahrens leidgetan. Danilkin sei offensichtlich ein anständiger Mensch und habe »Anzeichen eines Gewissens« und sogar Verständnis gezeigt. Aber er werde letztlich nicht anders können, als ein von oben verordnetes, vom Kreml formuliertes Urteil zu verlesen.

Und so kommt es. Der Angeklagte macht sich später in einem Schreiben über den Schuldspruch lustig. »Absurd« nennt er ihn. Aber wichtiger als Chodorkowskis eigene Auffassung in dieser Sache ist die internationaler Experten. Sie sind sich einig, einem politischen Schauprozess beigewohnt zu haben. Detailliert belegt beispielsweise eine Untersuchung des angesehenen Juraprofessors Otto Luchterhandt von der Universität Hamburg den »Rechtsnihilismus«. Im Detail: »Das Urteil ist zutiefst ungerecht und hat zu Recht weltweit scharfe Kritik erfahren. Es verstößt erstens gegen justizielle Grundprinzipien des Rechtsstaates (Art. 1 Verfassung Russlands). Zweitens ist es auch deswegen krass rechtswidrig, weil es die Angeklagten (Chodorkoswki und Lebedew) wegen Straftaten verurteilt, die sie nicht begangen haben (können).« Der deutsche Experte konstatiert »eine Fülle schwerster Verletzungen des Strafrechts, Widersprüchlichkeit, Bösartigkeit«. Das vernichtende Fazit: »Ein bestürzendes Dokument von Zynismus in der russischen Justiz, weil es den willkürlichen Umgang mit dem Gesetz und die böswillige Verdrehung des Rechts kaum noch verschleiert.«

Die geringen Hoffnungen Chodorkowskis konzentrierten sich während des Prozesses – und konzentrieren sich in geringerem Maß auch heute noch – auf Präsident Dmitri Medwedew, als ehemaliger Chef des Gasprom-Konzerns ein Wirtschaftsfachmann und darüber hinaus ein in Zivilrecht promovierter Jurist. Immer wieder hat Medwedew nach seinem Amtsantritt im Mai 2008 öffentlich über die Defizite der russischen Demokratie gesprochen. Er wagte sich in die Redaktion der oppositionellen Tageszeitung »Nowaja Gaseta«, legte sein Veto gegen ein Gesetz ein, das die Versammlungsfreiheit weiter eingeschränkt hätte.

Und manchmal formuliert er geradezu mit der Schärfe eines Dissidenten: Russland müsse den »Rechtsnihilismus« bekämpfen und die Zivilgesellschaft fördern. »Nur freie Menschen können die Modernisierung vorantreiben. Aber den großen Worten sind bis jetzt wenige Taten gefolgt. Medwedew gilt in der russischen ›Tandemokratie‹

als der schwache, zögerliche Beifahrer gegenüber dem ›Alpha-Rüden Putin‹« (so auch die Einschätzung der in Moskau stationierten US-Diplomaten laut einer jetzt enthüllten geheimen Botschaftsdepesche an das State Department). Einen milden Tadel äußerte Medwedew zwar in Richtung seines übermächtigen Partners, man dürfe ein Urteil nicht vorwegnehmen; aber dann – nichts. Medwedew stünde ihm zwar näher als Putin, sagt Chodorkowski heute, er sei ein politischer Pragmatiker und seine Vorstellungswelt vereinbar mit wahren demokratischen Vorstellungen, doch man müsse zwischen Versprechungen und Taten unterscheiden: »Ich bin enttäuscht von Medwedew.«

Dabei gäbe es für die – formale – Nummer eins im Staat ein berühmtes Handlungsvorbild. Er könnte in der Causa Chodorkowski so verfahren wie es einst KP-Generalsekretär Michail Gorbatschow in einem vergleichbaren Fall tat. Der hat im Dezember 1986 einen berühmten Verbannten von seinem Schicksal erlöst. Sieben Jahre lang saß der Atomwissenschaftler und Bürgerrechtler Andrej Sacharow nach seiner Verschleppung unter verschärftem Hausarrest in der damals weitgehend isolierten und für Ausländer gesperrten Stadt Gorki (dem heutigen Nishni Nowgorod). Der Kreml-Chef griff selbst zum Telefon, um dem Dissidenten seine Entscheidung zu verkünden: Freilassung, ohne jede Auflage, anschließend politische Rehabilitierung. Sacharow fühlte sich wie Chodorkowski zuallererst als russischer Patriot; er hatte freilich einen geradlinigeren, untadeligeren Lebensweg als MBC. Ein Held ganz ohne Schatten.

Wie immer die Geschichte einst diesen Michail Borissowitsch Chodorkowski beurteilen mag, sein Plädoyer zwischen Zolas »Ich klage an« und Castros »Die Geschichte wird mich freisprechen« – eines ist heute schon sicher: Er hat es geschafft, dass die heutigen russischen Politiker, Philosophen und Literaten Farbe bekannten. Putin hat sich im Brennglas des Oligarchen-Falls nun zweifelsfrei für alle als der wahre starke Mann des Landes herauskristallisiert – und als rücksichtsloser, sich zur Not auch über Gesetze erhebender Machtpolitiker. Medwedew steht als zwar wohlmeinender, aber zaudernder und fast ohnmächtiger Hilfssheriff da (wenngleich noch nicht alle, selbst MBC nicht, die Hoffnung auf einen mutigen Schritt des Präsidenten in Sachen Amnestie aufgegeben haben).

Regierungskritische Beobachter vermuten auch, dass eine neue Kampagne gegen den Ex-Oligarchen auf das Konto Putin-naher Kreise geht. Über Internet wird ein 50-minütiger Film verbreitet, der ein extrem negatives Bild zeichnet. »Chodorkowski. Truby« heißt der polemische Streifen; nach einigen Sekunden schiebt sich ein roter Balken in das weiße »b« und der Buchstabe wird durch ein »p« ersetzt – Truby heißt soviel wie »Pipeline«, Trupy bedeutet »Leichen«. Der Mann ist ein Mörder, soll suggeriert werden. Wie empfindlich andererseits Kreml-Fans reagieren, wenn sie glauben, der Putin-Gegner würde zu positiv dargestellt, hat sich bei der Berlinale gezeigt. Die Produktionsfirma des Regisseurs Cyril Tuschi teilte mit, zwei PC und zwei Laptops seien in Berlin gestohlen worden, auf denen die Endfassung des Dokumentarfilmporträts Chodorkowskis gespeichert war.

Spätestens mit dem zweiten Prozess scheint Chodorkowski sein negatives Oligarchen-Image weitgehend losgeworden zu sein. Zumindest auf den Straßen Moskaus und St. Petersburgs sprechen viele Menschen jetzt mit Hochach-

tung von ihm – und manche setzen in ihn ihre Zukunfts-
hoffnungen. Und noch eines hat sich verändert: »Gewöhn-
liche« Russen beginnen gegenüber der Obrigkeit mehr
Mut zu zeigen. Es war schon sehr tapfer von einer Frau
Simakowa aus Irkutsk, während einer Live-Fernsehsendung
Wladimir Putin direkt anzugehen: »Halten Sie es für gerecht,
dass Chodorkowski seit Jahren im Gefängnis sitzt?« Pause.
»Ich rechne gar nicht mit einer Antwort. Fragen zu Ihrem
Lieblingshund sind Ihnen doch allemal wichtiger.« Aber geradezu sensationell ist der neu erwachte Bürgersinn einer
Natalja Wassiljewa, gefunden und der Öffentlichkeit vor-
geführt durch ihre Beschäftigung mit MBC und dem Ge-
richtsfall.

Natalja Wassiljewa, Ende 30, ehemals Köchin und dann
auf dem zweiten Bildungsweg zur Juristin geworden, arbeitet seit zwei Jahren beim Bezirksgericht in dem Moskauer
Stadtteil, das den Prozess ausgerichtet hat. Sie wirkt als
Pressesekretärin und bekommt in dieser Funktion Entschei-
dendes mit, was sie auch bezeugen will: Richter Danilkin
habe das Urteil nicht selbst formuliert, sondern Wort für
Wort höheren Ortes vorformuliert bekommen. Sie achte
ihren Chef hoch, der Gerichtsvorsitzende sei kompetent und
anständig, sagt die Frau im Privatfernsehsender »Doshd«.
Aber er habe unter so starkem politischem Druck gestanden, dass er sich nicht mehr habe wehren können und aufgrund der Belastung sogar herzkrank geworden sei. »Ich
habe lange mit mir gerungen, ob ich das alles erzählen soll.
Aber dann konnte ich es nicht mehr mit meinem Gewissen
vereinen zu schweigen.«

Frau Wassiljewas Name ist von der Informationsseite des
Gerichts inzwischen verschwunden. Im Internet sieht sie sich

einer offensichtlich gesteuerten Verleumdungskampagne ausgesetzt. Die Akte ihres Mannes, der lange bei der Miliz gearbeitet hat, ist vermutlich in FSB-Händen. Ende März reichte Natalja Wassiljewa ihre Kündigung ein – unter starkem Druck der Behörden, wie es heißt. Sie hat jetzt keinen Job. Aber aus der Ex-Köchin ist eine neue Heldin der Bürgerrechtsbewegung geworden.

Chodorkowski hat sich zu dem Fall noch nicht geäußert. Er bleibt international im Gespräch. Gerade erst hat US-Vizepräsident Joe Biden bei seinem Moskau-Besuch im März 2011 den Prozess angesprochen, der Europäische Gerichtshof ermittelt weiter, Amnesty International mahnt eine Revision an. Es dürfte den prominenten Häftling dann doch besonders freuen, dass in Russland ein »ganz gewöhnlicher Mensch« einen anderen »ganz gewöhnlichen Menschen« dazu gebracht hat, Zivilcourage zu zeigen. Und wer weiß, vielleicht ist das Virus ja noch ansteckender, als manche denken.

Hamburg/Moskau, Ende März 2011

Кириенко в Краснокаменске, на комбинате

Вообще в Чите и Краснокаменске побывали почти все за год: Министры МВД, Финансов, обороны, Ген прокурор, Мин природных ресурсов в общем Чита стала центром общественно-политической жизни Зауралья достаточно смешно.

Очень жаль, однако что Читу не включили в состав планируемых мегаполисов наряду с Иркутско-Ангарском. Хотя стоило бы даже исходя из чисто экономических соображений. Здесь слишком большие расстояния м/у населенными пунктами (вахты вообще). А уж о политической, социальной и культурной составляющих даже говорить не приходится. Здесь, на границе с Китаем "мегаполис" просто необходим.

Эксперт 21-27.05.07 Максим Соколов — невозможность "остановить главу комп. поставившего срыть всю Думу не корежа всю правовую систему?"

Коммерсант: статья Геращенко "Неприемник". Eni — расхождение в счетах между поставками и закупками газа обвинения в созд. пресс. организации

1.06.07 пятница	Адвокат Терехова (посещение)

- вступление Путина (интер.вью
  после встречи с Греческим премьером)
  антиамериканизм, антиимпериа-
  лизм ассиметричной ответ на
  установку американскоч ПРО
  (запуски мепсконтинентальных ракет)

- на Украине продолжается попытка
  принять закона для выборов Рада
  (пока не могут)

- Упрощена процедура получения виз
  в Европу для студентов, деят. культуры

- 40 дней со дня смерти Б.Н. Ельцина

<table>
<tr><td>Теория ?
поручено Т.</td><td>- Где граница между применением ГК и УК ?</td></tr>
<tr><td></td><td>- Что определяет достаточность док-в</td></tr>
<tr><td></td><td>- Допустимость производных док в, базирую-
ищихся на недопустимых первичных</td></tr>
<tr><td></td><td>- Относимость док - в к конкодому обстоят.
подлежащему доказыванию.</td></tr>
<tr><td></td><td>- Достоверность</td></tr>
<tr><td></td><td>- Соответствие выводов фактам, доказанным
в суде, кто определяет логику</td></tr>
<tr><td></td><td>- Необходимости не только независимого, но
и компетентного суда</td></tr>
<tr><td>Из дома</td><td>Костюха сдает экзамены до 15 июня - 5 штук
Младенца сдали хорошо.</td></tr>
<tr><td></td><td>Вчера пресс-конф. в гите Розенберг, Терехова, Моск.</td></tr>
</table>

Der Briefwechsel Ljudmila Ulitzkaja und Michail Chodorkowski

Ljudmila Ulitzkaja, 1943 geboren, eine der wichtigsten Gegenwartsautorinnen Russlands, wuchs in Moskau auf. Sie studierte Biologie und war zunächst als Genetikerin am Akademie-Institut in Moskau tätig, bis sie wegen verbotener Abschrift und Verbreitung von nicht systemkonformer Literatur entlassen wurde. 1983 wird ihr erster Erzählband im Staatlichen Kinderbuchverlag veröffentlicht. Ihre übrigen Werke wurden von den sowjetischen Literaturzeitschriften jedoch noch lange Zeit abgelehnt. Sie wählte den Umweg über Frankreich. 1992 wird Ljudmila Ulitzkaja mit »Sonetschka« als Prosaautorin entdeckt. Inzwischen sind ihre Bücher in 17 Sprachen übersetzt, die Autorin wurde mit vielen Preisen geehrt, u.a. Prix Medicis, Prix Simone de Beauvoir. Sie lebt und arbeitet in Moskau.

Beim Wechsel im Präsidentenamt fragten westliche Journalisten statt der bisherigen Standardfrage »Mögen Sie Putin?« nun: »Wie ist Medwedew?« Ich antwortete ganz ehrlich: »Ich weiß es nicht.« Nebenbei bemerkt, wusste das eigentlich keiner. Er erschien aus dem Nichts. Man weiß, dass er Jurist ist.

»Wir werden es bald herausfinden«, antwortete ich. »Wenn sie Chodorkowski freilassen, dann ist Medwedew ein unabhängiger Politiker. Falls nicht, ist er eine Marionette.

Sie haben Chodorkowski nicht freigelassen. Außerdem haben sie einen weiteren Prozess angestrengt, diesmal völlig aus der Luft gegriffen. Doch Chodorkowski hält sich unter diesen Bedingungen wunderbar – mit Würde, Furchtlosigkeit und, wenn man so will, mit einem gewissen Trotz.

Ich habe meine eigene Geschichte. Normalerweise mag ich die Reichen nicht. Ich habe ein sehr feines Gespür für soziale Gerechtigkeit, manchmal schäme ich mich für die Reichen. Das ist mein ganz persönliches Vorurteil, und ich gebe es offen zu. Auch andere Menschen haben unbegründete Vorurteile: Manche mögen keine Juden, andere keine Tadshiken, wieder andere keine Polizisten, und wieder andere keine Pitbulls.

Ich habe mich weder für Jukos noch für Chodorkowski besonders interessiert, bis ich auf Reisen durch unser weites Mutterland feststellte, dass Chodorkowskis Programme überall liefen – egal wohin ich kam: in Kinderheimen, Gefängniskolonien, in Schulen und Universitäten.

Und ich selbst, das muss gesagt werden, habe vor einigen Jahren an der Stanford-Universität studiert, die von einem Hardcore-Kapitalisten mit sehr zweifelhaftem Ruf, Leland Stanford, erdacht und erbaut worden war. Ich beschäftigte mich intensiv mit dieser Geschichte und begann, Stanford zu bewundern. Und ich verstand, dass es nicht genügend solche Menschen in unserem Land gibt. Anfang des 20. Jahrhunderts hatten wir viele von ihnen – die Botkins, die Soldatenkows, die Schischkins, die Chludows, die Tretjakows, doch das Sowjetregime hat sie ausgelöscht. Genau das war der Moment, in dem ich Michail Borissowitsch Chodorkowskis große Menschenfreundlichkeit erkannte, und ich fühlte und dachte: Unser Fall ist gar nicht so aussichtslos.

Und kurze Zeit später warfen sie Chodorkowski zu Boden, nahmen seine Firma und rissen sie – so scheint es – ein oder zerstückelten sie; und was von einem riesigen, herrlich organisierten philanthropischen System der Nächstenliebe übrig blieb, war nur ein Internat für Waisen in Koralowo. Es abzureißen und sich das teure Grundstück zu greifen, ist bisher noch nicht gelungen.

Kurz gesagt, ich mochte Chodorkowski immer mehr – so sehr, dass ich über seine Anwälte mit ihm in Kontakt trat. Ich stellte einige Fragen und erhielt Antworten, die mich sehr zufriedenstellten.

Jetzt weiß ich über die Umstände dieses Falls besser Bescheid als vor einem Jahr. Alles ist viel schlimmer, als es auf den ersten Blick erscheinen mag.

Man kann es auch positiv betrachten: Letztendlich haben sie ihn nicht am dritten Tag, nach einer Verurteilung durch die »Trojka« im Keller der Lubjanka[1] erschossen, sie haben ihn nicht mit radioaktivem Plutonium oder giftigen Würstchen umgebracht, sie haben einen teuren Prozess organisiert. Sie haben ihn in Tschita festgehalten, von wo sie ihn nicht etwa in einer Tepluschka[2], sondern in einem Flugzeug nach Moskau zum Prozess gebracht haben – und das bei den Kerosinpreisen. Sie zahlen den Lohn für den Richter, die Staatsanwälte, die Wachmänner, die Putzfrauen, den Chauffeur, der Chodorkowski und Lebedew

---

[1] Im Volksmund das ehemalige Hauptquartier des KGB.
[2] Güterwagon, für den Transport von Personen mit gusseisernem Ofen, Lampen und manchmal Holzpritschen ausgestattet.

mit einem furchtbar teuren gepanzerten Ungetüm zu vier Verhandlungen pro Woche fährt.

Wir, die Steuerzahler, bezahlen diese dauerhafte Verhöhnung des gesunden Menschenverstands. Wir, die Bürger, können nichts tun, um diese Farce zu beenden. Wir, die Eltern unserer Kinder, die wir in diesem Land leben müssen, können nichts tun, um etwas zu ändern, das alle hassen. Das ist gefährlich für die Zukunft.

Ich bin – für Chodorkowski und Lebedew. Gegen Absurdität und Rechtlosigkeit. Gegen untalentierte Mittelmäßigkeit und Lügen.

1.

15.Oktober 2008

Sehr geehrter Michail Borissowitsch!

Es hat sich eine Möglichkeit ergeben, mit Ihnen Kontakt aufzunehmen, worüber ich mich sehr freue. In meiner Familie gibt es zwei Großväter, die zusammengenommen über zwanzig Jahre gesessen haben, und auch meine Sechziger-Jahre-Freunde haben ihr Scherflein beigetragen. Dazu kommt, dass dieses Thema für die russische Literatur ganz wesentlich ist – für mich so wesentlich, dass ich letzten Monat sogar ein Vorwort zum Buch »Durch die Gefängnisse« von Eduard Limonow geschrieben habe, den ich für eine sehr vielseitige, aber fragwürdige Figur halte. Außerdem betreue ich zur Zeit ein Buch für Kinder mit dem Titel »Verbrechen und Strafe«, in dem es um dasselbe Thema geht – die Geschichte der Gefängnisse, Formen von Strafen und dergleichen. Wenn wir wirklich zusammenfinden – was ich mir sehr wünsche –, dann wäre es das, worüber ich gern mit Ihnen sprechen würde. Wie Sie wissen, gibt es ja zwei Standpunkte: Solshenizyn meinte, dass die Gefängniserfahrung den Menschen abhärtet und an sich wertvoll ist, Warlam Schalamow hingegen, ein weniger glücklicher Lagerinsasse, war der Ansicht, dass sie für das normale menschliche Leben nutzlos ist und sich außerhalb des Gefängnisses nicht anwenden lässt.

In Juli Daniels letzten Lebensjahren war ich mit ihm befreundet, und obwohl er nur ungern von jener Zeit sprach, gewann ich damals den Eindruck, dass sie für ihn eine wichtige Prüfung gewesen war, die auf eine bereits vorhandene andere Erfahrung traf, nämlich die der Front. Aber für Sie ist noch nicht die Zeit gekommen, sich daran zu erinnern, für Sie geht es um Ihre reale Gegenwart. Wie werden Sie damit fertig? Haben Sie nicht das Gefühl eines bösen Traums? Ich wüsste gern, ob sich Ihr Wertesystem verändert hat: Welche Dinge, die Ihnen in Freiheit wichtig erschienen, haben im Lager ihren Sinn verloren? Gibt es neue innere Antriebe, überraschende Erfahrungen? Dieser Brief – verzeihen Sie! – ist eine Art Herantasten: Sie sind jemand, über den ständig geredet wird, für die einen ein Kämpfer und politischer Aktivist, für die anderen ein Schreckgespenst, doch in jedem Fall wird Ihre Situation unentwegt diskutiert, und das Interesse an Ihnen lässt nicht nach. Anna Achmatowa sagte über Brodsky, als dieser verbannt wurde: »Sie machen unserem Rotschopf eine Biographie.« Ihnen »macht« man wirklich eine Biographie, und ich wünschte, wir könnten darüber in der Vergangenheitsform sprechen. Auch das ist ein Grund, warum ich Ihnen gern begegnen und mich mit Ihnen unterhalten möchte.

Hochachtungsvoll,
Ljudmila Ulitzkaja

2.

Sehr geehrte Ljudmila Jewgenjewna!

Vielen Dank für Ihren Brief und Ihre Unterstützung. Ich verstehe, woher Ihr Interesse kommt. Ein Interesse, muss man sagen, das typisch ist für einen bedeutenden Teil unserer Intelligenzija. Leider, denn Gefängnis ist nicht die beste Erfahrung. In dieser Hinsicht ist mir Schalamow näher als Solshenizyn. Ich denke, der Unterschied im Standpunkt der beiden hat damit zu tun, dass Solshenizyn eine autoritäre, also gefängnisartige Regierungsform zulässig fand. Doch als »Humanist« meinte er, dass ein Angehöriger des Staatsapparates die Peitsche auch auf seinem eigenen Rücken erfahren müsse. Diese Haltung verdient Respekt, aber ich teile sie nicht.

Das Gefängnis ist ein Ort der Antikultur, der Antizivilisation. Hier ist Gutes böse, Lüge Wahrheit. Gesindel erzieht Gesindel, und anständige Leute sind zutiefst unglücklich, weil sie innerhalb dieses abscheulichen Systems nichts tun können.

Nein, das ist übertrieben, natürlich können sie etwas tun und tun es auch, aber es ist schlimm mit anzusehen, wie jeden Tag nur Einzelne es schaffen, während Dutzende menschlicher Schicksale untergehen. Und wie langsam und mit wie vielen Rückschlägen Veränderungen vorankommen.

Mein Überlebensrezept lautet verstehen und verzeihen lernen. Je besser und tiefer du verstehst, dich in einen anderen hineinversetzt, desto schwerer wird das Verurteilen und desto leichter das Verzeihen.

Am Ende geschieht manchmal ein Wunder: Ein Gebrochener richtet sich auf und wird ein Mensch im eigentlichen Sinne. Die Gefängnisaufseher fürchten das sehr und begreifen gar nicht, wie es dazu kommt und warum. Mich aber beglücken solche Fälle. Meine Anwälte haben so etwas mehr als einmal gesehen.

Natürlich wäre es ohne den Rückhalt in der Familie, ohne ihre Unterstützung noch viel schwerer. Aber das ist ebenso ein Vorteil wie ein Unglück für den, der in reifem Alter ins Gefängnis kommt: er hat Familie, Freunde, ein Rückzugsgebiet.

Die wichtigste Voraussetzung hier ist die Selbstdisziplin. Entweder du arbeitest an dir, oder du verkommst. Deine Umgebung versucht dich einzusaugen, dich aufzulösen. Natürlich ist man manchmal deprimiert, aber das kann man überwinden.

Überhaupt geht es mir persönlich besser, je härter die äußeren Bedingungen sind. Am besten kann ich in der Einzelhaft arbeiten, dort habe ich das Gefühl des direkten, unmittelbaren Widerstands gegen eine feindliche Kraft. Unter nach hiesigen Maßstäben normalen Umständen ist es schwerer, sich ständig zu mobilisieren.

Entschuldigen Sie, ich schreibe sozusagen »Randbemerkungen«. Ohne nachzudenken. Morgen ist wieder ein Gerichtstermin.

Gern würde ich den Dialog mit Ihnen fortsetzen.

Mit großer Hochachtung,

M.

3.

Lieber Michail Borissowitsch!

Danke für Ihre Antwort vom Tag vor dem Prozess. Jetzt, in diesem Augenblick, läuft die Verhandlung, und am Abend werden wir aus dem Radio etwas darüber erfahren – höchstwahrscheinlich etwas Unerfreuliches.

Ihr Brief hat mich bestürzt. Er hat mich in eine andere Realität hineingeschleudert: Es ist, als lebten wir an verschiedenen Enden des Universums. Und doch gibt es eine wesentliche Gemeinsamkeit, nämlich das bewusste Verhältnis zum eigenen Lebensweg. Der Ort, an dem dieses Bewusstsein in Ihrem Fall so produktiv wird, ist das Gefängnis im Quadrat – denn was ist ein Karzer in einer Haftanstalt anderes? Tiefer kann man nicht fallen. Und zugleich – auf welcher verblüffenden Höhe sich ein ungebrochener Geist und konzentriert arbeitender Verstand wie der Ihre bewegen kann! So sitzt ein tibetischer Mönch in eisiger Wüste und heizt mit seinem warmen Gesäß oder auf andere, uns unbekannte Weise eine Wiese, auf der plötzlich Gras und Blumen sprießen. Und zugleich gedeihen auf dieser Wiese seltene Früchte der Erkenntnis – des eigenen Selbst, der umgebenden Welt, des Mitgefühls und der Geduld. Wahrhaftig, die Jungs da oben machen Sie nicht nur berühmt – bei dem, was mit Ihnen geschieht, könnte auch ein weiser Guru, ein geistiger Lehrer, ein Starez[3] oder dergleichen die Regie führen.

Schon immer hat mich der Strom fasziniert, in dem der Mensch von seiner Geburt bis zum Tod schwimmt. Der

---

[3] Ein »Alter« im Sinne von »ein alter Weiser«.

72

Strom trägt dich, und du folgst der Strömung, bald treibst du in der Mitte des Stroms, bald veränderst du selbst die Richtung. Und immer gibt es einen Ausgangspunkt, an dem du dein Leben als Teil des großen Stroms begreifst, und danach kommen Momente der »Umorientierung«. Eine hochinteressante Geschichte – das einzelne menschliche Schicksal. Ich denke, Sie können darüber mehr erzählen als viele, denen das Leben keine so extreme und vielfältige Erfahrung beschert hat. Sie haben Zeit zum Nachdenken bekommen. Zwangsweise. Aber Sie haben sich als guter Schüler erwiesen. Und darüber möchte ich mit Ihnen reden.

Nehmen wir den Ausgangspunkt: Ihre Kindheit, Ihre Familie, Ihre Einstellungen und Absichten. Wie sahen Ihre Lebenspläne aus zu der Zeit, in der man über solche Dinge nachdenkt?

Bei mir geschah das sehr früh: Meine Eltern waren mehr oder weniger Wissenschaftler. Klassische »subalterne wissenschaftliche Mitarbeiter«, wenn auch promoviert. Also orientierte auch ich mich auf die Wissenschaft – konkret auf die Biologie, und in meiner Vorstellung harmonierten die Idee vom »Dienst an der Menschheit«, die Befriedigung der Eitelkeit und die irrige Vorstellung, die Wissenschaft sei das freieste Betätigungsfeld, prächtig. Natürlich bröckelten all diese Illusionen mit der Zeit. Und wie sahen Sie als Kind Ihre Zukunft? Was war Ihr Lebensentwurf, als Sie jung waren? Ich weiß natürlich, dass Sie im Komsomol[4] waren, sogar ein Amt hatten – in einer Sphäre, die für mich (ich bin 15 Jahre älter als Sie) vollkommen inakzeptabel war. Wahrscheinlich fühlten Sie sich dort unter Ihresgleichen, oder Sie

---

[4] Jugendorganisation der KPdSU.

tarnten sich zumindest als »Komsomolfunktionär«, und später fühlten Sie sich im Milieu der »Oligarchen« zu Hause, das wieder seine eigene Lebensform hat, die dem einfachen Volk spannend und faszinierend scheint. Sie haben eindeutig die Grenzen des Erlaubten überschritten (vollkommen bewusst, wenn ich es recht sehe). Sie verletzten das ungeschriebene Gesetz (bewusst oder unbewusst), das heißt, Sie überschritten die Grenzen des Erlaubten in jenem hochgestellten Kreis, wohin mein Blick nicht dringt und ehrlich gesagt auch nie dringen wollte.

Jeder von uns legt seine eigene Grenze fest, die er nicht überschreitet. Ein Beispiel: Meine Freundin Natascha Gorbanewskaja stellte sich 1968 mit ihrem drei Monate alten Kind protestierend auf den Roten Platz und wurde dafür in eine Nervenklinik gesperrt. Ihr Selbsterhaltungsinstinkt war, wenn nicht vollkommen abwesend, so doch zumindest geschwächt. Ich wäre auch ohne Kind nicht auf den Roten Platz gegangen. Aus schlichter animalischer Angst. Aber als es am Institut für Allgemeine Genetik, wo ich damals arbeitete, darum ging, auf einer Vollversammlung für eine »Verurteilung« zu stimmen, konnte ich das nicht und stapfte unter den erstaunten Blicken meiner Kollegen in dem Moment aus dem Saal, als die Hand gehoben werden musste. Das war meine Grenze. Eine sehr bescheidene. Der Preis dafür war relativ gering – ich wurde bei der erstbesten Gelegenheit entlassen. Und begann Bücher zu schreiben. Wo lagen Ihre ethischen Grenzen in Ihrer Jugend? Wie haben sie sich mit der Zeit verändert?

Ich bin ganz sicher, dass Sie darüber nachgedacht haben, ich habe auch einige Äußerungen von Ihnen dazu gelesen. Aber damit unser Gespräch fruchtbar wird, sollten wir

Schritt für Schritt bis zum heutigen Tag gehen. Übrigens will ich Ihnen nicht verhehlen, dass wir aus dem Radio heute erfahren haben, dass Sie nicht auf Bewährung freikommen.

Das Gericht versteht sein Geschäft. Wir hatten nichts anderes erwartet. So haben wir nun also noch eine unbestimmte Zeit für unser Gespräch über dieses abstrakte, aber interessante Thema und können unseren Briefwechsel fortsetzen.

Hochachtungsvoll,
Ljudmila Ulitzkaja

4.

10. November 2008

Sehr geehrte Ljudmila Jewgenjewna!
Danke für Ihren Brief und Ihr Interesse.

Meine Erinnerungen sind sehr bruchstückhaft (emotional), das heißt, an emotional Gefärbtes erinnere ich mich, an alles andere kaum.

Manchmal gibt es auch Verschiebungen im Gedächtnis, das heißt, ich erinnere mich an Dinge, die mir in Wirklichkeit meine Eltern erzählt haben. Dennoch – »ganz deutlich« wollte ich schon als Kind Betriebsdirektor werden. Was im Grunde nicht verwunderlich ist: Meine Eltern haben ihr ganzes Leben in einem Betrieb gearbeitet, der Kindergarten gehörte zum Betrieb, das Ferienlager genauso, und der Betriebsdirektor war überall der wichtigste Mann.

Meine Eltern, das ist mir heute klar, mochten die Sowjetmacht ganz und gar nicht, versuchten aber, keinen Einfluss auf mich auszuüben, weil sie glaubten, mir sonst das Leben zu verderben. So wuchs ich als »rechtgläubiger« Komsomolze auf, ohne den geringsten Zweifel daran, wer meine Freunde waren und wer meine Feinde.

Bei der Wahl meines Lebensweges entschied ich mich nicht nur allgemein für die chemische Industrie, sondern für deren Rüstungszweig, denn ich meinte, das Wichtigste sei der Schutz vor »äußeren Feinden«.

Die Komsomol-Arbeit am Institut war natürlich nicht Ausdruck meiner politischen Gesinnung, sondern meines Führungsstrebens. Um Ideologie habe ich mich im Grunde nie gekümmert, mein Metier war die organisatorische Arbeit.

Baubrigaden, Betriebspraktikum – das alles gefiel mir sehr, weil es mir die Möglichkeit gab, mich als Praktiker, als Manager zu verwirklichen.

Als ich nach dem Studium eine Stelle in einem Ministerium (bei der Bergbauaufsicht) zugewiesen bekam, war ich furchtbar enttäuscht, denn ich wollte in einen Betrieb; also bewarb ich mich stattdessen beim Kreiskomitee des Komsomol.

Dann kamen die Zentren für Technische Innovation,[5] die eigene Firma, die Verteidigung des Weißen Hauses…

Interessanterweise hatte mir der Parteisekretär meines Instituts 1987 vorgeschlagen, meine Komsomol-Laufbahn fortzusetzen, und war verblüfft, als ich den »Betriebswirtschaftskram« vorzog.

Was die persönlichen Grenzen angeht, so bestanden sie

[5] Century NTTM (Zentren der wissenschaftlich-technischen Kreativität der Jugend) – diese an die Rajon-Komitees des Komsomol angegliederten Zentren wurden in der Perestroika zur Einführung und Vermarktung neuer Technologien gegründet. Chodorkowski legte am Moskauer NTTM ab 1987 mit Import-Export-Geschäften den Grundstein für sein späteres Vermögen.

für mich vor allem in einem: niemals meine Position unter dem Druck von Macht statt von Argumenten zu ändern. Wir hatten einen wunderbaren Rektor, Gennadi Jagodin. Er nannte mich »seinen widerspenstigsten Sekretär« (gemeint war mein Amt als Sekretär der Komsomol-Leitung der Fakultät). Natürlich hätte er mich mühelos brechen können, aber er tat es nicht, sondern ließ mich meinen Charakter festigen. Leider verließ er 1985 das Institut, er wurde befördert.

Ich hatte auch ein zweites Mal Glück. Die Leiterin des Parteikomitees unseres Moskauer Stadtbezirks war die Kislowa, und im Politbüro saß der Minister für Baustoffindustrie Boris Jelzin. Die beiden gaben mir ein echtes Beispiel in Sachen Mut, als gegen sie gehetzt wurde und sie sich nicht beugten. Kislowa stand fest hinter Jelzin, lieferte ihn nicht ans Messer. Was sie das gekostet hat, kann ich mir gut vorstellen.

Apropos – 1999 wurde Jegor Ligatschow für das Gebiet Tomsk, wo ich damals arbeitete, in die Duma gewählt, und er hetzte auf alle mögliche Weise gegen mich. Ich verbot unseren Leuten, ihn ebenfalls zu attackieren, obwohl es mehr als genug Material dafür gegeben hätte – aber er war schon ein sehr betagter Mann.

Ich fühlte mich als Mitglied von Jelzins Mannschaft. Als einer von sehr vielen. Deshalb ging ich 1991 das Weiße Haus verteidigen und 1993 den Bürgermeistersitz, und darum gehörte ich 1995 bis 1996 zum informellen Wahlkampfstab. Das war vermutlich die gefährlichste Aktion meines Lebens (fast). Wegen Boris Nikolajewitsch[6] sagte ich auch nichts

[6] Jelzin.

gegen Putin, obwohl ich meine eigene Meinung über ihn hatte.

Was die »Oligarchenszene« angeht, so habe ich mich immer gegen eine solche Verallgemeinerung gewandt. Wir waren ganz unterschiedliche Leute: Gussinski und Beresowski, Bendukidse und Potanin, ich und Prochorow. Wir hatten völlig verschiedene Ziele und verschiedene Lebensauffassungen. Eher noch könnte man uns in Erdölleute und Metallurgen, Medienleute und Bankiers einteilen – aber auch das trifft es nicht genau.

Verehrte Ljudmila Jewgenjewna,
ich glaube, ich kann sagen, ich bin ein Voltairianer, ein Anhänger des freien Denkens, der Freiheit des Wortes. In dieser Hinsicht war Jelzin mein Ideal, wie zuvor Jagodin. Die Arbeit mit ihm rief keinen inneren Widerstand bei mir hervor.

Die Zerschlagung von NTW[7] (ich versuchte den Sender finanziell zu unterstützen, was mir in meinem ersten Prozess zum Vorwurf gemacht wurde) wurde zu meinem »Rubikon«. Die Zerschlagung der Mannschaft, nicht der Eigentümerwechsel, damit Sie mich nicht falsch verstehen.

Hier breche ich erst einmal ab. Ich danke Ihnen für Ihren Brief. Ich hoffe auf Fortsetzung unseres Gesprächs.
Hochachtungsvoll,
M.

---

[7] Russischer Fernsehsender, gegründet 1993, finanziert von einem Konsortium aus mehreren Banken. 2001 übernahm Gasprom in feindlicher Übernahme 69 Prozent der Anteile des Senders, womit er unter staatlicher Kontrolle steht.

5.

Sehr geehrter Michail Borissowitsch!

Ihr Brief hat mich überrascht: Das halbe Leben lang basteln wir an unseren Vorurteilen und Klischees, dann nehmen sie uns die Luft, und Jahre später, wenn sie zusammenbrechen, sind wir froh über die Befreiung. Ich rede vorerst nur von meinen Vorstellungen. Mit der Zeit, hoffe ich, werden wir auch zu den Ihren kommen.

Also. Ihre Eltern waren solide, gesunde Angehörige der Generation der »Sechziger« – Ingenieure, Praktiker, ehrlich und anständig; Ihr Vater, eine Gitarre in der einen und ein Glas in der anderen Hand, fröhlich und lebhaft, und Ihre Mutter, immer und überall bereit, Gäste aufzunehmen oder einer Freundin in einer schwierigen Lage zu helfen. Auch ihr Verhältnis zur Sowjetmacht war klar: Sie kann uns mal… Die Kinder der »Sechziger«, die in der neunten Klasse Schreibmaschinenkopien von Solshenizyns »Archipel Gulag« und Orwells »1984« lasen, wandten sich angeekelt von der Regierung ab und schrieben bestenfalls ihre Dissertation, arbeiteten als Ärzte oder Fahrstuhlführer oder beteiligten sich an der sozialen Bewegung, die später als »Dissidenz« bezeichnet wurde.

Manche dieser Kinder saßen als Erwachsene in den 1970er und 1980er Jahren im Gefängnis oder im Lager, ein Teil emigrierte in den Westen. Sie aber blieben davon irgendwie verschont, passten sich an den damaligen Mechanismus an, fanden Ihren Platz darin und arbeiteten effektiv. Besonders rührend ist die Unschuld, mit der ein junger Mann wie Sie bereit war, auch für die Rüstung zu arbeiten, weil man ja die Heimat verteidigen musste.

Zwei Jahrzehnte Altersunterschied schließen eine Situation aus, die man sich leicht ausmalen könnte, wären wir gleich alt. Als ich mit einem Touristenreisescheck in der Tasche voller Abscheu ins Komsomol-Komitee der Fakultät ging, um meine Beurteilung abzuholen, saßen dort entweder eingefleischte Karrieristen oder Idioten – und ich musste ihnen die Frage beantworten, wer in Bulgarien Sekretär des ZK sei. Das war in den 1960er Jahren, und Sie saßen Anfang der 1980er dort, oder im Büro nebenan. Zweifellos gehörten Sie zu einem Kreis von Menschen, mit denen ich, gelinde gesagt, nicht befreundet war.

Und nun stellt sich heraus – und das hat mich an Ihrem Brief erstaunt –, dass der eine oder andere dieser Leute in den 1980er Jahren vielleicht positive Motive hatte. Dort saßen zum Beispiel Sie, ein begabter junger Mann, der Betriebsdirektor werden, der auf sinnvolle und richtige Weise etwas produzieren wollte, vielleicht auch Waffen zum Schutz der Heimat. Und Sie erlebten dort, in Ihrer Umgebung, »Progressive« wie Jelzin und »Rückwärtsgewandte« wie Ligatschow. Sie befanden sich im Inneren des Systems, und Sie fanden dort Ihren Platz und scharten eine Mannschaft um sich. Sie schreiben, die Ideologie habe Sie nie interessiert, wichtig sei Ihr »Führungsstreben« gewesen. Aber dieses Streben ist doch nur eine höflichere Definition von Karrierismus.

Karrierismus meine ich nicht als Schimpfwort. Karriere gehört für einen normalen Mann zum Leben unbedingt dazu. Und heute auch für Frauen. Nur schien mir immer, dass ein anständiger Mensch die Spielregeln in diesem System nicht akzeptieren kann. Doch Sie waren ja ein Junge aus einer anständigen Familie. Wie konnten Sie dann als »gläubiger« Komsomolze aufwachsen, ohne den geringsten Zweifel, wer Freund war und wer Feind? Offenbar ging das also doch. Ich habe keinen Grund, Ihrer Analyse zu misstrauen. Demnach war meine absolute Ablehnung aller parteigebundenen oder parteinahen Personen ein Vorurteil. In den 1980er Jahren hatte sich die Führung des Landes bereits von jeglicher Ideologie verabschiedet (und nicht nur sie, alle bis hinunter zur Kindergärtnerin). Es blieb nur eine leere Hülle.

Jetzt sehe ich, dass mein Bild nicht vollständig war. Vielleicht sogar ganz falsch. Mein Abscheu gegen das Sowjetsystem war so groß, dass ich es für ausgeschlossen hielt, dass man sich in diesem spätkommunistischen Milieu an irgendwem orientieren, jemandem vertrauen konnte. Sogar ein Idol finden. Jelzin war für mich nur ein gewöhnlicher Parteifunktionär, und als damals alle meine Freunde zum Weißen Haus liefen, saß ich zu Hause und fragte mich traurig: Warum habe ich keine Lust, mit den anderen zur Demonstration zu gehen?

Nach ein paar Tagen sagte ich mir: Wenn es eine Lustration gibt, wie die Entnazifizierung in Deutschland nach dem Krieg, dann werde ich daran glauben. Es gab einen großen Enthusiasmus, den ich nicht teilen konnte. Eine solche Reinigung gab es nicht: Fast alle hohen Beamten blieben, wechselten allenfalls den Posten, nur wenige wurden verjagt.

Mir ist klar, dass Jelzin Charisma hatte, große Pläne und gute Absichten. Aber es nahm ein schlechtes Ende – er legte das ganze Land dem KGB in die Hände. Schöne »saubere Hände« waren das. Das räumen auch Sie ein, wie mir scheint, auch wenn Sie es mit anderen Worten ausdrücken.

Wie bewerten Sie heute, zehn Jahre später, die Person Jelzins? Und falls sich Ihr Urteil geändert hat – wann ist das passiert?

Eine Zeit lang glaubte ich, Jegor Gaidars Reformen könnten zu einem funktionierenden Wirtschaftssystem führen, aber er hat es nicht geschafft. Sein Buch über den Fall des Imperiums[8] ist hochinteressant und erklärt vieles, aber leider erst im Nachhinein.

Hatten Sie damals ein bestimmtes Reformkonzept, oder waren Sie vollauf zufrieden mit den großen Möglichkeiten, die sich für Unternehmer eröffneten? Zweifellos waren Sie ja ein sehr guter Direktor eines riesigen Betriebs.

Und schließlich die heikelste Frage. So heikel, dass Sie nicht antworten müssen, dass ich die Frage auch wieder zurückziehe. Zu einem bestimmten Zeitpunkt bekamen Leute, die Jelzin nahestanden, große Teile des Kuchens ab – zur Verwaltung oder als Eigentum. Dieser ersten Verteilung folgte eine Reihe von »Umverteilungen«. Die zum Teil sehr brutal verliefen. Damals waren Sie bereits »Betriebsdirektor«. Wo verlief für Sie in dieser Zeit die Grenze des Erlaubten?

Ach ja, und was Voltaire angeht: Der hat mit seinen Ideen die ganze Welt verrückt gemacht, aber die Kinder, die er mit seiner Dienerin hatte, ließ er in ein Waisenhaus bringen. Oder war das Rousseau? In jedem Fall scheint das eine Art Naturgesetz zu sein: Je erhabener die Ideen, desto hässlicher die Lebenspraxis…

Noch etwas. Eine Korrektur meiner Frage: Welche der

[8] Jegor Gaidar, Entscheidung in Russland: die Privatisierung der Macht und der Kampf um eine zivile Gesellschaft, München 1995.

82

Ideen aus Ihrer Jugend, als Sie davon träumten, »Betriebsdirektor« zu werden, haben Sie sich bewahrt? Welche verloren? Ich meine natürlich Ihr Wertesystem.

Sie hoben sich für mich von den übrigen Oligarchen ab, seit ich in einer Strafkolonie für Minderjährige, die ich zusammen mit befreundeten Psychologinnen besuchte, einen von Ihnen finanzierten Computerraum entdeckte und als ich später in verschiedenen Zusammenhängen auf Spuren Ihrer Stiftung »Offenes Russland« stieß. Vor einigen Jahren, Sie waren bereits verhaftet, war ich im Lyzeum Koralowo, lernte Ihre Eltern kennen und fand eine unglaublich wundervolle Insel für Waisen und Halbwaisen vor.[9] Dergleichen hatte ich noch nirgendwo in Europa gesehen. Auch das ist Ihr Werk.

Sie schreiben, ein Wendepunkt in Ihrem Verhältnis zur Regierung sei die Zerschlagung von NTW gewesen. Tatsächlich hat jeder Mensch seinen »Rubikon«. Doch bis dahin sind Sie mit dieser Staatsmacht, die zusehends jeden Anstand verlor, ja ganz gut zurechtgekommen. Und noch eine direkte Frage: Hatten Sie das Gefühl, dass dieser Prozess umkehrbar war? Wäre NTW erhalten geblieben, hätte sich Ihre Beziehung zum Kreml wieder einrenken können?

Die Presse ist auf der ganzen Welt käuflich und den Regierenden hörig. Der Unterschied liegt lediglich in der Größe des Rohrs, durch das sie die Umwelt verschmutzt. Ging es bei Ihrem Konflikt etwa wirklich um Information,

---

[9] Chodorkowskis Stiftung »Offenes Russland« unterhält in der etwa 40 Kilometer von Moskau entfernten Ortschaft Koralowo ein Internat für bedürftige und obdachlose Kinder, das derzeit von seinen Eltern verwaltet wird; siehe auch Seite 275.

nicht um Erdöl? Das hieße für mich, dass Sie bei aller praktischen und pragmatischen Ausrichtung Ihre romantischen Illusionen noch nicht verloren haben.

Verzeihen Sie, vielleicht ist einiges in diesem Brief zu hart geraten. Aber das »goldene Zeitalter« ist vorbei. Die Illusionen sind dahin. Zum Überlegen bleibt wenig Zeit. Ich habe das akute Gefühl, dass die Zeit implodiert. Und ich will, solange es nicht zu spät ist, »zum Wesentlichen« vordringen. Das hat zwar noch nie jemand geschafft, aber vielleicht kann ich ihm zumindest möglichst nahekommen.

Noch ein Thema möchte ich gern mit Ihnen erörtern: das Privatleben unter dem Druck der Gesellschaft. Wie bewahrt man seine Würde, seine Werte… Wie verändern sich diese Werte? Verändern sie sich überhaupt? Die spezifischen Erfahrungen, die ein Mensch im Lager macht, lassen sich nicht mit unseren hier vergleichen. Das nur als Ankündigung, worüber ich noch gern mit Ihnen reden würde, wenn es möglich ist.

Ich wünsche Ihnen Gesundheit, Standhaftigkeit und Ruhe.

Hochachtungsvoll,
Ljudmila

6.

5. Juni 2009

Sehr geehrte Ljudmila Jewgenjewna,
ich habe mich sehr gefreut, Ihren Brief zu erhalten. Sie haben mir zu Recht den Kopf gewaschen.

Meine Eltern haben dafür gesorgt, dass ich in der damaligen Gesellschaft kein »weißer Rabe« wurde. Das ist mir heute klar, damals war es das nicht. Mehr noch – weder in der Schule noch am Institut habe ich »weiße Raben« getroffen. Meine Schule lag am proletarischen Stadtrand, mein Institut war ebenfalls durch und durch »proletarisch«, siebzig Prozent der Studenten waren von Betrieben zum Studium delegiert worden. Bei uns gab es überhaupt keine Dissidenten. Besonders an der Universität – ich studierte an einem Institut für Rüstungsforschung –, und wer aus dem Komsomol ausgeschlossen wurde, wurde automatisch auch exmatrikuliert. Was wir alle richtig fanden.

Als Sekretär des Fakultätskomitees weigerte ich mich, Exmatrikulierte automatisch auch aus dem Komsomol auszuschließen, denn ich war überzeugt: Nicht jeder Komsomolze ist zum Studium geeignet. Das Umgekehrte aber erschien mir für ein Rüstungsinstitut vollkommen richtig. Wir mussten schließlich bereit sein, unser Leben für die Heimat zu geben, sogar in Friedenszeiten, und wie konnte man das von jemandem verlangen, der kein Komsomolze oder kein Kommunist war? Das ist kein Scherz, keine Übertreibung. Genau so dachte ich.

»Ein Tag im Leben des Iwan Denissowitsch«[10] habe ich gelesen, war erschüttert und hasste Stalin, weil er die Sache der Partei für seinen eigenen Personenkult in Verruf gebracht hatte. Breschnew und Tschernenko betrachtete ich mit Spott und Verachtung – Gerontokraten, die der Partei schadeten.

[10] Es handelt sich dabei um eines der größten Literaturereignisse der Tauwetterperiode in der UdSSR. Der 1962 erschienene Roman beschreibt einen Tag im Leben des Häftlings Nr. S-854 – Iwan Schuchow, der nach einer Anklage wegen Hochverrats zu zehn Jahren Lager verurteilt wurde, von denen er acht bereits abgesessen hat. Der monotone Ablauf dieses einzigen Tages steht stellvertretend für die 3653 Tage, die Schuchow insgesamt abzusitzen hat. Der Autor Alexander Solshenizyn erhielt 1970 den Nobelpreis für Literatur.

Für Andropow empfand ich Respekt, trotz seiner »Übertreibungen vor Ort«. Sie lachen? Das würde ich auch gern. Kann ich aber nicht.

Als ich während des Studiums in einen Betrieb geschickt wurde, saß ich dort nicht in der Bibliothek, sondern schaufelte Hexogen (Sprengstoff), arbeitete an der Automatenpresse (beinahe hätte ich mich selbst und einen Freund durch eine Unachtsamkeit ins Jenseits katapultiert). Bei der Grundausbildung wurde ich zum Unteroffizier befördert und zum stellvertretenden Politoffizier ernannt, doch ich ließ mich wieder in den Betrieb schicken – alte Granaten demontieren. Wir waren schließlich Komsomolzen, wir mussten dahin gehen, wo es am gefährlichsten war. Also demontierte ich Granaten, unter den verständnislosen Blicken der befehlshabenden Offiziere unserer Fakultät.

Auch das werden Sie kaum glauben: Ich begriff nichts, und sie sagten nichts.

Übrigens legte ich mich offen mit dem Sekretär des Parteibüros an. Ohne die geringsten Befürchtungen. Er kam ins Komsomol-Komitee, wo zwanzig Frauen aus verschiedenen Betrieben und zwei, drei junge Männer saßen – wir stritten mit ihm, und das Komitee stimmte für mich, praktisch einstimmig. Der Parteisekretär beschwerte sich beim Rektor – Jagodin. Die Mädchen schreiben mir übrigens bis heute. Eine von ihnen war meine erste Frau, mit einer anderen bin ich inzwischen seit zwanzig Jahren verheiratet.

Was das Gefühl der Bedrohung durch einen äußeren Feind angeht: Es war ebenso intensiv wie das, zu den mächtigen »Neun« zu gehören, zu einem der Zweige des Militärisch-Industriellen Komplexes.

Übrigens nahm ich als Berater von Silajew[11] an der letzten Sitzung der MIK (Militärisch-industrielle Kommission) teil – also der »Neun« plus Verteidigungsministerium. Aber das ist ein Thema für sich.

Den ZK-Sekretär für Verteidigung Baklanow kannte ich nicht, ich habe ihn aber später, nach 1991, aus Branchensolidarität zu mir geholt. Jelzin wusste davon, äußerte sich aber nie dazu.[12]

1996 weigerten sich die Rüstungsleute ganz offen, Jelzin Geld zu geben (als Kredit an die Regierung, damals war so etwas möglich!), doch als ich sie um Geld bat, gaben sie es mir, auf mein Ehrenwort hin. Obwohl sie damit ihren Kopf riskierten. Von einem Teil dieses Geldes kaufte ich Jukos, später zahlte ich es zurück. Sie wussten, wofür ich das Geld brauchte. Einige meiner Bekannten, die ich für gute Menschen halte, waren im Zentralkomitee der Kommunistischen Partei der Russischen Föderation, einige unterstützten auch die Putschisten von 1991 (wie zum Beispiel Baklanow oder Anatoli Lukjanow, dessen Tochter jetzt meine Anwältin ist.)

Das erwähne ich deshalb, Ljudmila Jewgenjewna, weil die Leute auf der anderen Seite der Barrikade keineswegs eindimensional waren. In bestimmten Dingen stur, waren sie in anderer Hinsicht absolut anständig.

---

[11] Iwan Silajew leitete in den letzten Monaten vor der Auflösung der Sowjetunion u.a. das Komitee zur operativen Leitung der sowjetischen Volkswirtschaft und war in dieser Funktion faktisch der letzte Ministerpräsident der UdSSR.

[12] Oleg Baklanow gehörte dem selbst ernannten Staatlichen Komitee für den Ausnahmezustand an, das im August 1991 gegen Gorbatschow putschte.

Ich war genau wie sie Soldat in einem virtuellen Krieg, der nicht meiner war. Aber wir waren aufrichtige Soldaten. Wir verteidigten, was wir für die Wahrheit hielten.

Ich will Ihnen etwas noch Riskanteres sagen. Wir nahmen die Zusammenarbeit mit dem KGB sehr ernst. Mit »Wir« meine ich die Rüstungsleute. Er arbeitete für uns und kontrollierte uns zugleich, allerdings keineswegs unsere »politische Reife«, sondern als Personenschützer, zur Spionageabwehr. Das waren solide, hochqualifizierte Experten. Einige von ihnen hatten während des Großen Vaterländischen Krieges[13] im Untergrund gearbeitet. Was ich von ihnen gelernt habe, ist mir hier im Gefängnis sehr nützlich, denn sie hatten Gefängnisse und Konzentrationslager überlebt. Sie waren froh, dass ihre Erfahrung noch jemandem nützen konnte. Und ob sie das kann!

Es gab auch andere – die NKWD[14]-Leute. Die mochte niemand, sowohl wir als auch die Experten, von denen ich sprach, mieden sie.

Übrigens hat keiner von ihnen (von den Experten) mich je um Geld gebeten. Allerdings konnte ich nach 1991 einigen von ihnen helfen, Arbeit zu finden. Und ihre Kollegen retteten uns das Leben, indem sie sich weigerten, das Weiße Haus zu stürmen.[15] Einige von ihnen kannte ich persönlich, andere nur indirekt.

---

[13] Russische Bezeichnung für den deutsch-sowjetischen Krieg während des Zweiten Weltkrieges.

[14] Staatssicherheitsdienst der UdSSR.

[15] Beim Augustputsch 1991 verweigerten die Mitglieder der KGB-Spezialeinheit Alpha angeblich den Befehl zum Sturm des Parlamentsgebäudes; anderen Versionen zufolge wurde dieser Befehl – nicht zuletzt aufgrund der Bedenken der Kommandeure – nie erteilt.

Nun zu Führerschaft und Karrierismus. Ich stimme Ihnen nicht zu – das ist nicht dasselbe. Karriere im schlechten Sinne – das ist Aufstieg über die Stufen der bürokratischen Leiter, und zwar durch Kriecherei und Speichelleckerei. Ja, das ist der Weg der meisten »Erfolgreichen«. So konnte man zweiter Sekretär werden, stellvertretender Betriebsleiter, Verwaltungschef und sogar stellvertretender Minister. Aber als Produktionsleiter oder als Betriebsdirektor wurden andere eingesetzt. Leader. Und die wurden geduldet, denn Karrieristen machten auf solchen Posten Murks. Und dafür hatte man sich zu verantworten.

Jagodin wie Jelzin duldeten mich als »direkten Leiter«, ganz im Sinne der Parteitradition.

Das war ebenso ein Platz für »Andersartige« wie die Wissenschaft, nur in einem anderen Sinn: politisch auf der richtigen Linie, aber »nicht biegsam«.

Über Boris Nikolajewitsch kann ich nicht unparteiisch sprechen. Mir sind alle seine negativen Seiten klar. Mehr noch, 1999 fand auch ich, dass er gehen musste. Obgleich ich die Kandidatur Putins nicht begrüßte, und Putin weiß das.

Aber Boris Nikolajewitsch war eine markante Figur. Ein Fels. Ein echter russischer Zar, mit allen Vor- und Nachteilen dieses Phänomens. Er hat viel Gutes und viel Schlechtes getan. Wovon mehr, kann ich nicht beurteilen.

Hätte man Russland stärker oder besser verändern können, als er es getan hat? Wäre es auch ohne Thermidor[16]

---

[16] Thermidor meint ursprünglich den elften Monat des Republikanischen Kalenders der Französischen Revolution. Die Absetzung Maximilien de Robespierres im Jahre 1794 wird nach ihrem Zeitpunkt auch als Thermidor bezeichnet. Trotzki nahm den Begriff im Kontext der Russischen Revolution wieder auf und bezeichnete den Auf-

und neue Stagnation, ohne Rückkehr der »Genossen von den Organen« gegangen? Ohne den Tschetschenienkrieg, ohne den Sturm des Weißen Hauses? Vermutlich. Wir haben es nicht vermocht. Nicht er – wir alle. Welches Recht habe ich also, ihn zu verurteilen?

Als wir uns kennenlernten, war ich 23. Und ich möchte mir meine Erinnerungen von damals bewahren. Er ist tot, und ich schade damit niemandem.

Eine Idee zur Umgestaltung des ganzen Landes als historisches Gebäude hatte ich zu Gaidars Zeit nicht, aber eine Vorstellung von der Reform der Wirtschaft. Ich war für die Schaffung und anschließende Privatisierung großer wissenschaftlich-industrieller Komplexe, nach dem Vorbild von Gasprom (nicht unbedingt so groß, aber von ähnlicher Struktur). In der Regierung nannten wir das aktive Industriepolitik (nicht nur die Schaffung solcher Komplexe, sondern auch eine gewisse konkrete Zielsetzung, die Festlegung von Aufgaben und Prioritäten).

Als meine Ideen nicht genehm waren, verließ ich die Regierung, wobei ich ankündigte, den Blödsinn auszunutzen, den sie verzapfen würden. Zum Beispiel die frei konvertierbaren Voucher. Ich hatte gleich gewarnt, dass das ein schlechtes Ende nehmen würde, dass die tschechische Variante besser sei (dort gab es »geschlossene Fonds«), aber man unterstellte mir – wie immer – eigennützige Interessen. Worin die bestanden, war allerdings unklar. Ich stritt nicht weiter. Wenn nicht, dann eben nicht.

---

stieg Stalins zum Alleinherrscher und den Sieg der Bürokratie über die Massen als »Sowjetthermidor«. An diese Überlegungen knüpft Chodorkowski mit dieser Bezeichnung an.

Dafür habe ich später – und hier können wir von den Grenzen des Erlaubten reden – jede Lücke im Gesetz ausgenutzt und den Mitgliedern der Regierung immer persönlich dargelegt, welche Lücke in ihren Gesetzen ich wie nutzen werde oder bereits nutze.

Ja, das war eine kleine Rache, womöglich die Sünde der Eitelkeit. Aber ich muss sagen, sie verhielten sich anständig: Sie prozessierten, schlossen die Lücken mit neuen Gesetzen und Verordnungen, ärgerten sich, warfen mir aber nie unfaires Spiel vor. Es war eine Art ständiges Turnier zwischen uns.

Hatte ich »im Großen und Ganzen« recht? Ich bin nicht sicher. Einerseits habe ich objektiv die Industrie gefördert, andererseits habe ich die Regierung, die nicht die schlechteste war, gefährdet. Einerseits habe ich natürlich alle mir zur Verfügung stehenden Mittel in die Industrie investiert. Sinnvoll investiert. Ich habe nie geprotzt und das auch anderen nie gestattet. Aber zugleich habe ich mir nicht viel Gedanken gemacht über die Menschen, über meine soziale Verantwortung jenseits meines, wenn auch sehr großen, Kollektivs.

Was die »Brutalität« bei der Aneignung und Umverteilung angeht – die Antwort auf diese Frage ist zum Lachen, geradezu unglaublich.

In der »oberen Liga« spielten höchstens zwei Dutzend Leute mit. Mehr waren es einfach nicht. Bei den »Pfandversteigerungen« waren aber beispielsweise 800 Betriebe auf der Liste. Wir alle zusammen konnten höchstens 70 schaffen.

Ich selbst musste alles andere aufgeben, um Jukos zu schultern. Ständig unterwegs sein, die Bank aufgeben, alle zuvor erworbenen Betriebe verkaufen. Zum Beispiel hatten mir bis dahin die gesamte Baustoffproduktion für ganz Moskau, eine Reihe von Hüttenwerken und die berüchtigte Firma Apatit[17] gehört.

Das war kein Spaß, das war richtige Arbeit. Die Unternehmen der anderen interessierten mich absolut nicht. Wir alle machten einander höchst selten Konkurrenz, wir hatten mit dem allgemeinen Schlendrian und Verfall genug zu tun. Auch von Kriminellen wurden wir kaum behelligt, denn sie hatten keine Ahnung, was bei solchen Riesenunternehmen zu holen war und wie. Natürlich gab es auch brutale Typen, es gab Risiken, aber insgesamt ging es damals in der oberen Liga, verglichen mit den jetzigen »feindlichen Übernahmen«, ziemlich harmlos zu.

Als beispielsweise der inzwischen verstorbene Wolodja Winogradow (Inkombank) mich beim Kampf um die VNK[18] behinderte, bot ich ihm eine Abfindung an, und als er dies ablehnte, übertrumpfte ich ihn bei der Auktion. Was mich natürlich einiges kostete.

Das war die übliche Praxis: PR-Kampagnen, Lobby-Arbeit, Geld. Aber nichts Verbotenes, keine Miliz. Wer durch so etwas aufgefallen wäre, mit dem hätte einfach niemand mehr Geschäfte gemacht, aus reinen Sicherheitserwägungen. Und er wäre schnell geliefert gewesen.

---

[17] Die Privatisierung des Unternehmens *Apatit*, des größten Mineraldüngerherstellers der UdSSR, war einer der Anklagepunkte im Prozess gegen Chodorkowski. Siehe dazu Otto Luchterhandt: Rechtsnihilismus in Aktion. Der Jukos-Chodorkowski-Prozeß, in: OSTEUROPA, 7/2005, S. 7–37, hier S. 12–17.

[18] Die Erdölgesellschaft Ost wurde 1994 aus der staatlichen Ölgesellschaft Rosneft ausgegliedert. 1997 übernahm Jukos ein Kontrollpaket der VNK-Aktien und gliederte die Gesellschaft in den folgenden zwei Jahren in den Konzern ein.

Genau das ist der Grund, warum alle Nachforschungen der Generalstaatsanwaltschaft in den letzten Jahren so wenig überzeugende Ergebnisse gebracht haben.

Solange in der »oberen Liga« noch keine ehemaligen Mitarbeiter der »Rechtsschutzorgane« mitspielten, war die Grenze so gezogen, dass man das, was man tat, vor einem Schiedsgericht (das nicht unbedingt vollkommen unabhängig war, aber auch nicht so stark kontrolliert wie die heutigen Basmanny-Gerichte[19]) verteidigen konnte. Es gab eine weitere Grenze. Zwar konnten die Leute aus dem Staatsapparat einen unterstützen, und sie taten das vielleicht, um davon selbst zu profitieren. Aber sie waren sich stets bewusst, dass sie dem Premierminister und dem Präsidenten Rede und Antwort stehen müssen, und nicht nur ihnen, sogar – was sie besonders schrecklich fanden – den Medien.

Eine solche Hemmungslosigkeit wie heute, da Leute sich sicher sind, dass sie nicht zur Verantwortung gezogen werden, wenn sie nur die richtige »politische Position« haben – nein, das war damals schwer vorstellbar.

Als ich den Bereichsleiter Förderung Faslutdinow entließ, klagte er, ging bis zum Obersten Gericht der Russländischen Föderation, bekam recht und erhielt von mir über 40 000 Dollar Entschädigung (das war damals sehr viel Geld). Und meine Rechtsabteilung, die wusste, wie teuer sie ein verlorener Prozess zu stehen kommen würde, konnte nichts dagegen tun.

Nachdem Rosneft Jukos übernommen hatte, wurde er

---

[19] Der Ausdruck »Basmanny-Gericht« bedeutet seitdem im Russischen allgemein »politisch bestellte Rechtsprechung«.

einfach hochkant aus dem Gericht geworfen. Er weinte sich darüber bei meinem Anwalt aus, der seinen Fall in der Firma bearbeitete.

Nein. Gesetzeslücken aufzuspüren und sie vollständig oder teilweise auszunutzen – das war unsere Grenze. Der Regierung ihre eigenen Fehler bei der Gesetzgebung zu demonstrieren, das war das größte intellektuelle Vergnügen auf diesem Gebiet.

Ich kann nicht unerwähnt lassen, dass der wichtigste Grund für die Änderung meiner sozialen und unternehmerischen Prinzipien die Krise von 1998[20] war. Bis dahin hatte ich das Unternehmerdasein als ein Spiel betrachtet. Nur als ein Spiel. Bei dem ich gewinnen musste (wollte), aber bei dem auch Verlieren kein Beinbruch war. Ein Spiel, bei dem Hunderttausende jeden Morgen zur Arbeit kamen, um mit mir zusammen zu spielen. Und jeden Abend wieder zu ihren eigenen Sorgen und Angelegenheiten zurückkehrten, mit denen ich nichts zu tun hatte.

Das ist natürlich sehr schematisch ausgedrückt. Auch vor 1998 war ich mit Problemen konfrontiert gewesen, aber das waren Dinge, für die ich persönlich keine Verantwortung trug: Das war die »Lage«, als ich kam.

Dann aber kam das Jahr 1998. Das Lachen verging uns nicht gleich: Das überleben wir schon! Dann jedoch der August. Die Katastrophe. Der Ölpreis fiel auf acht Dollar pro Barrel, die Produktionskosten lagen bei zwölf Dollar pro Barrel. Ich hatte kein Geld, um die Schulden zurückzu-

---

[20] Infolge der Asienkrise von 1997 kam es 1998 in Russland zu einem massiven Kapitalabfluss, verursacht durch verunsicherte Anleger, und in der Folge zur auch als »Rubelkrise« bezeichneten Wirtschaftskrise von 1998.

zahlen, und kein Geld für die Löhne. Doch die Leute hatten ganz real nichts zu essen, und dafür war ich persönlich verantwortlich. In Russland kaufte uns niemand das Öl ab, und exportieren konnten wir auch nichts. Keiner zahlte. Die Banken drohten, unsere Auslandskonten zu sperren. Die Banken stellten einfach den Zahlungsverkehr ein. Beresowski gab mir einen Kredit – 80 Prozent Jahreszins, zahlbar in Devisen.

Du gehst zu deinen Arbeitern, und sie brüllen dich nicht an, streiken nicht – sie haben Verständnis. Aber sie fallen vor Hunger in Ohnmacht. Besonders die Jungen, die sich nicht aus dem eigenen Garten versorgen können, oder kleine Kinder haben. Und die Krankenhäuser… Wir hatten ja auch die Medikamente bezahlt und die Leute zur Kur geschickt, aber nun – kein Geld. Und vor allem diese verständnisvollen Gesichter. Leute, die einfach sagen: »Wir haben auch gar nichts Gutes erwartet. Wir sind schon dankbar, dass Sie hergekommen sind und mit uns reden. Wir halten schon durch…« Nach dem August 1998 hat es keinen einzigen Streik mehr gegeben.

Als die Krise überwunden war, hatten sich meine Prinzipien verändert. Ich konnte nicht mehr einfach nur »Direktor« sein. Im Jahr 2000 gründeten wir die Stiftung »Offenes Russland«.

Noch einmal zu meinem Verhältnis zum Gesetz. Die Haltung: »Die Gesetze haben doch alle verletzt«, habe ich nie für richtig gehalten. Wenn du die Gesetze verletzt hast, musst du dich dafür verantworten. Meine Haltung ist eine ganz andere: Unsere Gesetzgebung (wie die jedes anderen Landes auch) lässt zahlreiche »weiße Flecken«, Interpretationsspielraum, und eben darin besteht im Grunde ja die

Tätigkeit der Gerichte (vor allem des Obersten Gerichts). Die Willkür oder, höflicher gesagt, »die selektive Anwendung des Gesetzes«, wie sie im Fall Jukos praktiziert wird, liegt darin, dass auf Jukos eine ganz bestimmte, eigene Interpretation des Gesetzes angewendet wird. Eine, die gegenüber anderen nicht angewendet wird (und nicht angewendet werden kann).

Ich halte unsere Gesetze im Großen und Ganzen für in Ordnung, sie sind nicht schlechter und nicht besser als in anderen Ländern, aber die Rechtspraxis, die Gerichte – das ist eine Katastrophe.

Nun zu den Ideen und Werten meiner Jugend.

»Unser Land ist eine belagerte Festung, darum tun wir alles zur Stärkung der Verteidigungsbereitschaft, wir sind von Feinden umgeben« – das habe ich natürlich hinter mir. An die Stelle dieser Vorstellung ist das Verständnis für die Interessen von Ländern und Völkern getreten – die mit denen der Staaten und Eliten, gelinde gesagt, nicht immer übereinstimmen. Aber der Patriotismus, Sie werden lachen, der ist geblieben. Er sitzt tief in mir und hindert mich, Gemeinheiten über mein Land zu sagen, selbst wenn es mich sehr dazu drängt.

Die Vorstellung vom Kommunismus als »lichte Zukunft« der Menschheit habe ich hinter mir, und der aufgedeckte Betrug hat in meinem Herzen Bitterkeit hinterlassen. Denn hinter dem schönen Traum versteckte sich ein aggressiver bürokratischer Totalitarismus. Doch die Idee von einem sozialen Staat, der sich um die (freiwilligen wie unfreiwilligen) Außenseiter der Gesellschaft kümmert, der gleiche Chancen für alle Kinder gewährleistet – diese Idee ist noch lebendig. Aber erst nach der Krise von 1998 wurde sie für mich zu einem zusätzlichen inneren Antrieb. Davor waren das vor allem Gekränktheit und der Wunsch, zu beweisen, dass ich »es kann«.

Bis die allgemeinmenschlichen Werte zu mir durchgedrungen waren, dauerte er länger. Ich glaube, genau in dem Moment, als sie durchgedrungen waren, habe ich rebelliert. Das war 2001 – es ging um NTW, und der Russische Unternehmerverband stellte sich die Frage, was Vorrang hat – Eigentum oder Pressefreiheit? Denn NTW hatte ja tatsächlich Schulden bei Gasprom. Damals kam ich für mich zu dem Schluss, dass das eine nicht ohne das andere geht, und gab NTW 200 Millionen Dollar. Was dann später in der Anklage gegen mich auftauchte.

Ich bin kein Revolutionär. Wäre NTW erhalten geblieben, hätte ich die nachfolgenden Ereignisse womöglich weniger aufmerksam wahrgenommen. Ich hätte mich jedenfalls nicht aus dem Fenster gelehnt, sondern die Politik aktiveren »Genossen« überlassen, wie ich es auch sonst immer gehalten hatte. Hier konnte ich es nicht. Ich hatte plötzlich das Gefühl, als ziehe sich eine Schlinge um meinen Hals zusammen.

Aus dieser Sicht ist das Gefängnis eine klarere, weniger bedrückende Angelegenheit. Obwohl ansonsten natürlich alles andere als ein Zuckerschlecken.

Natürlich war dieser Ausgang nicht mein Ziel. Doch ich wurde in eine Ecke gedrängt, aus der es keinen anderen anständigen Ausweg gab. Ein weiser Mensch, der ich nicht bin, hätte diese Alternative vermutlich zu vermeiden gewusst.

Was das Projekt »Kulturanthropologie« angeht, bin ich nicht sicher, dass ich der beste Experte in Sachen Geld bin. Ich werde darüber nachdenken. Geben Sie, wenn möglich, erst einmal meinen Anwälten Hinweise, was ich mir ansehen soll.

Noch einmal danke für Ihren Brief.

M.

7.

24. Juni 2009

Lieber Michail Borissowitsch!

Vor über einem halben Jahr habe ich Ihnen einen Brief geschickt, den Sie, wie sich jetzt herausstellt, nicht erhalten haben. Ich hoffe, dieser Brief erreicht Sie.

Ihr Prozess – der absolut kafkaesk ist – zieht sich hin.[21] Ich habe angefangen zu zweifeln, ob das nur die übliche Unfähigkeit ist, »dasselbe wie immer«, oder ob dahinter eine teuflische Absicht steckt, die Hoffnung, dass die Gesellschaft es irgendwann müde wird, auf Ereignisse zu reagieren, die sich, wie schlechtes Theater, nur schleppend und mühsam entwickeln. Gut, dass es zwei Beteiligte gibt, Sie und Platon Lebedew, die diesen bösen Traum von Zeit zu Zeit aufbrechen.

Man wird das Gefühl nicht los, dass hier lebendige Menschen gegen Schatten oder Gespenster ankämpfen. Oder Puppen? Keine Menschen, sondern Seifenblasen sind das, gogolsche Figuren, könnte man sagen, wenn das Ganze nicht so quälend dilettantisch inszeniert wäre. Nein, natürlich ist klar, dass es darum geht, den Prozess zu verzögern, allein schon, um Sie nicht freizulassen.

---

[21] Im Frühjahr 2009 hatte ein weiteres Verfahren gegen Chodorkowski begonnen, das im Dezember 2010 mit einer Verurteilung Chodorkowskis zu weiteren sechs Jahren Haft endete.

Was meinen Sie, Michail Borissowitsch: Ist das einfach nur schlechte Regie oder ein schlauer Schachzug, der auf die Ermüdung der öffentlichen Meinung spekuliert? Hofft man, dass die ganze Welt diesen Prozess vergisst? Aber das wird sie nicht. Dieser Prozess wird in die Geschichtsbücher eingehen wie seinerzeit der Prozess gegen Sinjawski und Daniel.[22]

Dieser Tage war ich bei General Kalinin[23] wegen der Bücher, die wir an die Strafkolonien für Minderjährige schicken wollen; wir haben 62 Pakete gesammelt. Zum ersten Mal in meinem Leben habe ich einen leibhaftigen General dieser Behörde zu sehen bekommen. Der General machte auf mich den Eindruck eines lebendigen, gebildeten und professionellen Menschen. Einfach einen durchaus guten Eindruck. Mir ist klar, dass die Leitung des Strafvollzugs kein Wohltätigkeitsverein feiner Damen für obdachlose Katzen ist, obwohl…

Was glauben Sie, Michail Borissowitsch: Die Flut von Strafen, die auf Sie einstürzt, die teils lebensgefährlichen, teils lachhaften Schikanen – auf welcher Ebene wird das organisiert? Von der örtlichen Gefängnisleitung oder auf höchster Ebene? Oder von einer ganz anderen Instanz? Ich meine natürlich den Kreml.

Aber ich möchte Sie auf keinen Fall in eine noch schwierigere Lage bringen, als Sie es ohnehin sind. Sie brauchen diese Frage nicht zu beantworten.

---

[22] Die Schriftsteller Andrej Sinjawski (Pseudonym Abram Terz) und Juli Daniel (Pseudonym Nikolai Arshak) wurden 1966 trotz internationaler Proteste wegen »antisowjetischer Propaganda« zu sieben beziehungsweise fünf Jahren Lagerhaft verurteilt.

[23] General Juri Kalinin war bis August 2009 Leiter der russischen Strafvollzugsbehörde (FSIN).

Als Dmitri Medwedew Präsident wurde, stellten mir Journalisten im Ausland immer dieselbe Frage, die sie sehr bewegte: Was ich vom neuen Präsidenten halte. Wie soll man darauf antworten, wenn man sich selbst den Luxus erlauben kann, überhaupt nicht über sie nachzudenken. Es gibt eine Menge interessanterer Dinge im Leben. Aber meine Antwort war immer dieselbe: Bald werden wir mehr über ihn wissen – wenn Chodorkowski freikommt, dann ist das ein anderer Präsident, wenn nicht, dann haben wir keinen neuen Präsidenten. So leicht ist das Rätsel der Sphinx zu lösen!

Und Sie, Michail Borissowitsch, haben Sie am eigenen Leib gespürt, dass ein anderer im Kreml sitzt – oder hat sich nicht das Geringste verändert?

Ihre Geschichte ist erstaunlich, Michail Borissowitsch: Sie haben schon so viele verschiedene Leben erlebt, und ich hoffe, auch vor Ihnen liegt noch ein ordentliches Stück Leben. Als Unternehmer und Politiker oder zurückgezogen als Privatmann, in jedem Fall wird das ein sinnerfülltes, schöpferisches Leben sein. Ich kann mir Sie nicht im Ruhestand vorstellen. Wie sehen Sie Ihr Leben nach der Freilassung? Im Moment verteidigen Sie sich, und das tun Sie hervorragend. Was werden Sie tun, wenn Sie wieder zu Hause sind?

Vor einem Monat war ich in Koralowo, in dem Lyzeum für Waisen, das Sie gegründet haben. Dort ist jetzt ein neuer Direktor, ein sehr guter und kluger Mann; Marina Filippowna und Boris Moissejewitsch[24] sind von Kindern umgeben, und man erkennt, was für ein wunderbares Verhältnis das ist. Die idiotische Zuzahlung für die noch lebenden

[24] Die Eltern Chodorkowskis.

Eltern der Zöglinge ist vom Tisch, und das ganze Lyzeum ist eine Art in die Tat umgesetzte soziale Utopie. Auf Spuren Ihrer Wohltätigkeit stoße ich überall – aber eben nur auf Spuren. Ein großartiges Projekt wurde zerstört. Ganz zu schweigen von Ihrer Firma. Aber mich interessieren in diesem Fall Sie, nicht das Geld, das man Ihnen genommen hat.

Was werden Sie nach Ihrer Freilassung tun? Ich kann mir nicht vorstellen, dass Sie keine Zukunftspläne machen.

Ich wünsche Ihnen eine stabile Gesundheit und Geduld. Mut und Kraft haben Sie genug. Wir erwarten Sie in der Freiheit.

Ljudmila Ulitzkaja

8.

24. Juni 2009

Verehrte Ljudmila,
vielen Dank für Ihren Brief, ich freue mich sehr, mit Ihnen streiten zu dürfen, obwohl Sie mich in Ihren Kommentaren eher schonen. Das ist übrigens unsportlich: Sie gestehen mir nicht zu, meine sehr kurz dargelegten Behauptungen zu begründen, mit denen Sie, wie ich sehe, nicht einverstanden sind.

Wenn Sie mehr auf mich schimpfen, weniger »für die Öffentlichkeit« schreiben würden – ich wäre nicht gekränkt.

Ich bin tatsächlich Anhänger eines starken Staates, das heißt, ich glaube, dass der Staat in den nächsten zwanzig bis vierzig Jahren (weiter voraus schaue ich nicht) in Russland eine größere Rolle spielen muss als heute. Doch ich bin keineswegs für eine »harte Hand«. Ich bin überzeugt: Ein starker Staat hat gut funktionierende Institutionen, die vom Steuerzahler finanziert werden und im Interesse des

Steuerzahlers handeln. Mit der Zeit müssen viele dieser Institutionen durch gesellschaftliche Strukturen ersetzt werden. Dann wird nicht mehr der Steuerzahler zur Kasse gebeten, sondern die Zivilgesellschaft organisiert sich selbst. Und selbstverständlich bin ich dagegen, dass der Staat weiter in der »tatarisch-mongolischen« Tradition ein Okkupant bleibt, von den Bürgern Geld eintreibt und nicht verpflichtet ist, über die Verwendung dieser Abgaben Rechenschaft abzulegen, sich nicht um die Interessen der Bürger schert und ihnen diktiert, wie sie leben sollen.

Was die Globalisierung angeht, so bin ich Globalist. Lesen Sie meinen Aufsatz über die Ursachen der Krise.[25] Aber ich bin überzeugt, dass die Nationalstaaten sich noch nicht so bald überlebt haben werden. Auch halte ich zwar die ökonomische und ökologische Globalisierung für notwendig und sehe sie positiv, aber bei der Kultur habe ich meine Zweifel.

Ich persönlich möchte nicht in Baku oder Chinatown leben, sondern in dem Moskau, wie es mir seit meiner Kindheit vertraut ist. Selbst wenn meiner Stadt dadurch die eine oder andere Einnahme entgeht. Verstehen Sie mich nicht falsch, ich beurteile Menschen nicht nach ihrer Herkunft oder Nationalität, aber wenn jemand in »meine Stadt« kommt, dann muss er meine Regeln akzeptieren und mir nicht seine eigenen aufdrängen.

So denken viele. Ob man sich wohlfühlt, hängt vom kulturellen Umfeld ab, und längst nicht jedem gefällt New York.

Wenn ich eines Tages in der Minderheit sein sollte, ziehe

[25] Der dritte Linksruck-Artikel.

ich weg und suche mir einen Ort, wo man so lebt, wie ich es von Kindheit an gewohnt bin. Und diese Suche nach einer Gesellschaft mit den gleichen kulturellen Wurzeln ist ein sehr starker Antrieb. Für die meisten Menschen sogar stärker als der rein ökonomische.

Zu den »aufrichtigen Soldaten« ... Ich fürchte, Sie irren. Mit einem »aufrichtigen Soldaten« würde ich einen gemeinsamen Nenner finden, aber das, was bei uns vorgeht, schadet selbst dem Staat. Es ist viel schlimmer – wir haben es mit einem total pervertierten Teil der Bürokratie zu tun, der bewusst nicht der Gesellschaft und auch nicht dem Staat dient, sondern nur seiner eigenen Tasche, seinen eigenen egoistischen Interessen. Das ist ja das Problem: Wir leben in einem Staat von Zynikern, die keine Ideologie haben, nicht einmal eine »sowjetische«.

Ich fürchte, die »Großmacht Russland« ist für die Mehrheit nur eine Parole, von der sie sich für Geld ohne Weiteres lossagen würden. Wenn sie hier Gefahr liefen, das »mühsam Ersparte« zu verlieren, und eben jenes Amerika ihnen Zuflucht gewähren würde, dann würden sie ganz einfach dorthin gehen.

Nun zur Chancengleichheit. Ich werde tun, was ich kann, damit bei uns in Russland alle Kinder die gleichen Chancen bekommen. Das ist unerreichbar, wie jedes Ideal. Aber für dieses Ideal würde ich mein Leben geben. Das »Recht auf eine Chance« ist das Wichtigste, was wir allen Kindern in Russland geben müssen. Auf der ganzen Welt. Umweltschutz, Bildung, politische Freiheiten dienen nicht nur dazu, einen gewissen minimalen Lebensstandard und Komfort für jedermann zu gewährleisten, nicht nur dazu, den durchschnittlichen Lebensstandard anzuheben, sondern dazu, dass jedes Kind, jeder Mensch eine Chance bekommt, seine Möglichkeiten zu realisieren, unabhängig davon, in was für einer Familie (oder in welchem Land) er geboren wurde.

Für die ganze Welt kann ich keine Verantwortung übernehmen, aber für die nächste Generation in Russland kann und will ich kämpfen. Ich bin sicher, das ist nicht nur eines der wichtigsten Ziele, sondern auch die wichtigste Ressource für die weitere Entwicklung unserer Gesellschaft.

Darüber, was ich »danach« tun werde, denke ich selten und nur abstrakt nach. Das wird sich zeigen. Tun, was man kann, muss man, wie ich finde, hier und heute, jeden Tag so, als sei es der letzte. Dann hat man keine Zeit, sich zu fürchten. Handeln, solange Kraft und Talent reichen, damit es später nicht »qualvoll schmerzt«,[26] wenn du plötzlich erfährst, dass deine Zeit um ist... Wer weniger Talent hat, kann zumindest durch sein gutes Beispiel vorangehen. Und das versuche ich.

Noch einmal danke für Ihren Brief.
Hochachtungsvoll,
M. Chodorkowski

PS: Entschuldigen Sie das überflüssige Pathos und den holprigen Brief. Ich schreibe während der Verhandlung, werde dauernd abgelenkt...

[26] Zitat aus Nikolai Ostrowskis Roman »Wie der Stahl gehärtet wurde«.

9.

Lieber Michail Borissowitsch!

Den Sport lassen wir mal beiseite. Wir beide wetteifern nicht in der Kunst der Rhetorik. Und bei unserem Gespräch geht es nicht darum, dass einer von uns recht behält. Es geht darum, im Innern Ordnung zu schaffen, die eigenen Positionen zu überprüfen. Vielleicht, um sie zu ändern. Das ist für jeden denkenden Menschen nützlich.

Wie sollte ich Sie beschimpfen; nicht einmal Ihre Feinde tun das mehr – aus dem einfachen Grund, weil Sie moralische Größe gezeigt haben.

In der Beurteilung unseres Staates sind wir beide uns vollkommen einig – er taugt nichts. Weil er nicht seinem Land dient, sondern sich von ihm ernähren lässt. Die Sorte Staatsmann, der sich um das Wohl des Vaterlandes sorgt, ist bei uns ganz und gar ausgestorben. Doch Ihr Satz, »dass der Staat in den nächsten zwanzig bis vierzig Jahren in Russland eine größere Rolle spielen muss als heute«, macht mich ratlos. Die Herren an der Macht haben bei uns heute gewaltige, nie dagewesene Vollmachten, sie tun schlichtweg alles, was ihnen gerade einfällt, in der Wirtschaft ebenso wie in der Außenpolitik. Sie verteilen ohne jede Kontrolle die nationalen Ressourcen, überführen Staatseigentum in private Hände und schaffen es ungehindert ins Ausland. Wie viel mehr Macht soll dieser Staat noch bekommen? Und das sagt ein Mann, der die brutale Rache des Staates, das völlige Fehlen von Logik und gesundem Menschenverstand in seinem Handeln und die Wirkungslosigkeit der Gesetze am eigenen Leib erfahren hat?

Meiner Ansicht nach ist die Frage eine andere: Wie lenkt

man das, was im Lande vorgeht, in vernünftige Bahnen, wie verringert man die Willkür, über die Sie weit besser Bescheid wissen als ich. Was muss geschehen, damit die Gesetze, ob sie nun gut oder schlecht sind, tatsächlich eingehalten werden, wie begrenzt man die heute schrankenlose Macht der großen und kleinen Beamten, ihren Eigennutz, ihre unendliche Geldgier? Ich weiß es nicht.

Sie, Michail Borissowitsch, bezeichnen sich als Anhänger eines starken Staates. Aber was ist das, der Staat? Aus Ihrer Sicht? Er ist doch untrennbar mit dem Begriff Recht verbunden. Wie wollen wir ihn definieren? Mit Platon, der den Staat als Ausdruck der Idee der Gerechtigkeit versteht, wobei er davon ausgeht, dass alles allen gemeinsam gehört (Privateigentum also verboten ist), einschließlich Frauen und Kindern? Mit Kant, der meinte, der Staat sei die Vereinigung einer Vielzahl von Menschen unter der Herrschaft des Rechts? Mit Aristoteles, der den Staat als eine dem Allgemeinwohl dienende Gemeinschaft versteht? Oder ist, mit Lenin, der Staat »eine Maschine zur Unterdrückung der einen Klasse durch die andere«?

Wenn man diese Bücher liest, stellt sich heraus, dass all das schrecklich veraltet ist, alles ist aus unterschiedlichen Gründen unbrauchbar, bis auf Wladimir Solowjow: »Das Recht ist ein gewisses Minimum an Moral, das für alle gleich gültig ist.« Genau auf diesem Recht basiert der Staat. Theoretisch…

Diese antiken Autoren haben damals schon über all das nachgedacht – eine interessante Lektüre (aber denken Sie nicht, ich sei so furchtbar gebildet – das stammt alles, wie Nadeshda Mandelstam sagt, »aus dem Abreißkalender«). Aber ich habe auch das Gefühl, dass die Terminologie in unserer Zeit einer Revision bedarf, dass viele Begriffe neu definiert werden müssten. Selbst so fundamentale Begriffe wie »Allgemeinwohl« oder »Tugend«, selbst sie müssen überdacht werden. Mitunter ist schwer zu bestimmen, was Sozialismus ist, was Kommunismus, was liberal oder konservativ, wo links ist und wo rechts, oben und unten. Ich werde versuchen, Ihnen Umberto Ecos großartigen Essayband »Im Krebsgang voran« zu schicken, dort beleuchtet er all diese Dinge wunderbar – er ist immer noch einer der klügsten Köpfe unserer Zeit.

Deshalb, Michail Borissowitsch, weiß ich mit Ihrer Behauptung, Sie seien ein Anhänger eines starken Staates (was ich nicht bezweifle, wenn Sie es sagen), nicht viel anzufangen. Man kann nicht »prinzipiell« für einen starken Staat sein. Diese Behauptung verlangt nach Erklärungen – für welchen Staat sind Sie? Für den Platonschen? Den Leninschen, also Marxschen? Oder vielleicht für unseren? Und dieser Staat soll eine noch größere Rolle spielen?

Ich finde genau wie Sie, dass unser Staat seinen unmittelbaren Pflichten (Schutz der Bevölkerung vor Kriegen und Armut) schlecht nachkommt. Es wäre gut, wenn er besser funktionierte. Aber wie denken Sie sich den Übergang von dem, was wir real haben, zu dem, was Sie sich ausmalen? Sie sind genauso wenig Revolutionär wie ich: Eine Revolution ist weit schlimmer als eine schlechte Regierung. Armut, allgemeiner Verfall sind ein kleineres Übel als Matrosen,[27] die in Schlössern Stühle zertrümmern und Bibliotheken verbrennen, Proletarier, die Geschäfte plündern, und Ge-

[27] Hinweis auf den Matrosenaufstand von Kronstadt (Stadtteil von Sankt Petersburg) 1921.

sindel, das in dunklen Gassen Passanten überfällt. Ganz zu schweigen vom Bürgerkrieg, der Revolutionen gewöhnlich begleitet. In diesem Punkt sind wir uns, denke ich, einig.

Aber der Staat wird sich nicht von selbst in die Richtung entwickeln, die Ihnen und mir wünschenswert erscheint. Wie also sollen die »gut funktionierenden Institutionen, die vom Steuerzahler finanziert werden und im Interesse des Steuerzahlers handeln«, plötzlich entstehen, die mit der Zeit auch noch durch gesellschaftliche Strukturen ersetzt werden, durch eine »selbst organisierte Zivilgesellschaft«? Brauchen wir einen neuen Lenin? Einen neuen Trotzki? Nein, da sind mir Fürst Kropotkin[28] und Alexander Herzen[29] lieber.

Einig sind wir uns auch darin, dass wir beide, jeder auf seinem Gebiet und mit seinen Mitteln, unsere eigene Strategie entwickeln und tun, was wir für unsere Gesellschaft für nützlich halten. Ich kann meine eigenen, ganz bescheidenen Aktivitäten keineswegs mit Ihrem großartigen und breiten Wirken vergleichen, dessen Spuren ich noch heute sehe, obwohl man Sie längst ausgeplündert und Ihnen auf alle erdenkliche Weise die Luft abgedreht hat. Aber machen wir uns nichts vor – Behinderte zu versorgen, ihnen anständige Lebensbedingungen zu garantieren, sich um eine Million obdachloser Kinder und Waisen zu kümmern, die medizinische Versorgung der Rentner und aller anderen Menschen in Russland in Ordnung zu bringen, für die Ausbildung einer Generation zu sorgen, die keine Bücher lesen will,

---

[28] Einer der einflussreichsten Theoretiker (1842–1921) des russischen Anarchismus.
[29] Russischer Philosoph, Schriftsteller und Publizist (1812–1870).

sondern vom goldenen Fischlein träumt, das alle Wünsche erfüllt – das alles ist Aufgabe des Staates, nicht von Wohltätigkeit. Doch obwohl der Staat all dies nicht schafft, verfolgt er alle, die etwas ohne ihn auf die Beine stellen. Besonders bitter und tragisch ist das bei der Adoption von Kindern aus Waisenhäusern. Ohne Schmiergelder geht gar nichts. Früher hätte man das Menschenhandel genannt…

Der Grund ist klar: Sobald die Gesellschaft ins Spiel kommt, zeigt sich sofort, wie verrottet der Beamtenapparat ist. Den eigentlichen Täter zu fassen ist unmöglich, denn er teilt mit seinen Vorgesetzten, und die schützen ihn. Am deutlichsten illustriert das der Fall Budanow[30]: Er wird von allen verteidigt, die in der Hierarchie über ihm stehen, denn sie hängen alle zusammen, haben dieselben Prinzipien und Gepflogenheiten. Was ich damit sagen will: Dieses System kann man nicht verbessern. Nicht stürzen. Nicht ersetzen. Es ist unser System, alle sind damit zufrieden. Aber was kann man tun? Innerhalb dieses Systems unabhängig das Seine tun: Ich kenne Menschen, die kein Schmiergeld nehmen. Es sind nicht viele, und sie haben es schwer, aber es gibt sie. Ich kenne Menschen, die nicht stehlen: Es sind nicht viele, und sie haben es schwer, aber es gibt sie. Im Unterschied zu unseren »aufrichtigen Soldaten« müssen sie keine Befehle ausführen, denn sie erwarten weder Gehalts-

---

[30] Der Offizier Juri Budanow wurde wegen des Mordes an einer jungen Tschetschenin während des zweiten Tschetschenienkrieges 2003 zu zehn Jahren Haft verurteilt. Während des zweijährigen Prozesses setzten sich der Kommandeur der Einheit, zu der Budanow gehört hatte, General Wladimir Schamanow, und der damalige Befehlshaber der Truppen des Militärbezirks Nordkaukasus, Gennadi Troschew, für Budanow ein. Im Januar 2009 wurde Budanow vorzeitig entlassen.

erhöhungen noch Beförderungen. Solche Menschen begegnen mir in Moskau und in der Provinz: in Bibliotheken, in Kindergärten, in Museen, sogar unter den Ärzten gibt es solche Helden. Nur sie können die Atmosphäre in der Gesellschaft ein wenig verändern.

Dem gesichtslosen Bösen, das in unserem Land wächst wie Schimmel bei Feuchtigkeit, kann man sich nur persönlich widersetzen. Das ist gefährlich. Erregt Verdacht, Ärger, Neid und Hass. Sie haben bestimmt oft zu hören bekommen: Ach, du willst wohl, dass man dich bewundert? Willst geliebt werden? Uns anderen zeigen, was für ein Dreck wir sind?

So ist unsere Gesellschaft. So ist unser Staat: mächtig, unmoralisch, brutal. Und davon wollen Sie mehr ...?

Damit sind wir bei der Globalisierung und der Krise angelangt. Die Globalisierung hat niemand erfunden und gefördert – sie wurde entdeckt, wie eine Naturerscheinung, wie plötzliche Erwärmung oder Abkühlung. Sie ist meiner Ansicht nach ein vollkommen unlenkbarer Prozess. Man kann sie natürlich bremsen oder fördern, aber als soziales Phänomen ist sie eine Gegebenheit, eben wie eine Naturerscheinung. Ob es uns gefällt oder nicht, ist eine andere Frage. Man kann dieses oder jenes korrigieren. Aber der Dschinn ist aus der Flasche, und die Völker werden sich über den Planeten verteilen, sich vermischen, sich gegenseitig beeinflussen, und das ist ein komplizierter Prozess. Ein ganzer Kontinent, Afrika, stirbt aus, und das, was sich heute in Spanien und Italien in Zusammenhang mit der illegalen Einwanderung abspielt, lässt sich schwer stoppen. Globalisierung heißt, dass weder die afrikanischen noch die europäischen Staaten dieses Problem durch Verbote lösen können, dass Lösungswege nur gemeinsam gefunden werden können. Vor einigen Jahren hatten in Florenz auf dem Platz vor dem Baptisterium Afrikaner ein Lager aufgeschlagen. Der Platz versank in Urin und Fäkalien.

Doch das ist keine Globalisierung – das ist der ewige Kampf zwischen Kultur und Barbarei. Parallel zur Globalisierung verläuft noch ein weiterer mächtiger Prozess – die Barbarisierung. Und er ist in gewisser Hinsicht stärker und schlimmer. Auch ich lebe nicht gern in einem Moskau, das aussieht wie Baku oder Chinatown, nicht wegen der vielen Chinesen oder Aserbaidshaner, sondern weil es tatsächlich zu einem Zentrum der Barbarei mutiert, zu einem Ort, in dem alles, was nach Kultur aussieht, zertrampelt wird. In meinem Haus gibt es keine Chinesen oder Afrikaner – es sind meine eigenen Nachbarn, die ihren Mülleimer neben dem Müllschlucker auskippen, Fahrstuhl und Wände mit Filzstiften beschmieren, nicht unbedingt mit Obszönitäten, sondern mit den Namen von Fußballmannschaften. Im Frühjahr, wenn der Schnee schmilzt, ist unser Hof mit Hundekot und leeren Flaschen übersät. Daran ist nicht die Globalisierung schuld. Genau wie Sie mag ich Moskau nicht mehr. Die Stadt ist schmutzig, grob und gefährlich geworden und hässlich obendrein. Das letzte geschlossene architektonische Ensemble auf dem Manegeplatz haben die Barbaren von heute zerstört. Nicht irgendwelche Chinesen oder Aserbaidschaner, sondern die Stadtverwaltung.

Obwohl die Globalisierung auch Teil der Kultur ist, hat die Kultur doch ihre eigene Sprache – die Sprache der Musik, der bildenden Kunst und der Literatur. Dank der Globalisierung vermischen sich die Sprachen schneller, vielleicht entsteht sogar eine Art neuer Sprache, deren Buchstaben die

Musik der Beatles, die Schnellrestaurants von McDonald's, Microsoft Word, Spiderman und chinesische Qigong-Übungen sein werden. Die Globalisierung verlangt nicht, dass ihr die Werte der nationalen Kultur geopfert werden. Die nationale Kultur ergibt sich selbst.

Den Ort, der uns von Kindheit an vertraut war, gibt es nicht mehr und wird es nicht mehr geben, so viel wir auch danach suchen. Es wird Sache unserer Kinder sein, Orte zum Leben zu schaffen, an denen der Mensch sich wohlfühlt. Gesellschaften mit einheitlichen kulturellen Wurzeln wird es nicht mehr geben, mit wenigen Ausnahmen. Höchstens vielleicht im Irak. Wir alle müssen uns entscheiden zwischen einer multikulturellen Gesellschaft und einer homogenen, traditionellen, wie im Irak oder in Afghanistan. Vielleicht gibt es auch andere Wege, aber ich kenne keinen. Es sei denn, man kauft sich eine Insel?

Als ich von den »aufrichtigen Soldaten« sprach, meinte ich eher, dass es die nicht gibt. Das ist nur eine bequeme Ausrede. Wir leben in der Tat in einem Staat von Zynikern, aber das Schlimme ist nicht, dass sie keine Ideologie haben, das Schlimme ist, dass sie kein Gewissen haben. Die heutigen Kommunisten haben ja eine Ideologie, und die Leute von Einiges Russland auch – die Ideologie, Russland sei eine Großmacht –, doch am Futtertrog verhalten sich alle gleich: Sie stoßen einander mit der Schnauze weg und schmatzen mit großem Appetit.

Für die Chancengleichheit würde auch ich gern mit Ihnen zusammen etwas tun. Schon jetzt haben Sie es Hunderten Kindern aus dem Internat Koralowo ermöglicht, aus einer schwierigen, beinahe hoffnungslosen Lage herauszukommen. Das kann ich bezeugen.

112

Darf ich Ihnen zum Schluss einen Witz erzählen? Einstein ist gestorben und steht vor Gott. Jetzt, wo ich tot bin, sagt er, ist es ja egal. Schreib mir die Formel des Universums auf. Gott nimmt ein Stück Kreide und schreibt. Einstein schaut sich die Formel lange an, kratzt sich am Kopf und sagt: Aber da ist ja ein Fehler drin! Ja, ich weiß, antwortet Gott.

Genau so ist es. Wir leben in einer Welt, die einen Fehler hat. Schon im Ansatz. Womöglich nicht nur einen. Haben Sie irgendwann einmal geglaubt, dass man sie verändern kann? Ich bin davon nicht überzeugt.

Aber zurück zu unserem Gespräch, Michail Borissowitsch: Sie sind ein Idealist. Hat man Ihnen das nie vorgeworfen? Sie sind Analytiker, Rationalist, Wissenschaftler und zudem ein großartiger Praktiker, aber bei all dem auch ein Idealist. Sie glauben daran, dass es im Prinzip richtige Lösungen gibt, dass man alles kalkulieren kann. Und wenn etwas nicht aufgeht, muss der Fehler in der Kalkulation liegen.

Ich dagegen glaube, das stimmt nicht. Das Leben ist eher Kunst als Wissenschaft. Es gibt keine allgemeingültigen Lösungen, nur konkrete, für den konkreten Augenblick, den konkreten Fall, für ganz konkrete Umstände. Und ein richtiger Schritt im konkreten Augenblick ist wichtiger als ein umfassendes Konzept. Was Sie betrifft, so überzeugt mich alles, was Sie gegenwärtig tun und sagen, davon, dass mit Ihnen alles in Ordnung ist: Mit Ihrem Verstand, Ihrem Herzen, Ihrem Gewissen. Herzlichen Glückwunsch zum Geburtstag!

10.

01. *Juli 2009*

Verehrte Ljudmila Jewgenjewna,
gestatten Sie mir, Ihre Aufmerksamkeit zu strapazieren und einige Bemerkungen zu Ihrem letzten Brief über den Staat und seine Rolle zu machen.

Ich beginne mit der Definition. Wir geraten häufig in Verwirrung, weil wir bei der Beschreibung gegenwärtiger Prozesse, die sich oft aus einer jahrhundertelangen Entwicklung bestimmter ursprünglicher Ideen ergeben, dieselben Begriffe benutzen wie in der Geschichtswissenschaft.

Das anschaulichste Beispiel dafür ist die Demokratie als Staatsform. Wollten wir heute versuchen, die griechische Demokratie zu restaurieren, wäre das Ergebnis das, was wir als totalitäres System bezeichnen (oder bestenfalls als Autokratie). Das System staatlicher Institutionen, das wir heute unter Demokratie verstehen, wurde von mehreren Gelehrten entwickelt, im Wesentlichen im Laufe des 18. Jahrhunderts.

Dasselbe gilt für den allgemeineren Begriff »Staat«. Der Staat ist eine Form der Selbstorganisation der Gesellschaft, die auf materiellen Beiträgen ihrer Mitglieder beruht (Beiträgen in unterschiedlicher Form, darunter auch einbehaltene Anteile des Bruttoinlandsprodukts). Auch diese Definition beschreibt den Staat natürlich von seiner administrativen Funktion her, um die es uns ja auch ging.

Kann ein Staat zum Beispiel auf einen Zwangsapparat verzichten? Natürlich. Wir kennen eine Reihe von Staaten, in denen diese Funktion von der Gesellschaft selbst übernommen wurde.

Kann ein Staat der Gesellschaft gegenüberstehen, also

nicht auf dem Willen der Mehrheit ihrer interessierten Mitglieder (denn der inaktive Teil der Gesellschaft beteiligt sich nicht an der Führung des Staates) aufbauen, eben dieses Herrschaftsgebilde zu unterstützen? Nein! Heutzutage nicht mehr.

Wenn eine Gesellschaft »von außen« organisiert wird, dann ist das nach unseren heutigen Vorstellungen kein Staat im eigentlichen Sinne, sondern ein Okkupationsregime, das ohne äußere Unterstützung nicht stabil wäre.

Was wir in Russland heute haben, ist aber ein Staat. Ob er uns gefällt oder nicht. (Ich sage gleich dazu: Es gibt auch Übergangsformen, aber sie dauern meist nicht länger als eine Generation, etwa zwanzig Jahre.)

Soweit meine Auffassung des Begriffs vom Staat allgemein.

Was nun die Rolle des Staates in Russland angeht, so möchte ich die Begriffe Rolle und Vollmachten gern gemeinsam betrachten.

Die Vollmachten unseres Staates, also das per Gesetz festgelegte Recht, sich in das Leben der Gesellschaft und der Privatpersonen einzumischen, sind in der Tat gewaltig und nur unzureichend geregelt. Und es gibt nur ganz schwache Gegengewichte. Aber seine Rolle, das heißt, seine reale Teilnahme am Leben seiner Bürger, ist »unangemessen« gering.

Wenn ich sage »unangemessen«, so meine ich unangemessen in Bezug auf den Zustand der Gesellschaft, die viele Probleme allein (ohne den Staat) noch nicht lösen kann oder will. Damit steht unsere Gesellschaft nicht allein, aber in diesem Fall muss eben der Staat eine größere Rolle spielen.

Konkret: Der Staat verteilt bei uns einen geringeren Anteil des Bruttoinlandsprodukts (also des gesellschaftlichen Reichtums) um als in den meisten entwickelten Ländern und einen deutlich geringeren als bei unseren Nachbarn mit ähnlichen klimatischen Bedingungen. Dieser Anteil ist die wichtigste allgemeine Kennziffer, die sich ganz praktisch im schwachen Rentensystem, im Gesundheitswesen, in der Infrastruktur niederschlägt.

Doch selbst in der Wirtschaft spielt der Staat eine relativ geringe Rolle. Natürlich kann Putin persönlich die faktische Verstaatlichung oder einen Eigentümerwechsel jedes beliebigen Betriebes beschließen. Er kann zehn Staatsunternehmen gründen und dort gewaltige Mittel investieren. Das sind Vollmachten. Doch der Einfluss, der mit diesen Vollmachten, wenn sie angewendet werden, auf Russlands Volkswirtschaft ausgeübt werden kann, ist sehr gering. Sie bleibt rohstofforientiert.

Und hier gibt es zwei Auswege: entweder Liberalisierung und abwarten, was der Markt macht, oder eine durchdachte Industriepolitik.

In der Praxis ist es natürlich immer eine Kombination. Aber ich meine (und in diesem Sinne bin ich Anhänger eines starken Staates), unter den heutigen Bedingungen müsste jener Teil der Volkswirtschaft, der von der »Industriepolitik« gelenkt wird, einen bedeutenden Teil der Industrieproduktion herstellen. Wahrscheinlich 60 Prozent.

Was meine ich mit »Industriepolitik«? Die Entscheidung darüber, wo, wann und wie viel Öl, Gas, Diamanten gefördert werden und Wald geschlagen wird, vielleicht noch einige andere strategische Rohstoffe. Wie das geschieht, das muss der Markt regeln. Wohin und in welcher Form diese Rohstoffe geliefert werden und welche der möglichen Varianten jeweils konkret zu wählen ist, auch das muss der Markt regeln. Politisch zu entscheiden ist, wo, wie viel und wie Strom erzeugt wird, wohin er geliefert werden soll (ich spreche von strategischen Energiemengen – rund 70 Prozent der Gesamterzeugung). Straßenbau, Stadtentwicklung, Förderung von Universitäten. Und so weiter über etwa hundert Seiten, und dazu ein flexibler Plan (ein Fünfjahresplan, so sehr es mir auch widerstrebt) auf weiteren hunderttausend Seiten, wenn man die Umsetzung in den Regionen berücksichtigt.

Wozu? Hier kommt wieder das Problem der Steuerung ins Spiel. Damit der Markt funktioniert, braucht es mindestens drei, besser vier unabhängige Anbieter konkreter Dienstleistungen (oder Waren) an jedem Ort, wo diese Dienstleistungen oder Waren gebraucht werden. In einem kleinen Land kann das Problem über den Import gelöst werden. Auf dem riesigen Territorium Russlands (und hier geht es eben um das Territorium und um Verkehrswege) spielt der Import keine unwichtige, aber doch eine begrenzte Rolle.

Industrie und Verkehr sind bei uns schlecht strukturiert. Vor allem seit dem Zerfall der UdSSR. Bis der Markt diese Defizite ausgleicht, kann es sehr lange dauern. Zuerst gilt es, die Schlüsselprobleme mit einer strukturellen Industriepolitik zu beheben, und später, wenn das Skelett wieder steht und Fleisch daran gewachsen ist, kann man – wie bei einem komplizierten Bruch – die »Titannägel« auch wieder herausziehen.

Ich vertrete diese Position seit 1991, obwohl ich weiß, dass viele Liberale, meine Freunde, anderer Meinung sind.

Auf der Ebene der Theorie haben sie leider unrecht. Allerdings ist der Staat in seiner gegenwärtigen Form praktisch nicht in der Lage, die genannten Aufgaben zu erfüllen. Sie müssen aber gelöst werden. Deshalb kann und soll man die Vollmachten des Staates reduzieren, denn davon gibt es zu viele, und es gibt kein Gegengewicht; die Rolle des Staates aber, seine faktische Beteiligung am ökonomischen und sozialen Leben des Landes muss zum gegenwärtigen Zeitpunkt stärker werden.

Entschuldigen Sie noch einmal, dass ich Ihre Zeit beansprucht habe.

Das Thema »aufrichtige Soldaten« und anderes, wie das Verhältnis von Kalkül und Kunst im Leben, habe ich mit Vergnügen und Interesse gelesen. Ihr Standpunkt scheint mir nicht in jeder Hinsicht gültig, aber äußerst nützlich für einen »Komsomolzen« und »Technokraten« wie mich. Danke. Ich werde darüber nachdenken.

Mit Hochachtung und Dankbarkeit,
M. Chodorkowski

11.

08. Juli 2009
Lieber Michail Borissowitsch!
Ihre Gedanken zu Staat und Verwaltung sind durchaus plausibel. Ich bin studierte Biologin und neige dazu, bestimmte Prinzipien aus der Natur auf soziale Mechanismen zu übertragen. Da gibt es viele Gemeinsamkeiten, und das fundamentalste Gesetz in der Welt der Biologie scheint mir in dieser Hinsicht die Evolution zu sein. Das Nervensystem, das ein Steuerungssystem im höchsten Sinn ist, hat sich aus undifferenziertem Gewebe entwickelt. Wir wissen

nicht, warum das geschah – vermutlich aufgrund einer immanenten Notwendigkeit, die wir mit unserem Verstand nicht fassen können. Wesentlich ist aber, dass diese »höherentwickelte Struktur«, das Nervensystem, im Prinzip nicht »gegen« den Organismus arbeitet. Wenn das so wäre, würde der Organismus sofort sterben, und das Nervensystem mit ihm. Das lässt sich auch auf das System »Staat – Gesellschaft« übertragen. Wenn der Staat schlecht funktioniert, dann stirbt die Gesellschaft, und mit ihr folglich auch der Staat.

Biologische Prozesse haben keinerlei »ethischen« Aspekt. Soziale dagegen schon. Ein so sonderbares Phänomen wie die Moral ist weder an eine Klasse noch an eine Gruppe gebunden, sondern ausschließlich an das Individuum. Egal, wie die Staatsordnung beschaffen ist, die Führung liegt immer in den Händen eines einzelnen Menschen oder einer kleinen Personengruppe. Ihr moralisches Niveau, so scheint mir, bestimmt sehr vieles. Ob eine Theokratie, eine Monarchie, eine Demokratie oder ein sozialistischer Staat gut ist oder schlecht, hängt, so scheint mir, vom moralischen Niveau seiner Führer ab. In diesem Sinne ist eine gute Monarchie besser als eine schlechte Demokratie. Lew Schestow schrieb vor hundert Jahren: »Wo es keine Freiheit gibt, gibt es auch kein Brot.« Wo es keine Moral gibt, kann es auch keine soziale Gerechtigkeit geben, so würde ich es übersetzen.

Es fällt mir schwer, mich in der Diskussion mit Ihnen zu behaupten – Sie haben viel Erfahrung und konkretes Wissen über Organisationsprozesse. Doch letzte Woche hatte ich Besuch von einem Freund, einem theoretischen Physiker, der seit dreißig Jahren in Europa lebt und viele Bücher zur Organisationstheorie übersetzt hat, und ein paar Abende lang habe ich mit ihm all die Fragen »durchgekaut«, die Sie in Ihrem Brief angesprochen haben. Ich habe Ihre Position vertreten, und er griff mich heftig an und entwickelte eine ganz andere Argumentation. Sie hätten sich mit ihm viel produktiver unterhalten können als ich. Schließlich nahm ich mir, in einen mir wenig vertrauten Themenkreis eingeführt, John Ralston Sauls Buch »Voltaire's bastards: the dictatorship of reason in the West« vor. Ich weiß nicht, ob ich es zu Ende lesen werde, aber ich habe das Gefühl, dass in diesem Buch viel bessere Argumente gegen Sie stecken, als ich sie habe.

Vieles von dem, was Sie in Ihrem letzten Brief schreiben, weckt bei mir, offen gestanden, einen inneren Widerstand. Ich muss gestehen, dass ich eine ganze Woche an einer ausführlichen Antwort an Sie geschrieben habe, auf jede Ihrer Äußerungen, bis ich begriff, dass ich weder die nötige Kompetenz dafür noch ein wirkliches Interesse an den Themen habe, die Ihnen so wichtig sind. Das ging so weit, dass ich sogar jenes öde Gefühl wieder hatte, das mich in der Schule jedes Mal überkam, wenn ich eine Prüfung in Sozialkunde ablegen musste, oder später, an der Uni, in Parteigeschichte. Ich kann das einfach nicht.

Aber im Grunde ist meine Rolle ja auch nur, Ihnen einen Anlass zu geben, all das zu äußern, worüber Sie in den letzten sechs Jahren nachgedacht haben, damit die vielen Menschen, deren Augen auf Sie gerichtet und deren Herzen Ihnen zugewandt sind – als jemandem, der die großen gesellschaftlichen Rechnungen mit seinem eigenen, einzigen und unwiederholbaren Leben und mit seiner Gesundheit bezahlen muss –, damit diese Menschen erfahren, wofür Sie eigentlich zahlen.

120

Ich hoffe sehr, dass der Tag kommt, an dem wir zu dritt Tee trinken werden. Ich lade meinen Freund ein, mit dem ich die ganze Woche Ihre Gedanken über den Staat, seine Rolle und seine Vollmachten erörtert habe, Sie werden mit ihm debattieren, und ich werde in der Ecke sitzen und zuhören, denn das tue ich seit meiner Jugend am liebsten: klugen Streitgesprächen zuhören.

Ich wünsche Ihnen Kraft, Gesundheit und Energie.

Ljudmila

Der Briefwechsel wurde auf Deutsch zuerst in der Zeitschrift »Osteuropa« 1/2010 abgedruckt.

Der Briefwechsel Boris Akunin
und Michail Chodorkowski

Der Moskauer Philologe, Essayist und Romanautor Boris Akunin (eigentlich Grigori Tschchartischwili), geboren 1956 im georgischen Tiflis, studierte an der Lomonossow-Universität Japanologie und Geschichte. Er war zunächst als Übersetzer und Redakteur tätig, bevor er 1998 unter dem Pseudonym Boris Akunin, das auf den bekanntesten russischen Anarchisten des 19. Jahrhunderts verweist, seinen ersten Kriminalroman veröffentlichte. Mit seinem Romandetektiv Erast Fandorin und der Nonne Pelagia schuf er Kultfiguren, seine Bücher wurden in 30 Sprachen übersetzt.

Akunin: Michail Borissowitsch, ich gehöre zu den Menschen, denen Ihr Schicksal keine Ruhe lässt. Davon gibt es viele. Aber Sie nehmen selten zu uns Kontakt auf. Wenn ein Interview mit Ihnen erscheint, dann steht es in der »Financial Times«. Warum? Ist es für Sie etwa wichtiger, die Aufmerksamkeit der Welt auf sich zu ziehen als in Ihrer Heimat Gehör zu finden?

Chodorkowski: Für einen echten Dialog braucht es einen verständnisvollen, interessierten Gesprächspartner. So einer ist mir bei unseren Journalisten nicht untergekommen. Warum? Vielleicht wollen es die Verleger nicht, vielleicht ist Selbstzensur am Werk. Mit Journalisten aus dem Westen habe ich auch nicht oft zu tun. Was soll der westliche Leser mit meiner Klage anfangen? Russland noch einmal verurteilen? Das ist mir unangenehm, und, was wichtiger ist, es ist sinnlos. Wir hier müssen Russland ändern. Anders geht es nicht. Aber hier gibt es andere Probleme. Die Zeitung »Nowaja Gaseta« hat viele Leser, die wie ich denken. Sie von etwas überzeugen zu wollen ist unnötig, denn sie wissen das alles selbst. Und bei Fragen, in denen ich nicht mit ihnen übereinstimme, würden meine bitteren Briefe, würden sie veröffentlicht, bestimmten Kreisen gerade recht kommen: »sieh mal einer an, die Liberalen, diese Schweine, sogar Chodorkowski schimpft über sie« oder »Chodorkowski will die Begnadigung erreichen, indem er über die Opposition schimpft«. Als man mir völlig unerwartet erlaubte, der »Financial Times« ein Interview zu geben (wofür die Gerichtssekretärin meiner Meinung nach einen Rüffel bekam), saßen auch die Vertreter zweier unserer Presseorgane im Saal, interessierte Leute, wir diskutierten zum Beispiel über die Perspektiven der Region Tschita (einer der Journalisten kam von einer Zeitung aus Tschita). Wir unterhielten uns lange, wir hatten fast zwei Stunden. Die »Financial Times« publizierte alles, was ich ihrem Reporter gesagt hatte, aber nichts von dem, was ich unseren Leuten gesagt hatte. Unsere Journalisten schwiegen, aber unsere Zeitungen druckten mit Begeisterung das Material der »Financial Times« ab. Warum ist klar, aber ich hätte mich nie einverstanden erklärt, der »Financial Times« ein Interview zu geben und unseren Leuten nicht. Was das Lager betrifft, ja, nach jedem Artikel kam ich in Isolationshaft. Vielleicht war das Zufall. Aber ich pfeife darauf. Ich habe keine Angst mehr. Nach dem Artikel in der »Financial Times« passierte das allerdings nicht. Waren sie klüger geworden? Oder hatten sich die Zeiten geändert? Das sage ich so daher, aus übertriebenem Optimismus.

Akunin: Was für mich am schwersten zu ertragen war, war der Prozess. Lassen Sie uns mit dem Gericht und den Richtern beginnen. Mir scheint in Russland heute die Zeit gekommen, wo der Mensch die persönliche Verantwortung für seine Taten trägt. Jeder hat die Wahl, ob er sich an einer Schweinerei beteiligen will oder nicht. Während des Großen Terrors stampften Richter und Staatsanwalt aus Angst um ihr eigenes Leben Schuldsprüche aus dem Boden. Unter Breshnew hätten Journalisten, die es ablehnten, einen Dissidenten zu verurteilen, riskiert, selbst ins Gefängnis oder in die Irrenanstalt zu kommen. Heute geht es nur um die Karriere. Man kann die Richterrobe ausziehen und sich als Verteidiger betätigen. Die Wahl ist also nicht so dramatisch, da gibt es keine Rechtfertigung für eine Schweinerei. Der Fall Jukos ist die schändlichste Seite in der Geschichte der postsowjetischen Justiz. Er wird bestimmt in die Geschichtsbücher eingehen. Und zwar nicht nur die Namen der Verurteilten, sondern auch die Namen der »besten Schüler« aus der Zunft der Richter und Staatsanwälte, genauso wie das bei der unvergesslichen Richterin Saweljewa geschah, die Joseph Brodsky an den Pranger stellte. Was denken Sie von den Akteuren, die die Untersuchung führten, die Anklage vertraten, das Urteil sprachen? Ich war bei Ihrem Prozess, bei dem Prozess gegen Alexanjan[1] und schaute unverwandt in das Gesicht der Juristen. Was geht in ihrem Inneren vor? Es ist für mich ein Rätsel, wieso sie nicht darüber

---

[1] Wassili Alexajan, ehemaliger Vize-Chef von Jukos, dessen Prozess trotz seiner Krebs- und Aidserkrankung zunächst fortgeführt wurde. Um Alexajans Haftbedingungen zu verbessern, trat Chodorkowski Anfang 2008 in Hungerstreik.

nachdenken, dass es gar nicht so lange dauern wird, bis ihre eigenen Kinder sich ihrer schämen werden. Was sind das für eigentümliche Menschen, wie funktionieren sie?

Chodorkowski: Wenn man darüber spricht, wie sich Russland seit der Sowjetzeit geändert hat, denke ich an das Gericht. Es klingt merkwürdig, aber der Prozess ist für mich eine Möglichkeit geworden, meine Kollegen und Mitbürger neu zu sehen und einzuschätzen. Sie wollen etwas über Staatsanwalt Schochin oder die Richterin Kolesnikowa hören? Das sind kleine Beamte, die man niemals bei einem solchen Prozess eingesetzt hätte, wenn sie eine reine Weste hätten. Über Kolesnikowa meldete die »Nowaja Gaseta«, gegen sie sei eine Klage anhängig, die während des ganzen Prozesses unbearbeitet bei der Generalstaatsanwaltschaft gelegen habe. Bei einer ähnlich gelagerten Anklage (es ging um einen Wohnungsstreit) haben andere zwölf Jahre bekommen. Ich kann nicht beurteilen, inwieweit es dabei mit rechten Dingen zuging, aber ich denke, der Kolesnikowa war klarer als mir, dass es in einem solchen Fall gar nicht auf die Wahrheit ankommt. Was Schochin betrifft, auch seine Probleme sind klar. Dass er der Obrigkeit nicht widersprochen hat, sondern im Gericht Lügen frei erfand (was ich dort zur Sprache gebracht habe), ist leider eine zwingende Folge des Systems wechselseitiger Bürgschaft, dessen Teil er ist. Man versucht es jetzt ein wenig aufzubrechen, und auch innerhalb der Staatsanwaltschaft gibt es viele, die unabhängig sein wollen und es dank ihrer Bildung, Gefragtheit und fehlendem kompromittierendem Material auch sein können. Viele, aber nicht alle. Die heutige Nomenklatura nutzt den Einsatz von kompromittierendem Material, um jemanden, der »aufmuckt«, zu vernichten. Ob das gut ist? Nein, natürlich ist das ekelhaft. Es kommt zum Aufstieg derjenigen, die am meisten Dreck am Stecken haben und die dann ihre verzerrten moralischen Prinzipien »nach unten« und in die Gesellschaft projizieren. Aber warum von ihnen sprechen? Es sind armselige, unglückliche Menschen, die im Alter Angst vor dem Tod haben werden. Was mich im Gericht erstaunt hat, ist etwas anderes. Die Anklage hat mehr als anderthalb Tausend Menschen vernommen. Viele unter der Drohung, sie würden angeklagt (was mit einigen auch geschah). Für den Prozess wurden etwas über achtzig ausgewählt. Und diese Menschen, die berechtigterweise um ihr Schicksal fürchteten, haben sich nicht einschüchtern lassen. Keiner, ich unterstreiche: nicht ein einziger hat gegen Platon und mich ausgesagt. Einige haben uns sogar verteidigt. Dabei handelte es sich doch um Zeugen der Anklage, das heißt solche, die sich von uns übervorteilt hätten fühlen können. Ich kann Anatoli Posdnjakow, den früheren Direktor der Firma Apatit, Jewgeni Komarow, den früheren Gouverneur der Region Murmansk, und Dutzende anderer nicht unerwähnt lassen, die sich trotz des außerordentlichen Drucks geweigert haben, ihr Gewissen zu verraten. Übrigens waren darunter auch Mitarbeiter der Staatsanwaltschaft, die sich weigerten, auf Befehl ihrer Vorgesetzten zu lügen (ich weiß nicht, ob es angebracht ist, hier Namen zu nennen). Doch, wir leben in einem ganz anderen Land. Es gibt zwar noch genug Schweine, aber es gibt inzwischen mehr Bürger, echte Bürger, und der Prozess der Verwandlung der Menge in eine Gemeinschaft von Mitbürgern schreitet voran. Putins größter Fehler ist, dass er diesen Prozess, den Prozess der Ausbildung der Zivilgesellschaft, freiwillig oder unfreiwillig gebremst hat. Es gibt jetzt Hoffnungen auf eine Erneuerung dieses Verwandlungsprozesses, was mich glücklich macht.

Akunin: Warum waren Sie überhaupt bereit, sich an diesem Prozess, dieser notorischen Verkehrung jeder Rechtsprechung, zu beteiligen? Wäre es nicht richtiger gewesen, von vorneherein zu erklären: »Machen Sie mit mir, was Sie wollen, ich glaube nicht an die Objektivität Ihres Gerichts und habe nicht vor, dabei mitzuspielen.« Oder hatten Sie irgendwelche Illusionen?

Chodorkowski: Sie werden lachen, ich war recht naiv. Das heißt, ich hatte keine Zweifel daran, dass mich die Staatsanwaltschaft lange im Gefängnis halten kann, aber ich konnte fast bis zum Schluss nicht glauben, dass das Gericht ohne Beweise und, was die Hauptsache ist, gegen die offensichtlichen Fakten einen Schuldspruch fällen kann, zumal in einem offenen Prozess. Ich dachte, es handelt sich immerhin um ein Gericht, es kann und wird natürlich den Anklägern nach dem Munde reden, aber es kann doch nicht eindeutig das Gesetz verletzen... Es stellte sich heraus: und wie es das kann! Zunächst verlief noch alles recht anständig, aber Anfang 2005 wurde mir klar, ich beiße auf Granit. Aber da waren immer noch die öffentliche Meinung, die Investoren, meine Kollegen, die Mitarbeiter des Konzerns. Ihnen gegenüber hielt ich es für meine Pflicht, zu erklären, dass sie nicht in einer Verbrecherclique, sondern in einem normalen Konzern gearbeitet hatten, der zwischen die Mühlsteine der Politik geraten war und nun beschuldigt wurde, Verbrechen begangen zu haben, die es gar nicht gegeben hatte. Und aus der Tatsache, dass alle Mitarbeiter von Jukos heute sowohl bei uns als auch im Ausland liebend gern eingestellt werden, schließe ich, dass mir das auch gelungen ist.

Akunin: Gehen wir zeitlich ein wenig zurück. Zu dem Zeitpunkt, da die Obrigkeit die endgültige Entscheidung traf, Sie ins Gefängnis zu werfen. Mit wem auch immer ich in den letzten Jahren über dieses Thema gesprochen habe, alle fragten sich und fragen sich noch heute: Was war der wahre Grund für den persönlichen Krieg Putins gegen Sie? Ich habe die unterschiedlichsten Versionen gehört. Bezeichnenderweise nimmt keiner, nicht ein einziger von denen, mit denen ich darüber sprach, die offizielle Version ernst, die lautet: Jukos hat sich unrechtmäßig fremdes Eigentum angeeignet und vorsätzlich Steuern hinterzogen, wofür die Schuldigen hinter Gitter gekommen sind. Erstens fanden die Transaktionen von Jukos vor aller Augen statt, ohne jede Geheimniskrämerei. Zweitens haben viele gehört, dass Jukos dem Fiskus mehr Steuern gezahlt hat als der heutige Konzern Rosneft, der Jukos geschluckt hat, und das, obwohl der Ölpreis in dieser Zeit auf das Vierfache gestiegen ist.

Ich zähle Ihnen im Folgenden die kursierenden Gerüchte auf, und Sie sagen, welches der Wahrheit am nächsten kommt. Die Version, die der offiziellen Theorie am nächsten kommt (nennen wir Sie Version 1), sieht ungefähr so aus: Alle Oligarchen der 1990er Jahre sind auf dubiose Weise zu ihrem Reichtum gekommen. Der Staat verschaffte ihnen Zugang zu den Bodenschätzen, deshalb mussten sie bestimmte Bedingungen gegenüber der Obrigkeit einhalten. Nachdem Chodorkowski seine Milliarden angehäuft hatte, verstieß er gegen diese ungeschriebene Vereinbarung und gerierte sich als unabhängige gesellschaftliche und politische Kraft. Wenn andere Milliardäre sein Verhalten aufgreifen würden, wäre Russland wieder in die wirren Zeiten der »Herrschaft der sieben Bankiers« zurückgefallen. Ja, Putin hat gegen Chodorkowski unrechtmäßige und unehrenhafte Methoden angewandt, aber er hatte keine Wahl. Man musste die Oligarchen einschüchtern und sie an die Kandare nehmen.

Version 2, eine romantische Version, hat mir »eine gut unterrichtete Dame« erzählt. Bei einem Treffen Putins mit den Oligarchen sollen Sie es als Einziger gewagt haben, im Rollkragenpulli ohne Krawatte zu erscheinen, woraufhin Putin, der sehr sensibel die äußeren Zeichen des Respekts registriert, gesagt haben soll: »Bei einem Treffen mit Bush hätte er eine Krawatte angezogen!« Seitdem sei er tödlich beleidigt. Dieselbe Dame sagte: »Er kann große Männer grundsätzlich nicht ausstehen.« (Letzteres ist völliger Humbug, dann hätte er Prochorow[2] hinter Gitter bringen müssen.)

Version 3 (aus Regierungskreisen): Gewisse Organe berichteten dem Präsidenten, Chodorkowski plane, Milliarden in das Projekt einer »orangenen Revolution« zu stecken. Die harte, aber einzig richtige Entscheidung des Präsidenten sollte die öffentliche Ruhe sichern.

Version 4 stammt von mir. Ich kann mir gut vorstellen, dass ein vierzigjähriger Mann mit dem ehrgeizigen Ziel, erfolgreichster Unternehmer der neuen russischen Wirtschaft zu werden, plötzlich feststellt, dass ihm der Reichtum nicht genügt. Ich bin der reichste Mann, und was jetzt? Ich habe jede Menge Kräfte, das halbe Leben liegt noch vor mir, ich will etwas wirklich Bedeutendes tun: beispielsweise Russland helfen, endlich ein zivilisiertes und konkurrenzfähiges Land zu werden. Und dieser Elan hat jemandem ordentlich

---

[2] Michail Dmitrijewitsch Prochorow, russischer Unternehmer und Milliardär.

Angst eingejagt. Welche Version kommt der Wahrheit am nächsten? Was ist wirklich geschehen?

Chodorkowski: Ursprünglich wollte die Obrigkeit wahrscheinlich einfach belastendes Material gegen einflussreiche Gruppen von Geschäftsmännern haben, aber später kamen radikalere Pläne auf. Ein Gespräch mit dem Präsidenten über die Spielregeln hat tatsächlich stattgefunden. Während dieses Gesprächs (im Jahre 2000) sagte Putin, er erwarte, dass die großen Konzerne sich nicht für die Lösung politischer Aufgaben einspannen ließen. Wir erklärten alle (darunter auch ich), dass wir diese Position unterstützen. Da von ihnen die Versorgung der Bevölkerung mit wichtigen Waren und Leistungen abhänge, dürften sich Großindustrielle nicht in die Politik einmischen. Es ist anzumerken, dass Jukos seiner Verpflichtung bis zum Schluss nachkam, obwohl die Generalstaatsanwaltschaft alles daransetzte, die Lieferungen mit allen Mitteln (inklusive der Sperrung des Produktionseigentums und der Konten) platzen zu lassen. Es ging niemals darum, dass die Unternehmer sich als Person oder durch Lobbyismus aus der Politik heraushalten sollten. Bis 2003 wussten die Präsidialverwaltung und die Regierung, weil wir sie selbst informierten, wem wir halfen und welche Anliegen wir als Lobby unterstützten. All das änderte sich im Jahre 2003. Man kann Vermutungen darüber anstellen, warum. Weil die Wahlen sich näherten oder infolge der Informationspolitik des Polizeiapparats oder einfach, weil der kiplingsche »Wasserwaffenstillstand«[3]

---

[3] In einer der Fortsetzungen des »Dschungelbuchs« von Rudyard Kipling kommt es während einer Dürreperiode zu einem Wasserwaffenstillstand.

beendet war. Wie dem auch sei, ohne irgendwelche vorhergehenden Diskussionen änderte sich die Lage drastisch. Ich muss sagen, dass zu diesem Zeitpunkt auch in meiner Position bestimmte Änderungen eingetreten waren, die sich im Laufe der Jahre 2001 und 2002 abzuzeichnen begannen. Die Hauptsache war, dass die Logik des internationalen Geschäfts es erforderlich machte, den Investoren alle vertraulichen Informationen über die Finanzen offenzulegen, um von einer möglichst genauen Prognose der Geschäftsentwicklung ausgehen zu können, wozu eine gesetzliche Fixierung der wichtigsten Aspekte der Tätigkeit von Unternehmen nötig war. Eine moderne Wirtschaft machte moderne gesellschaftliche Verhältnisse notwendig, die wir Schritt für Schritt durchzusetzen versuchten. Nicht generell, sondern konkret für unsere Branche. Es gelang uns, das Gesetz über den Pipeline-Transport durchzukriegen, das sogenannte »Recht auf gleichen Zugang zur Pipeline«, das heißt die Quoten, die früher einmal im Quartal von den Beamten nach Gutdünken vereinbart wurden, wurden gesetzlich fest verankert. Wir erreichten die Fixierung der Zollabgaben durch das Gesetz und konnten noch ein paar ähnliche, die Korruption verhindernde Korrekturen im Gesetz verankern. Wobei diese Korrekturen nicht durch die Hintertür zustande kamen, sondern auf offenen Anhörungen im Parlament beruhten. Bei einer offenen Besprechung mit Premierminister Michail Kassjanow[4] fühlte ich mich sogar einmal bemüßigt, von vier Ministern zu verlangen, ihr Interesse an der Aufrechterhaltung der alten Ord-

[4] Michail Michailowitsch Kassjanow war von Mai 2000 bis März 2004 Ministerpräsident von Russland.

nung offenzulegen. Als sie dies öffentlich ablehnten, waren ihre Einwände vom Tisch. Damit will ich sagen, es war ein harter Kampf. Im Vergleich zu heute waren die Methoden natürlich zivilisiert. Aber es gab jede Menge Unzufriedene. Wenn eine korrupte Gruppe ausgeschaltet war, wollte gleich eine andere an ihre Stelle treten. Mir wurde klar, dass ich ohne Unterstützung auf höchster Ebene nichts erreichen würde. Und so kam es zum Entschluss, die Frage der Korruption mit dem Präsidenten zu besprechen. Alexander Woloschin und – Sie werden sich wundern – Dmitri Medwedew, der damals in seiner Eigenschaft als Stellvertretender Leiter der Präsidialverwaltung eine Konferenz mit dem Russischen Unternehmer- und Industriellenverband (RSPP) vorbereitete, unterstützten diesen Punkt.

Die Konferenz war eine Sensation. Sie fand am 19. Februar 2003 statt. Ich sprach dort von dem gigantischen Marktanteil der Korruption in unserem Land: 30 Milliarden US-Dollar, das heißt zehn Prozent des damaligen Bruttoinlandsprodukts. (Übrigens nannte der Vizegeneralstaatsanwalt Anfang 2008 eine Zahl von 240 Milliarden US-Dollar, das heißt bereits zwanzig Prozent des Bruttoinlandsprodukts). Kurz danach, im März, begann meine Verfolgung. Und da kam dann eins zum anderen. So war es Usus, dass die großen Unternehmen die Abgeordneten ihrer Regionen und die Parteien (sowohl nach einer obligatorischen Quote als auch nach eigenem Ermessen) bei der Finanzierung des Wahlkampfs unterstützten. Im Zuge der Offenlegung der Finanzen des Konzerns nahm ich von einer geheimen Unterstützung Abstand und setzte mich statt dessen öffentlich und persönlich ein. Ich engagierte mich für die »Union der rechten Kräfte« (SPS) und »Jabloko«, und zwar nicht mit Mitteln des Konzernvermögens, sondern mit meinen privaten Mitteln, die mir nach Abzug der Steuern verblieben. Auch einige meiner Kollegen unterstützten die Politiker, die ihnen politisch am ehesten zusagten. Das ist eine durchaus zivilisierte Praxis, und viele Beamte nahmen daran keinen Anstoß. Nach dem Februar 2003 wurde auf einmal eine andere Parole ausgegeben, und es hieß: Das ist die Vorbereitung zur Ergreifung der Macht.

Akunin: Von wem stammte diese Parole? Von wem wurde sie ausgegeben? Ohne Billigung Putins kann dies nicht geschehen sein, aber auf wessen Initiative ging das zurück? Was für eine Konstellation der Kräfte lag dem zugrunde?

Chodorkowski: Es gab im Kreml eine recht große Gruppe von Leuten, die die Verfolgung von Jukos für einen Fehler hielten. Sie versuchten, etwas zu unternehmen, fanden aber keine Unterstützung. Gegen Ende des Sommers wurde die Situation dramatisch. Mir wurde klar, dass während der zweiten Amtsperiode von Präsident Putin ein äußerst harter Kampf um die Macht im Kreml zwischen durchaus nicht harmlosen, sondern massiv auftretenden Gruppen entbrannt war. Die Zusammensetzung dieser Gruppen änderte sich ständig; man kann sie unter Vorbehalt als autoritäre und als liberale Gruppe bezeichnen, deren Vorstellungen von der Zukunft unseres Landes sich stark unterscheiden. Die einen, die man bedingt liberal nennen kann, sehen ihr Ziel in der Einrichtung einer demokratischen, offenen Gesellschaft. Ich würde sie eher als »Befürworter einzuhaltender Spielregeln« bezeichnen, obwohl auch das den Sachverhalt nicht ganz trifft. Sie wollen natürlich ebenfalls an die Macht, sind aber bereit, mit politischen Mitteln darum zu kämpfen. Es sind Leute, die Erfolg haben und sich deshalb einer Konkurrenz durchaus stellen können. Geld ist für sie ein Mittel, aber nicht der Zweck des Staatsdienstes, denn sie sind zu Recht davon überzeugt, es immer zu schaffen, mehr zu verdienen, als sie brauchen.

Die andere Gruppe sind die »Silowiki«[5], genauer: »Gegner von Spielregeln«. Es gibt viele davon in den Sicherheitsorganen, aber sie sind bestimmt nicht die Mehrheit. Auch in anderen politischen Bereichen sind sie zahlreich vertreten. Sie sind unsicher und neigen deshalb dazu, ihre Unsicherheit mit dem Rückgriff auf Gewalt zu kompensieren. Aufgrund ihrer unsicheren Perspektiven haben Macht und mehr noch Geld für sie eine magische Anziehungskraft. Die Zweifel an ihrer eigenen Konkurrenzfähigkeit machen den Einsatz antidemokratischer, gewalttätiger Methoden politischer und wirtschaftlicher Auseinandersetzung nötig. Zweifel an den eigenen Kräften und Misstrauen dem eigenen Volk gegenüber sind auch der Grund für ihre Tendenz, sich von der Außenwelt abzuschotten, keine Meinungsfreiheit zuzulassen und so weiter.

All das war schon 2002 ersichtlich, und ich brachte dies im Februar bei der Konferenz mit dem Präsidenten offen zur Sprache. Im Sommer zeichnete sich noch nicht ab, dass wir verlieren würden, aber dass die Krise sich zuspitzte und unsere Gegner sich keinerlei Zurückhaltung auferlegten, lag auf der Hand. Ich weiß nicht, ob man Namen nennen sollte, aber die Gegenseite, das waren Igor Iwanowitsch Setschin[6] und jede Menge Beamte aus der zweiten Reihe

---

[5] Chefs der Geheimdienste, des Militärs und der Polizei, die unter Jelzin und Putin ins Amt kamen.
[6] Setschin war bis 2008 Berater Putins und ist heute Vizepräsident der Regierung der Russischen Föderation.

(das heißt solche, die ihn nicht nur aus Überzeugung unterstützten, sondern weil sie auf Beförderung hofften oder weil belastendes Material gegen sie vorlag). Aber auch Juri Saostrowzew,[7] Viktor Birjukow[8] und viele andere gehörten dazu. Übrigens verhielten sich Wladimir Wassiljewitsch Ustinow[9] und Nikolai Platonowitsch Patruschew[10] bis zum letzten Augenblick neutral. Das muss man sagen. Auf »meiner« Seite waren Alexander Woloschin,[11] Dmitri Medwedew, Michail Kassjanow, Anatoli Tschubais,[12] Andrej Illarionow,[13] Arkadi Dworkowitsch[14] und sogar German Gref [15] – bis zu einem bestimmten Moment.

Akunin: Es hat doch wahrscheinlich einen Punkt gegeben, an dem Sie erkannt haben, dass diese Leute auch vor einer Verhaftung nicht zurückschrecken würden. Hat man Ihnen gegenüber Anspielungen gemacht, es wäre besser für Sie, wenn Sie sich absetzten? Warum sind Sie nicht ausgereist? Hat es eine klare Schwelle gegeben, einen »Point of no return«, an dem Sie beschlossen haben: Sollen sie mich doch einbuchten, ich reise nicht aus?

Chodorkowski: Ich hätte emigrieren können, hätte das

---

[7] Ehemaliger KGBler und Mitarbeiter im FSB (russischer Geheimdienst).

[8] Moskauer Polizeisprecher.

[9] Ehemaliger Justizminister Russlands.

[10] Von 1999 bis 2008 Leiter des FSB.

[11] Stabschef des Kremls, der 2003 im Zuge der Jukos-Affäre entlassen wurde.

[12] Russischer Unternehmer und Politiker

[13] Ehemaliger Wirtschaftsberater Putins.

[14] Finanzspezialist; jetzt Berater Medwedews.

[15] Von Mai 2000 bis September 2007 Minister für wirtschaftliche Entwicklung und Handel der Russischen Föderation.

aber nach der Verhaftung Platon Lebedews als Verrat empfunden. Ende des Sommers 2003 fuhr ich ins Ausland, verabschiedete mich für alle Fälle von meinen Kollegen, die schon im Ausland waren, und kehrte nach Russland zurück.

Akunin: Noch eine Frage zum selben Thema, die ich sehr ungern stelle. Aber da dieser Punkt viele beschäftigt, möchte ich sie nicht zurückhalten. Hat es Momente gegeben, in denen Sie es bereut haben, dass sie nicht emigriert sind?

Chodorkowski: Das ist für mich eine ambivalente Sache. Schon als ich ins Ausland reiste, bereute die eine Hälfte von mir, dass ich zurück musste, und sie bereut es bis heute jeden Tag, den ich von meiner Familie und meinem Zuhause getrennt bin. Doch da ist die andere Hälfte, die für mein Pflichtgefühl steht, die in Kategorien von Anstand und Verrat denkt; sie lässt mir keine Ruhe. Vielleicht sind meine Prinzipien idiotisch. Vielleicht müsste man flexibler sein. Sicher müsste man das. Aber ich bin schon 45, und meine Prinzipien sind nun einmal so. Ich hätte mich wahrscheinlich darüber hinwegsetzen können, aber wie ich dann hätte leben sollen, weiß ich nicht. So dass es zwei ehrliche Antworten gibt. Ja, ich bereue es jeden Tag. Nein, ich bereue es nicht, ich hätte mit einer Ausreise nicht leben können.

Akunin: Können Sie darauf bitte noch etwas genauer eingehen? Das ist ein wichtiger Punkt. Von Ihren Kollegen im Ausland haben Sie sich verabschiedet. Aber wie ist es mit Ihrer Familie? Ich bewege mich hier auf einem Feld, das eigentlich keinen Außenstehenden etwas angeht. Aber hier ist etwas angesprochen, worum die Hälfte meiner Bücher kreist. Ein Mann hat zwei Sphären, für die er verantwortlich ist: die Große Welt (sein Beruf; die Idee oder

der Glaube, dem er sich verpflichtet fühlt; die Gesellschaft, sein Land, die Kunst, egal was) und die Kleine Welt (die Familie, die engen Freunde). Der schwierigste Konflikt ist, wenn man zwischen der ersten und der zweiten Welt wählen muss. Die Große Welt zu verraten geht nicht, weil man damit nicht leben kann, wie Sie sehr richtig gesagt haben. Also ist man gezwungen, die Kleine Welt zu opfern, ohne die das Leben ohne alle Freude ist. Du fügst den Menschen Leid zu, die dir mehr wert sind als alle anderen zusammen. Einer meiner Bekannten sagte im Zusammenhang mit Ihrem Fall: »Für die Kinder ist es besser, auf einen abwesenden Vater stolz sein zu können als sich für einen anwesenden Vater schämen zu müssen.« Das stimmt natürlich, aber es ist grässlich. Und die Hauptsache: Woher die Kraft nehmen, eine Entscheidung zu treffen?

Chodorkowski: Meine Frau und ich sind seit über zwanzig Jahren zusammen, und wir haben einiges hinter uns. Ich weiß nicht, wie oft sie sich in Gedanken von mir verabschiedet hat, aber mindestens zwei Mal: Als ich in den Jahren 1991 und 1993 wegging, um die Große Welt zu verteidigen, wie ich sie verstand, ließ ich ihr ein Gewehr und Patronen zurück, um ihr die Möglichkeit zu geben, unsere Kleine Welt zu verteidigen. Das meine ich nicht im übertragenen Sinn, sondern wörtlich. Ich weiß, sie würde sich bis zum letzten Moment mit der Waffe wehren. Obwohl man sich das heute kaum vorstellen kann. Oder vielleicht doch… Ich habe meine Frau gefragt: »Willst du dich nicht lieber in Sicherheit bringen?« Bei unseren Nachbarn hatte es schon Hausdurchsuchungen gegeben, unserer Tochter Nastja hatten sie schon in der Schule aufgelauert. Sie lehnte ab. Meine Eltern? Für sie war die Ehre immer wichtiger als ihr Leben. Als ihr eigenes mit Sicherheit und vielleicht auch als meines. So dass ich in dieser Beziehung keine Zweifel hatte. Viele meiner Kollegen sind ausgereist, und das war richtig so, wozu die Zahl der Geiseln vergrößern? Und so kehrte ich also von meiner Israel-, USA- und Englandreise nach Russland zurück. Manche behaupten jetzt, ich habe mich auf die Zusagen bestimmter Leute verlassen. Das stimmt nicht. Alle meine Freunde und Bekannten haben mich eingeladen zu bleiben, die amerikanische Staatsangehörigkeit zu beantragen, zeigten aber auch Verständnis für meine Entscheidung. Wenn ich geblieben wäre, hätten sie mir natürlich bei allen Problemen geholfen, aber ich fürchte, sie hätten die Achtung vor mir verloren. Ich hoffe sehr, dass meine Kinder, die seit dem Kindergartenalter mit dem Wissen aufwachsen, dass ihr Vater im Gefängnis ist, wenn sie groß sind, ebenfalls verstehen, warum ich nicht anders handeln konnte. Meine Frau ist davon überzeugt, dass sie ihnen das wird erklären können.

Im Oktober 2003 war sicher: Diese Runde hatten wir verloren. Das Ausmaß und die Formen der Rache unserer Gegner überstiegen allerdings unsere Befürchtungen. Keiner hätte es für möglich gehalten, dass der Konzern zerschlagen, die Justiz praktisch ausgeschaltet und den unabhängigen Medien das Maul gestopft wird. Das alles lag außerhalb dessen, was man sich hätte vorstellen können. Aber dass ich im Gefängnis landen und man mir den Konzern wegnehmen wird, das war mir schon damals klar. Und da ich die Entscheidung, nicht zu emigrieren, schon getroffen hatte, unternahm ich zum ersten Mal im Leben eine Reise durch die Regionen Russlands und hielt einen Vortrag, den ich zuvor schon mehrfach im Rahmen meines Engagements für »Offenes Russland« gehalten hatte. Es geht in diesem Vortrag um die Demokratie. Ich schaffte sieben oder acht Regionen mit jeweils fünf bis sechs Auftritten. Und rief dazu auf, für die »Union der rechten Kräfte« (SPS) und »Jabloko« zu stimmen. Die Vorträge fanden in geräumigen Universitätssälen vor fünf- bis siebenhundert Personen statt. Sie werden erstaunt sein, aber sie hatten großen Erfolg. Und was am interessantesten war, ich wurde sogar eingeladen, diesen Vortrag an einer Militärschule zu halten. Ich dachte, die jagen mich zum Teufel. Aber ich sprach fast drei Stunden, es wurden Fragen gestellt, auf die ich antwortete. Der Vortrag kam gut an. Vielleicht war dieser Auftritt an der Militärschule der Tropfen, der das Fass zum Überlaufen brachte. Gleich danach ging in meinem Büro eine Vorladung ein. Ich sprach noch auf einem Forum von Menschenrechtlern in Irkutsk. Von dieser Reise kehrte ich unter Bewachung zurück, mit einem Spezialflugzeug des Geheimdiensts. Ich neige nicht zur Hysterie und wollte die Situation nicht dramatisieren. Meine Frau und meine Eltern verfolgten natürlich das Fernsehprogramm, aber wir unterhielten uns nicht darüber, was passieren könnte. Das war überflüssig. Es war für alle auch so alles klar, und jeder tat, was er konnte. Es war einfach eine der vielen Schlachten, aus der ich nicht hätte zurückkehren können. Und bis heute bin ich nicht daraus zurückgekehrt. Wir wussten, es würde hart werden, aber in Wirklichkeit wurde es weitaus härter. Täglich Verleumdungen auf allen Fernsehkanälen. Unterbindung aller Kontakte. Das erste Treffen hinter Gittern… Das ganze Jahr 2004 betete ich eigentlich nur darum, dass sie durchhalten. Wenn auch noch die Familie zerbrochen wäre, das wäre einfach entsetzlich gewesen.

Vor der Haft war mir das noch nicht so bewusst, aber jetzt ist mir das klar. Wenn mit meiner Familie etwas passiert wäre, hätte ich für nichts garantieren können. Aber sie haben durchgehalten. Vielleicht auch weil sie enorme Unterstützung von anständigen Menschen erfahren haben, es kamen Briefe mit Zuspruch, sie wurden von Unbekannten auf der Straße angesprochen, und unsere Kinder wurden in der Schule und im Kindergarten gut behandelt. Man kann sagen, was man will, aber ich liebe mein Land und mein Moskau. Von außen wirkt es wie ein riesiges gleichgültiges Ameisengewimmel, aber es gibt bei den Menschen so viel Anteilnahme… Wissen Sie, ich habe diesen Menschen innerlich immer vertraut, aber sie haben meine Erwartungen noch übertroffen. Und meine Familie… Natürlich ist das alles nicht so einfach, aber ich bin glücklich, dass ich sie habe. Erinnern Sie sich an das Lied: »Mir reichte, dass der Nagel, den ich einschlug, eine winzige Spur hinterließ?« Da habe ich es entschieden besser. Meine Familie steht immer hinter mir. Und nicht nur sie. Vor über zwanzig Jahren habe ich mich von meiner ersten Frau getrennt. Mein Sohn Pavel ist inzwischen erwachsen, hat studiert und ist berufstätig. Er, meine Exfrau und ihre Mutter, sie haben mir all diese Jahre geschrieben und mich und meine Eltern unterstützt. Ich habe Glück mit den Menschen.

Akunin: Im Dezember 2004 haben Sie geschrieben: »Mir war schon bewusst, dass Eigentum an und für sich, besonders großes Eigentum, den Menschen keineswegs frei macht. Als Miteigentümer von Jukos habe ich enorme Kraft darauf verwenden müssen, dieses Eigentum zu verteidigen. Ich musste mich in allem einschränken, was diesem Eigentum hätte schaden können. Nun bin ich in eine andere Phase eingetreten. In wirtschaftlicher Hinsicht durchaus ein Vertreter des wohlhabenden Teils der Mittelschicht, bin ich jetzt ein gewöhnlicher Mensch geworden, für den es nicht auf das Haben, sondern auf das Sein ankommt. Und das besteht nicht im Kampf um ein Vermögen, sondern im Kampf um das, was dich ausmacht, um das Recht auf eine eigene Persönlichkeit.« Aus Ihren Antworten gewinne ich den Eindruck, dass Sie sich als Häftling sehr viel freier fühlen als die »Gefangenen« des Kremls und des Weißen Hauses, die an Händen und Füßen gefesselt sind, vor allem Angst haben und ihre Einkünfte vor der Öffentlichkeit geheim halten. Ihr Fall ist einzigartig: Erst haben Sie mehr als alle anderen verdient, dann haben Sie mehr als alle anderen verloren und scheinen das noch nicht einmal zu bedauern. Stimmt dieser Eindruck?

Chodorkowski: Ich wollte schon als Kind Werksdirektor werden. Nicht Astronaut oder Offizier, sondern Direktor. Dieser Traum begleitete mich als Schüler und als Student. Mit diesem Traum betrat ich die »Große Welt«. Es dauerte nicht lange, da wurde der Traum Wirklichkeit. Zentrum für technische Innovation[16], Arbeit bei der Bank, kurze Regierungstätigkeit, dann kam die Privatisierung. Was sie mir brachte, war nicht Geld, sondern die Möglichkeit, meinen Traum in die Tat umzusetzen. Meinen Kindheitstraum. Awisma,[17] Apatit und dann Jukos. Ein gigantischer Konzern, auf den ich mich immer vorbereitet hatte. Ich brauchte dafür meine Ausbildung und meine ganze bis-

---

[16] Zentren der wissenschaftlich-technischen Kreativität der Jugend (NTTM).

[17] Russischer Titan-Hersteller.

herige Erfahrung. Ich arbeitete wie ein Wilder, 14 Stunden pro Tag. Ich war ständig unterwegs, um mir ein Bild von der Situation vor Ort machen zu können, und das über eine Fläche von Hunderttausenden Quadratkilometern.

Geld... Was heißt Geld? Als ich 1993 bei der Bank arbeitete, hatte ich mehr Geld als 1999 bei Jukos und bei Weitem mehr, als ich für meine persönlichen Bedürfnisse brauchte. Sie können sich nicht vorstellen, wie faszinierend es ist, wenn sich auf dem Papier entworfene Pläne in Metall verwandeln, in Tausende gezielt arbeitender Maschinen, in gigantische Bauten, in einen Traum, der wahr geworden ist...

Und dann kommt die Müdigkeit, und du spürst die ganze Verantwortung, die auf dir lastet: für die Hoffnungen deiner Leute, für hunderttausend Menschen, für die unvermeidlichen Unglücksfälle, die du nicht hast verhindern können. Und da geht dir auf einmal auf: Nicht du verwirklichst deinen Traum, sondern dieser real gewordene Traum hat dich in der Hand. Du sagst, was du sagen musst. Deine Zeit ist für Monate und Jahre im Voraus verplant. Du verkehrst mit den Leuten, die dein »in Erfüllung gegangener Traum« braucht. Du bist sein Sklave. Da gehen dir die Augen auf, und du erkennst: Der Traum hat sich verselbstständigt, das Leben ist anders; das, was dir als wichtig erschien, ist nicht einfach unwichtig, sondern es hindert dich, etwas weit Wichtigeres zu tun, was du tun könntest, ja nicht nur könntest, sondern solltest!

Das erste Mal, dass mir Zweifel kamen, war bei der Finanzkrise 1998, als der Rubel in den Keller fiel. Ich musste auf einmal erkennen, dass meine Pläne auf Sand gebaut sind. Die Hauptsache ist nicht das Materielle, sondern sind die Menschen, und zwar nicht diejenigen, die für uns arbeiten, und seien es auch tausend Menschen, sondern das ganze Land. Aber damals hatte ich keine Zeit, lange nachzudenken, ich musste die Situation retten, mich für das Überleben des Konzerns ins Zeug legen. Wissen Sie, die Mitarbeiter, die Kollegen haben sehr dabei geholfen. Stellen Sie sich vor: Der Kurs war eingebrochen, der Rubel war nichts mehr wert, aber auch mit dem Verkauf gab es Probleme, die Preise für Benzin waren angestiegen, aber noch wollte sie keiner zahlen. Was tun? Ich sprach mit den Vertretern der Belegschaften (Hunderte von Menschen) und bat sie, einer Gehaltssenkung zuzustimmen. Und die Leute ließen sich darauf ein und versuchten, die Mitarbeiter vor Ort davon zu überzeugen, dass das richtig ist. Ich fuhr an die Orte, wo es am brenzligsten war. Die Arbeiter stimmten zu. Sie verstanden die Situation! Vielleicht war das der Moment, der den Ausschlag für das Überleben des Konzerns gab. Als sich im Jahr 2000 alles wieder eingerenkt hatte, kehrten die unangenehmen Gedanken zurück. So kam es zur Gründung von »Offenes Russland«, einer Organisation, die ich für Hilfsbedürftige einrichtete. 2002 erklärte ich beim Direktorenrat, dass ich 2008 aus dem Konzern ausscheiden wolle. Ein früherer Zeitpunkt war schwer machbar, aber länger wollte ich auf gar keinen Fall Sklave meines Wirklichkeit gewordenen Traums sein. Geld, deine Position, all das ist wichtig, wenn das, was du tust, im Einklang mit deinem genuinen Verständnis von dem, was richtig ist, steht. Ist das nicht der Fall, fühlst du dich unfrei. Dir diese Freiheit zu nehmen, daran hindert dich die Macht der Gewohnheit. So lässt du es zu, dass dich die Gegenstände, das System, deine Position oder dein Eigentum versklaven.

Ich bin fest davon überzeugt: Das einzig Richtige ist, all das hinzuschmeißen und etwas anderes zu machen. Als meine Frau und ich das Gefühl hatten, dass wir in Sachen ersticken, haben wir einfach das Notwendigste gepackt und sind umgezogen. Wir hatten keine eigene Wohnung, kein ständiges Zuhause, aber wir waren glücklich über unsere Unabhängigkeit. Und ich hoffe, wir haben auch unsere Kinder so erziehen können. Ich glaube fest daran, dass das Wichtigste und Notwendigste, was der Mensch hat, in seiner Seele beschlossen ist. Fünf Jahre Gefängnis, das bedeutete ebenfalls: ständige Verlegungen, zahlreiche Einschränkungen. Da kannst du wenig mitnehmen. Es tut dir leid um die Bücher, um deine Aufzeichnungen. Aber die habe ich im Kopf. Alles andere ist unwichtig. In diesem Sinne macht das Gefängnis den Menschen frei.

Akunin: Ich würde gern auf einen anderen Ausspruch von Ihnen eingehen, der viele Fragen aufgeworfen hat. »Alles hängt vom Glauben ab«, schrieben Sie zum Thema Moral und Gerechtigkeit. »Das Problem der heutigen russischen liberalen Öffentlichkeit ist, dass das Hauptargument für liberale Werte des Glaubens bedarf, dass der Mensch mit einem Streben nach Freiheit und Glück geboren ist. Die russischen Liberalen sind aber aus historischen Gründen Atheisten und nehmen das Argument des Glaubens nicht ernst.« Was wollten Sie damit sagen? Es handelt sich dabei um eine Erklärung, die zu wichtig ist, als dass man sie im Unklaren belassen sollte.

Chodorkowski: Warum ist die Demokratie besser als die Diktatur? Die Freiheit besser als die Unfreiheit? Warum ist es schlecht, zu lügen und gemein zu sein? Warum soll man seinen Nächsten lieben? Wozu soll man die Heimat ver-

Schuljahre in Moskau, etwa 1979.

Auf dem Cover von »Stolitza«,
1992.

Als Vorsitzender der Menatep-
Bank, Moskau 1993.

Mit Inna Walentinowna und Tochter Anastasia Michailowna,
1992 (oben) und 1997 (unten).

Präsident Boris Jelzin trifft Russlands wichtigste Unternehmer, 1996.

Mit Michail Gorbatschow bei der Feier des amerikanischen Unabhängig-keitstags in der US-amerikanischen Botschaft, Moskau 2003.

Treffen mit Präsident Putin im Kreml, 14. März 2003.

Mit Jugendlichen eines Jukos-Ausbildungsprogramms, etwa 2002.

Mit Tochter Anastasia Michailowna und Bill Gates in den USA, 2002.

Straflager, Krasnokamensk/
Sibirien 2006.

Inna Walentinowna
Chodorkowskaja mit
Anwälten bei einem
Besuch im Straflager
Krasnokamensk,
Oktober 2005.

Marina Filipowna Chodorkowskaja und Boris Moissejewitsch Chodorkowski beim zweiten Prozess im Chamownitscheski-Gericht, 2009/10.

Tochter Anastasia Michailowna nimmt stellvertretend für ihren Vater den Literaturpreis des Magazins »Snamja« für den Briefwechsel mit Ljudmila Ulitzkaja entgegen, 2010.

Marina Filipowna Chodorkowskaja (rechts) mit ihrer Schwiegertochter Inna Walentinowna und Enkelin Anastasia Michailowna nach der Urteilsverkündung am 30. Dezember 2010.

teidigen und einem anderen Menschen zuliebe das eigene Leben opfern? »Danach« ist doch alles aus! Oder nicht? Worin besteht die Moral? Woher kommt sie? Sie entbehrt der Logik. Eine Logik kann man der einen wie der anderen Moral zuschreiben. Schufte haben oft mehr Erfolg als anständige Menschen, die Frage ist, ob sie glücklicher sind. Wenn sie glücklicher wären, würden wir nur unter Schuften leben. Gewalt und Gemeinheit würden in der Welt triumphieren. Aber das ist nicht der Fall. Der Mut siegt über die Gewalt, die Ehrlichkeit über die Gemeinheit, die Liebe über den Hass. Nicht sofort, aber im Endeffekt immer. Und die Welt wird besser. Warum? Unsere Zivilisation ist zweitausend, die Menschheit Millionen Jahre alt. Wir sind so, wie wir sind. Die Gesellschaft, die sich dem annähert, wie der Mensch wirklich ist, wird erfolgreicher und glücklicher sein. Die Wissenschaft erforscht den Menschen in einem fort, die Frage ist nur, ob man den Menschen begreifen kann oder ob er so unendlich wie die Welt ist. Ich weiß es nicht. Ich weiß, dass wir immer noch ein Geheimnis für die Logik und die Wissenschaft sind. Aber am Ende des Lehrbuchs steht eine Antwort. Woher? Das weiß ich nicht. Die Erfahrung lehrt es, lautet die richtige Antwort. Ich glaube fest, dass der Mensch in seinem Inneren ein Bedürfnis nach Freiheit, Liebe und Wahrheit hat und nur so glücklich sein kann. Die Beweise dafür? Ich habe keine. Ich kann mich zwar darüber auslassen, aber das ist Demagogie. Es gibt hundert Argumente dafür und dagegen. Wie ist der Mensch, wenn er frei von äußerem Druck ist? Ein gieriges Tier oder die Krönung der Schöpfung? Wenn er ein Tier ist, muss man Käfig-Staaten einrichten, um die Menschen daran zu hindern, sich gegenseitig auszurotten. Wenn er die

Krönung der Schöpfung ist, kann nichts vom Menschen Geschaffenes (Staat, Körperschaft, Gesellschaft) über dem von Gott erschaffenen Menschen stehen. Ich glaube an den Menschen. Das ist Glaube im emphatischen Sinn. Entschuldigen Sie meine etwas unzusammenhängenden Gedanken. Es liegt an dem Thema, dass ich meinen Gefühlen einfach freien Lauf gelassen habe.

Akunin: Glaube im emphatischen Sinn? Sie haben in einem Artikel geschrieben: »Ich danke Gott, dass ich im Unterschied zu vielen meiner Verfolger verstanden habe, dass großes Geld zu machen nicht der einzige (und möglicherweise bei Weitem nicht der wichtigste) Sinn menschlicher Bemühungen ist.« Heißt das, dass Sie im Gefängnis religiös geworden sind?

Chodorkowski: Ich war auch vor dem Gefängnis kein reiner Atheist. Gott, Fatum, Schicksal, Vorherbestimmung, wir glauben fast alle an etwas, das höher ist als wir. Und es wäre auch merkwürdig, wenn wir, die wir doch in einer riesigen, unerkannten Welt leben und uns selbst nicht richtig kennen, der Meinung wären: Alles, was uns umgibt, ist ein Zufallsprodukt. Man kann glauben, dass es Gott nicht gibt, und man kann glauben, dass es ihn gibt. Der Glaube braucht bekanntlich keine Beweise. Aber wenn es keinen Gott gibt und unser ganzes Leben nur eine Sekunde und so vergänglich wie Staub ist, was soll es dann? Wozu träumen wir, streben nach etwas, leiden? Warum wollen wir etwas wissen? Warum lieben wir? Wofür leben wir eigentlich? Ich kann nicht glauben, dass das ohne Grund ist. Das kann und will ich nicht. Mir ist nicht gleichgültig, was nach mir kommt, weil ich dann auch noch da sein werde. Weil jemand vor mir da war und nach mir kommt.

Das ist nicht sinnlos. Das ist nicht ohne Grund. Wir leben nicht, nur um Wasser und Luft zu verschmutzen. Wir existieren alle für ein größeres Ziel. Wofür, weiß ich nicht und werde es nie wissen. Jeder von uns für sich: für sein Glück. Und alle zusammen? Ich glaube, dass die Menschheit ein großes Ziel hat, das zu erkennen mir nicht vergönnt ist. Die Menschen haben dieses Ziel Gott genannt. Wenn wir diesem Ziel dienen, sind wir glücklich, wenn wir daran vorbeigehen, überkommt uns Leere. Eine Leere, die sich mit nichts Materiellem füllen lässt. Sie macht das Leben leer und den Tod schrecklich.

Akunin: Als Sie im Gefängnis waren, haben Sie mehrere Artikel veröffentlicht, die einige der Menschen, die Sie für einen Gleichgesinnten hielten, stark irritiert haben. Bevor ich zu diesem Thema komme, möchte ich noch eine andere Frage stellen. Sie haben erklärt, warum Sie selten Interviews geben. Aber wie ist es mit Ihren Artikeln: Ist das etwas anderes? Verfassen Sie diese Artikel, weil Sie keinen Gesprächspartner haben, oder sagt Ihnen der Monolog mehr zu als der Dialog?

Chodorkowski: Wissen Sie, ich habe nie besonders gern geschrieben. Ich habe immer gern gelesen, aber zu schreiben… Die Aufsätze in der Schule haben meistens die Mädchen, die ich liebte, für mich verfasst. Mit Leuten reden, auftreten, das gehörte zu meiner Arbeit als Chef eines großen Konzerns. Umgang mit der Presse, Auftritte vor Belegschaften und Investoren. Davon kamen im Jahr nicht Dutzende, sondern Hunderte zusammen. Als ich die karitative Arbeit aufnahm, wurde es noch mehr. Ich kann sagen, dass ich mich vor jeder Art von Zuhörern immer wohl in meiner Haut gefühlt habe. Nein, das stimmt nicht, Demonstrationen mochte ich nie. Ich muss den Menschen in der letzten Reihe in die Augen sehen können, sonst verliere ich den Kontakt zu den Zuhörern. Dann kam das Gefängnis, das Gespräch mit den Zellengenossen und Anwälten. Ich hatte damit keinerlei Probleme, aber diese Leute haben nur Interesse für ganz bestimmte Fragen, die mich persönlich komischerweise wenig interessieren. Ich muss mit ihnen nicht über das, was mich interessiert, reden, sondern über das, was *sie* wollen. Im Fall der Anwälte liegt das vielleicht in meinem Interesse, aber nur vom rein juristischen Standpunkt aus betrachtet. Das ist der Grund, warum ich angefangen habe zu schreiben. Mit der Zeit habe ich gelernt, meine Gedanken zu Papier zu bringen. Das ist weniger gut als ein persönlicher Auftritt vor Zuhörern. Aber besser als nichts. Inzwischen habe ich eine ganze Reihe von Texten geschrieben und muss mich notgedrungen damit befassen, wie sie aufgenommen werden. Die Reaktionen stammen verständlicherweise von der politischen und kulturellen Elite und nicht von den »breiten Massen«, die so etwas bisher nicht zur Kenntnis nehmen. Meine Position erläutern, mich mit Gegnern auseinandersetzen, die mich nicht richtig verstanden haben, das geht häufig aus praktischen Gründen nicht. Was ich geschrieben habe, kann falsch interpretiert und für wer weiß was eingesetzt werden. Wenn ich anfange zu schreiben, weiß ich nicht, was herauskommt – der Text entsteht von selbst. Da mir ein Gesprächspartner fehlt, führe ich Selbstgespräche, debattiere über etwas und erkläre es mir. Das ist eine Art »kreative Schizophrenie«.

Akunin: Dann wollen wir uns Ihre Artikel vorknöpfen. Wenn Sie nicht hinter Gittern säßen, was einen anständigen Menschen an einer scharfen Polemik hindert, wären Sie von manchen Autoritäten wahrscheinlich schon ganz schön angegriffen worden. Auch ich bin in einer Reihe von Punkten absolut nicht einverstanden mit Ihnen. Können wir ohne Rücksicht auf das Gefängnis reden? Die verfluchten Mauern sind natürlich nicht wegzudenken, aber Gedanken kennen eigentlich keine Gitter.

Chodorkowski: Prima, danke. Es gibt nichts Besseres als einen guten Opponenten.

Akunin: Erstens, zur viel beschworenen Krise des Liberalismus. Es betrübt mich, dass Sie sich dem Chor derer angeschlossen haben, die diese Richtung verunglimpfen. Totengräber des Liberalismus gibt es auch ohne Sie im heutigen Russland mehr als genug. Sie haben völlig recht, wenn Sie schreiben, dass die Liberalen der Perestroika-Zeit sich als unglaubwürdig erwiesen haben, weil »sie sich nicht von ihren Mercedessen, Datschen, Villen, Nachtklubs und goldenen Kreditkarten trennen wollen«. Aber warum leiten Sie daraus abschätzige Verallgemeinerungen ab und behaupten, der russische Liberalismus zeichne sich aus: »durch eine genetisch angelegte Servilität, durch die Bereitschaft, für eine Portion Stör mit Meerrettich die Verfassung zu ignorieren«, und schreiben: »So war der russische Liberale immer, und so ist er auch geblieben.« Meinen Sie damit Pjotr Tschaadajew,[18] Alexander Herzen und Wladimir Korolenko?[19] Oder Andrej Sacharow, der für mich der Liberale par excellence ist? Liberalismus ist nicht die Herrschaft des »Mammons

---

[18] Russischer Philosoph und politischer Denker (1794–1856).
[19] Russischer Schriftsteller (1853–1921).

über das Böse«. Es geht gar nicht um Geld, sondern um ein Gefühl für die eigene Würde. Ich kann das Geschimpfe über die »verfluchten Neunziger« nicht mehr hören. Wo wären wir heute ohne die Neunziger Jahre? Man kann den Liberalismus nicht verteufeln, nur weil ein Teil der Liberalen (nicht der beste, sondern der umtriebigste Teil) A sagt, aber nicht B sagen will. Das zeigt lediglich, dass wir die Demokratie nicht von oben dekretiert bekommen, sondern nur auf natürliche, und das heißt, schwierige Weise von unten, »von den Wurzeln her« aufbauen können. »Die alten Rechten« müssen schnellstmöglich verschwinden, sie haben sich unwiderruflich diskreditiert. »Die neuen Rechten« werden sie ablösen, um eine Zivilgesellschaft von unten nach oben und nicht von oben nach unten aufzubauen. Und zwar nach den verbürgten liberalen Kriterien: Achtung der Rechte der Persönlichkeit, Toleranz, Zivilcourage, Patriotismus ohne Fremdenhass. Das läuft, einfach gesagt, darauf hinaus, sich vor dem Starken nicht zu ducken und den Schwachen nicht zu übervorteilen. Wenn Sie damit nicht einverstanden sind, widersprechen Sie.

Chodorkowski: Erstens, die zahlreichen zweifellos ehrenhaften Autoritäten mit liberalen oder gerade nicht liberalen Ansichten sollten wir, finde ich, lieber aus dem Spiel lassen. Sonst kommen Sie mir mit Herzen, und ich halte Puschkin und sein Arrangement mit dem Chef der Geheimpolizei Benkendorf sowie dem Zaren dagegen. Sie kommen mir mit Tschaadajew, ich nenne die Dekabristen (vielleicht Michail Lunin[20] ausgenommen). Sie kommen mir mit Koro-

[20] Oppositioneller (1787–1845) unter Zar Nikolaus I.

150

lenko, ich nenne Sergej Koroljow,[21] der zwar kein Liberaler, aber ein anständiger Mensch ist. Nehmen wir uns besser die Masse der Leute vor, die liberale Ansichten vertreten, und zwar weniger in wirtschaftlicher Hinsicht – das ist nämlich ein Extrathema – als vielmehr in der Politik. Ein Liberaler, das ist ein Mensch, der das Individuum über die Gesellschaft, den Staat und alle anderen Einrichtungen der Menschheit stellt. Die Hauptsache der liberalen Idee sind meiner Ansicht nach die Menschenrechte.

Wenn man sich die Zahl der Beschwerden beim Europäischen Gerichtshof für Menschenrechte in Straßburg ansieht, könnte man meinen, in unserem Land sei jeder Zweite ein Liberaler (das ist nicht ganz ernst gemeint). Aber Scherz beiseite, es gibt bei uns jetzt ziemlich viele Liberale, und wenige waren es nie. Auffällig ist: Wenn diese Liberalen an die Macht kommen oder finanziellen Erfolg haben, dann vergessen viele von ihnen auf einmal ihre liberale Vergangenheit. Natürlich nicht alle, aber... Was mir persönlich noch mehr missfällt: Die russischen Liberalen der vorrevolutionären wie der nachrevolutionären Zeit wollten oder konnten mit ihren individuellen Begehrlichkeiten nie zugunsten eines gemeinsamen Zieles zurückstecken. Das tut der liberalen Idee Abbruch, und – was die Hauptsache ist – es schränkt ihren Erfolg in unserem Land enorm ein. Es ist unverkennbar, dass die westliche liberale Gesellschaft in dieser Hinsicht sehr viel effektiver ist. Ein Teil der persönlichen Freiheit wird dort bewusst allgemeinen Zielen geopfert. Und sie werden auch erreicht. Bei uns dagegen gibt es nur die Alternative: »Ich bin der einzig Schlaue, und alle,

---

[21] Sowjetischer Konstrukteur und Raketenbauer (1906–1966).

die mit mir nicht einverstanden sind, sind meine Feinde« –
oder »Ich bin Liberaler, solange ich keinen Erfolg habe,
aber danach ist auch mit jeglichem Liberalismus nach unten Schluss.« Zweitens (alles Vorherige gehörte zum ersten
Punkt, wie Sie sich erinnern werden): Als ich diesen Artikel
schrieb, im März 2004, war ich sehr enttäuscht über die Ergebnisse der Parlamentswahlen und ließ mich zu einigen ex-
tremen Verallgemeinerungen hinreißen, zu denen ich sonst
eher nicht neige. Was ich über die Liberalen sagte, war in
vielem auf mich selbst gemünzt. Obwohl ich eigentlich gar
kein Liberaler bin in dem Sinn, in dem man diesen Begriff
im Allgemeinen gebraucht. Ich befürworte einen starken
Staat in Russland, und ich habe dafür eine ganze Reihe von
Argumenten. Ich bin für eine aktive Industriepolitik, einen
Sozialstaat. Kurz gesagt, das skandinavische Modell. Russland ist ein riesiges Land mit harten klimatischen Bedingungen, mit einer schwierigen geopolitischen Umgebung.
Ein schwacher Staat ist einfach nicht dazu imstande, mit
allen unvorhersehbaren Situationen fertig zu werden. Was
die klimatischen Bedingungen angeht: Die USA haben eine
liberalere Wirtschaft als Kanada, wo die Natur sehr viel
rauer ist. Andererseits muss ein starker Staat, damit er nicht
wieder zu einem totalitären Ungetüm degeneriert, nicht nur
eine starke Zivilgesellschaft an seiner Seite haben, sondern
er muss auch über ein makellos funktionierendes System
der Gewaltenteilung verfügen, öffentliche Kontrolle, eine
starke Opposition. Mit anderen Worten: der starke Staat
muss ein Super-Rechtsstaat sein. Die neuen Liberalen oder
richtiger: Demokraten (die Bezeichnung »Die neuen Rechten« mag ich nicht, die Aufteilung in »rechts« und »links«
führt nur in die Irre) werden sich zweifelsohne durchsetzen.

Unsere Kinder werden zu ihnen gehören. Aber was sollen wir ihnen sagen? Wir haben euch diese Unordnung aus Feigheit hinterlassen, liebe Kinder? Wir haben für ein Auto gespart, das leider unten Rost angesetzt hat? Für eine Wohnung, aus der wir jeden Moment von einem Beamten verjagt werden können? Oder: Es lag nicht an unserer Feigheit, sondern an überzogenen »ästhetischen Ansprüchen«, dass wir uns nicht haben einigen können? Wenn wir die Demokratie haben wollen, müssen sich alle für sie einsetzen, die Linken wie die Rechten, die Liberalen wie die Anhänger eines starken Staats. Alle, wie sie da sind, für sich selbst und ihre Kinder, gegen Autoritarismus und Korruption, für einen Rechtsstaat und demokratische Institutionen. Und dann wollen wir in einem echten Parlament, auf den Bildschirmen eines unabhängigen Fernsehens, vor einem unabhängigen Gericht darum streiten, wie hoch die Steuern sein sollen, ob man die Rohstoffbranchen vergesellschaften oder privatisieren soll, ob das Gesundheitssystem etwas kosten soll und so weiter. Das ist eine ganz normale Debatte.

Womit soll man anfangen? Mit dem Aufbau einer Zivilgesellschaft von unten? Das kann nicht schaden, geht aber sehr langsam. Uns steht jetzt eine andere Möglichkeit offen, die hart ist, aber die Verantwortung nicht auf die kommenden Generationen abwälzt. Ich meine den Kampf gegen die Korruption, und als Schlüssel zu diesem Kampf: eine unabhängige Gerichtsbarkeit. Ich bin davon überzeugt, dass der Kampf gegen die Korruption in Russland ein Kampf für die Demokratie ist. Das ist auch der Grund, weshalb der Kampf für ein unabhängiges, unkorrumpiertes Gericht die entscheidende Frage für das heutige Russland ist. Das ist unsere aktuelle Aufgabe. Wir könnten zusammen zum Er-

folg kommen, wenn wir die Bemühungen der ganzen lin-
ken-rechten-liberalen-demokratischen Intelligenz vereinen
würden. Ich bin absolut nicht einverstanden mit den Appel-
len an die liberale und demokratische Öffentlichkeit, nicht
mit den Machthabern zusammenzuarbeiten. Das ist der
Weg der Schwachen. Der Weg der Starken besteht darin, die
demokratischen Werte, die Menschenrechte, wo auch immer zu verteidigen, gegen die verharmlosend als »Verwal-
tungsgebühr« deklarierte Korruption zu kämpfen und allen
Versuchungen zu widerstehen. Sollen die Machthaber, solange sie an der Macht sind, doch selbst wählen, mit wem
sie zusammenarbeiten wollen, und wissen, dass wir nicht
nur unsere Kenntnisse, sondern auch unsere Ideale mit an
die Macht bringen.

Akunin: In Ihren Artikeln über die Notwendigkeit eines
Linksrucks scheint mir vieles richtig, aber die allgemeine
Idee finde ich falsch und oberflächlich. Oder ich habe sie
(wie viele andere Leser) nicht richtig verstanden. Die sich
bei uns Kommunisten und Sozialisten nennen, sind doch
gar keine. Gennadi Sjuganow[22] und Genossen, das sind
keine Linken, sondern zu nichts zu gebrauchende, hand-
lungsunfähige Fossilien des alten Regimes. Wie können Sie
ernsthaft darauf hoffen, dass sich diese untauglichen Funktionäre (die cleveren rennen längst in die Kirche und machen Geschäfte) für soziale Gerechtigkeit einsetzen könnten? Genauso wie wir »neue Rechte« brauchen, brauchen
wir auch »neue Linke«. Sie werden zweifellos kommen,
und zwar bald. Sie werden sich aus der Streikbewegung

---

[22] Derzeitiger Vorsitzender der Kommunistischen Partei der Russischen Förderation (KPRF).

rekrutieren, aus Gewerkschaften, die wirklich welche sind und sich nicht nur so nennen. Und mit diesen Leuten wird man dann ein Gleichgewicht der Kraftfelder herstellen und die goldene Mitte zwischen »Rechts« und »Links« finden müssen. Oder glauben Sie etwa immer noch daran, dass die KPRF (Kommunistische Partei der Russischen Föderation) eine Zukunft hat?

Chodorkowski: Wenn man unter der KPRF die Losung, alles zu teilen, und die Person des Genossen Sjuganow versteht, dann haben diese beiden Symbole sicher wenig Perspektiven. Aber wir können uns doch nicht nur vom Äußeren leiten lassen. Wenn man tiefer eindringt und schaut, was es noch für Leute in dieser Partei gibt, was für Werte sie propagieren, was für Ziele sie erreichen wollen und mit welchen Mitteln, dann ist leicht zu sehen, dass die KPRF längst nichts mehr mit der bolschewistischen Partei und mit der Kommunistischen Partei der Sowjetunion zu tun hat. Im Grunde genommen ist die KPRF heute eine gewöhnliche sozialdemokratische Partei, die den Schatten der Vergangenheit aus naheliegenden Gründen lediglich symbolische Wertschätzung zollt. Soll man die Zusammenarbeit mit anständigen Leuten ablehnen, nur weil sie Symbolen treu sind, die in Misskredit geraten sind? Das ist dumm und unmenschlich. Diese Partei hat die Verantwortung für die soziale Integration von Millionen alter Leute übernommen. Alter Leute, deren beste Lebenszeit unter den kommunistischen Losungen verlief, an die diese Menschen glaubten und noch heute glauben. Wenn man ihnen die Erinnerungen nimmt, die vielleicht fehlerhaft sind und vielleicht nicht der historischen Wahrheit entsprechen, dann nimmt man ihnen das Leben weg, das sie gelebt haben. Ich will es noch einmal sagen: Das ist dumm und grausam. Diese Leute haben es ohnehin schwer. In Wirklichkeit verstehen sie ja alles. Nicht zusammenzuarbeiten mit Menschen, die deine demokratischen Überzeugungen nicht teilen, sondern andere Ansichten haben (aber so andere wiederum auch nicht) über die Lenkung der Wirtschaft sowie Höhe und Art einer sozialen Unterstützung, das ist in der jetzigen Situation, da das Hauptproblem die Einrichtung demokratischer Institutionen ist, ein politischer Fehler, ein Punkt, von dem ich in meinem Artikel »Linksruck« gesprochen habe. Die Einteilung in »Linke« und »Rechte« ist künstlich und falsch. Genauer gesagt: Die alte Einteilung in »Linke« und »Rechte« bringt nichts. Es gibt Linke und Rechte, aber die Grenze zwischen ihnen verläuft nicht da, wo sie vor hundert, fünfzig und sogar zwanzig Jahren verlief. Heutzutage ist dieser Gegensatz kein Antagonismus mehr. Die Kennzeichnung als »kommunistisch« im Namen der KPRF ist irreführend. Viele heutige Mitglieder dieser Partei und auch die Partei insgesamt setzen sich für die Demokratie ein, für die Menschenrechte, gegen eine autoritäre Lenkung und eine korrumpierte Bürokratie. Wir sind Verbündete in diesem Kampf. Hat die linke Bewegung in Russland Perspektiven? Da kann es keinen Zweifel geben. Ob die neue linke Bewegung aus der KPRF oder aus den »Streikkomitees« hervorgehen wird? Das hängt stark von den Machthabern ab. Sowohl das eine wie das andere kann eintreten. Wir dürfen auf keinen Fall die Zusammenarbeit mit Menschen, die sich an für uns akzeptable Werte halten, aufkündigen. Heute sind viele von ihnen in der KPRF. Was die Frage einer möglichen Zusammenarbeit bei den Wahlen betrifft, so hängt das sehr von der Situation ab, und man muss diesen

Punkt mit Soziologen erörtern. Ich habe in meinem Artikel keine Empfehlungen dieser Art ausgesprochen, sondern nur das Wachsen »eines linken Bedürfnisses« und den Wunsch bei der Bevölkerung festgestellt, die liberalen Kräfte sollten irgendwie auf dieses Bedürfnis reagieren. Wie? Ich bin kein Politologe und kein Soziologe. Für die »Union der rechten Kräfte« (SPS) kommt ein Linksruck offenbar nicht infrage, für die Jabloko-Partei ist er nur in engen Grenzen denkbar. Das ist nur als Denkanstoß gemeint in einer Frage, für die ich kein Spezialist bin. Von einem bin ich allerdings fest überzeugt. Wenn die demokratischen Institutionen etabliert sind, wird die Hauptaufgabe darin bestehen, einen optimalen Ausgleich zwischen den Interessen des industriellen Wachstums und den sozialen Interessen zu finden. Es steht außer Zweifel, dass es in Russland eine deutliche Verschiebung zugunsten »öffentlicher Umverteilungsfonds« geben muss. Deshalb spreche ich vom skandinavischen Modell.

Akunin: Noch ein Urteil, das mir falsch erscheint, obwohl es bei uns sehr verbreitet ist und von allen möglichen Kreml-Anhängern propagiert wird. In Ihrem Artikel »Eigentum und Freiheit« schreiben Sie: »Das russische Volk ist es gewohnt, den Staat als eine höhere Macht zu betrachten, die Hoffnung und Glauben schenkt. Eine solche Macht kann man nicht für sich einspannen, man muss erst einmal aufhören, sie als höhere Macht zu betrachten. Wie uns die russische Geschichte lehrt, führt der Verlust dieser besonderen, irrationalen Hochachtung vor dem Staat unser Land unweigerlich und unabänderlich ins Chaos, zu Aufruhr und Revolution.« Das stimmt meiner Meinung nach absolut nicht. (Wir setzen hier ansatzweise den Streit Belinskis und Gogols über das Volk fort und parodieren ihn; offensichtlich ist dieser Streit unendlich.) Unser Volk schaut keineswegs mit Hoffnung und Glauben zum Staat auf. Ganz im Gegenteil: mit Misstrauen und Unglauben. Die normale Reaktion auf eine Nötigung vonseiten des Staates besteht in List, Ausflucht, Umgehung des Gesetzes. Denn der Staat wird eben nicht als eine Sache empfunden, die etwas mit dir zu tun hat. Das ist das größte Übel und Problem der russischen Auffassung vom Staat. Aus Erinnerung und eigener Erfahrung wissen die Menschen: der Staat ist ihr Feind, der nur darauf aus ist, unangenehme Gesetze zu erfinden, zu betrügen, zu plündern, die jungen Männer in der Armee zu Krüppeln zu machen. So war es unter den Zaren und den kommunistischen Generalsekretären. Und so ist es auch geblieben. In demokratischen Ländern wird der Staat als eine etwas lästige, aber wohlwollende Macht empfunden, die Schutz und Unterstützung bietet. Und eine ähnliche Einstellung hat man dort der Polizei gegenüber. Die dortige Devise »Dienen und Schützen« klingt etwas unterwürfig, ist aber eine gute Devise. Die Devise unseres Staates und besonders die der Polizei (die im Massenbewusstsein mit dem Staat identifiziert wird) lautet dagegen: »Unterdrücken und Ausplündern«. Und das soll eine »höhere Macht« sein? Ich weiß nicht, wovon Sie sprechen!

Chodorkowski: Das ist ein sehr interessantes Problem! Ich habe einmal geschrieben, dass der russische Staat sich seit dem Einfall der Mongolen, genauer: noch früher, seit dem »Marsch nach Osten« der Bevölkerung gegenüber wie ein Okkupant zu einem unterworfenen Volk verhält. Ohne jedes Verantwortungsgefühl, ohne gesellschaftliche Übereinkunft erhebt er nicht etwa Steuern, sondern sammelt den ihm zustehenden Tribut ein und hält es nicht im Mindesten für notwendig, darüber Rechenschaft abzulegen. Er ist Herrscher und nicht Diener. Das hat eine Reihe historischer Gründe.

Die Orte, wo es dafür weniger Gründe gab, haben mehr innere Demokratie. Das trifft insbesondere für den Nordwesten Russlands (das Litauisch-Russische Fürstentum) zu. In den anderen Regionen sieht es düster aus. Und erst jetzt, im Zuge der Globalisierung, beginnt sich die Situation langsam zu ändern. Solange die Menschen die Macht nicht als ihre Sache empfanden, haben sie natürlich Mittel und Wege gesucht, um sich der Unterdrückung und den Abgaben zu entziehen. Die Macht ihrerseits hat die Möglichkeiten der Selbstverwaltung der Bevölkerung konsequent beschnitten. Im Ergebnis fügte sich das Volk äußerlich, gewöhnte sich daran und war auf der Hut, legte aber nach außen Ergebenheit an den Tag. In der Einschätzung dieser Situation sind wir einer Meinung. Aber angesichts der äußerst harten natürlichen und klimatischen Bedingungen und angesichts des Drucks aggressiver äußerer Mächte rief das russische Volk, das keine Selbstverwaltung kannte, üblicherweise eben diese Macht, die es nicht als seine eigene Sache empfand, zu Hilfe. Es bildete sich eine Art »Stockholm-Syndrom« zwischen Aggressor und Geisel. In der heutigen Welt ist es zweifelsohne nötig und möglich, von diesen »Okkupations«-Verhältnissen wegzukommen und zu normalen, auf gesellschaftlicher Übereinkunft gründenden Beziehungen zu gelangen. Aber das »kollektive Unbewusste« ist sehr zäh. Wenn wir das Verständnis des Staats als höhere Macht zerstören, ohne im Bewusstsein der Menschen zuvor den Glauben an die demokratischen Institutionen aufgebaut und verankert zu haben, kommt es zum russischen

Aufstand, einem Aufstand, der »sinnlos und schonungslos« ist. Vielleicht nicht in seinen extremsten Formen, vielleicht aber doch. Deshalb bin ich davon überzeugt: Die Aufgabe der heutigen Macht und der demokratischen Gemeinschaft ist extrem schwierig. Sie besteht darin, demokratische Institutionen und den Glauben an sie aufzubauen, ohne den Glauben an den Staat als »höhere Macht« zu zerstören. Damit hängen eine Menge Probleme und unsere ständigen Rückschläge zusammen. Man kann versuchen, die Probleme »Hals über Kopf« zu lösen, läuft dann aber Gefahr, dass das Land auseinanderbricht. Ja, es ist wirklich ein Paradox: Jedem einzelnen Beamten wird misstraut, aber der Staat als Ganzes ist ein sakrales Symbol.

Akunin: Danke für die Antworten. Sie enthalten viel Nachdenkenswertes und Streitbares. In unserem Land gibt es viele Schriftsteller und Kulturschaffende, die Sie unterstützen wollen und für die Ihre Meinung wichtig ist. Ich bin sicher, sie setzen diesen Dialog fort und führen ihn bis zu dem Zeitpunkt weiter, an dem wir alle, die Zivilgesellschaft, Ihre Freilassung erreicht haben werden. Ich wünsche Ihnen Standhaftigkeit und Gesundheit.

Eigentum und Freiheit
» Wedomosti «, 28. Dezember 2004

Die Zerschlagung von Jukos geht dem Ende entgegen. Ich habe alles getan, was in meiner Macht steht, um zu verhindern, dass der Unmut der Machthaber gegen meine Person diese Folgen für die Minderheitenaktionäre, die einfachen Mitarbeiter und das Land im Ganzen hat.

Vor einem halben Jahr habe ich vorgeschlagen, meinen Aktienanteil zur Begleichung der Forderungen an den Konzern abzutreten. Aber man wählte einen anderen Weg: die selektive Anwendung des Gesetzes, die Einführung und rückwirkende Anwendung neuer Rechtsnormen und Auslegungen, die Zerstörung jeglichen Vertrauens der Geschäftswelt in die Justiz und die Regierung insgesamt.

Das konzertierte und völlig unverfrorene Vorgehen der Steuer-, Strafverfolgungs- und Gerichtsorgane sowie der Druck auf Manager und Mitarbeiter des Konzerns, deren einzige Schuld darin besteht, dass sie einst unter der Führung von Chodorkowski gearbeitet haben, schließen jeden Zweifel an der Inszenierung des Prozesses aus. Es wurden Hunderte von Leuten vernommen, gegen viele wurden völlig absurde Beschuldigungen erhoben. Man sperrte diese Menschen, darunter auch Frauen, ins Gefängnis.

Wozu? Die Antwort ist kein Geheimnis: Stellen Sie sich der Zerschlagung von Jukos nicht in den Weg und liefern Sie belastendes Material gegen Chodorkowski.

Inzwischen ist offensichtlich, dass es um weit mehr als um politische Interessen geht. Der Ruf der Regierung und die Wirtschaft des Landes sind beschädigt. Aber denen, die das angezettelt haben, sind solche Kleinigkeiten gleichgültig.

Inzwischen geht es nicht mehr um das Schicksal von Jukos. Der Konzern ist nicht mehr zu retten. Es geht darum, welche Lehren für das Land und die Gesellschaft aus dem Fall Jukos zu ziehen sind, dessen Ende das unsinnigste und wirtschaftlich verheerendste Ereignis der ganzen Amtszeit Wladimir Putins darstellt.

Die Tyrannei des Eigentums

Ja, im letzten Jahr hat sich mein Vermögen von 15 Milliarden US-Dollar, von dem »Forbes« schrieb, praktisch verflüchtigt und wird sich bald in Nichts auflösen. Aber ich sah das voraus und schlug vor, den Konzern, das heißt seine Minderheitenaktionäre, nicht anzutasten, ich fühle mich für die 150 000 Mitarbeiter verantwortlich, für ihre 500 000 Familienangehörigen und für die 30 Millionen Einwohner der Städte und Siedlungen, die von der zuverlässigen und kontinuierlichen Arbeit des Konzerns abhängen.

Mir tat und tut es leid für Zehntausende von Jukos-Aktionären, die einst der Meinung waren, sie könnten Chodorkowski und seinem Team ihr Geld anvertrauen.

Bis vor kurzer Zeit konnte man sich ja auch sicher sein, dass die Aktionäre sich nicht getäuscht hatten. Als mein Team und ich 1995 zu Jukos kamen, schrieb der Konzern rote Zahlen, ein halbes Jahr lang war kein Gehalt mehr gezahlt worden, und die überfällige Darlehensschuld belief sich auf drei Milliarden US-Dollar. Jukos arbeitete nur in neun Regionen und förderte vierzig Millionen Tonnen Öl im Jahr, wobei die Fördermenge kontinuierlich sank. Im Jahr 2003 erstreckte sich das Unternehmen bereits auf fünfzig Regionen Russlands, die jährliche Ölmenge belief sich auf achtzig Millionen Tonnen, bei merklich steigender Tendenz. Jukos zahlte den Arbeitern verlässlich einen hohen Lohn. Anfang des Jahrzehnts war der Konzern der zweitgrößte Steuerzahler nach Gasprom und finanzierte fast fünf Prozent des Staatshaushalts.

Ich möchte nicht genauer ausführen, auf welche kühnen Phantasien die Steuerschulden von Jukos zurückgehen. (Nach der Version des Ministeriums für Steuern und Abgaben (MNS) hätte Jukos Steuern zahlen müssen, die über seinem Bruttogewinn lagen.) Solche Methoden werden als schlechter historischer Witz in die Lehrbücher zum Steuerrecht eingehen, weil sie belegen, dass Ölförderung in Russland unrentabel ist. Es war klar, dass die Beamten zu allem imstande waren, Hauptsache, Eigentum würde umverteilt.

Aber – das mag für viele seltsam klingen – der Verlust meines Vermögens ist für mich nicht sonderlich schmerzlich.

Wie viele andere Häftlinge, bekannte und unbekannte, bin ich dankbar für die Zeit im Gefängnis. Sie hat mir Monate intensiver Besinnung geschenkt, Zeit vieles zu überdenken. Mir war bereits zuvor bewusst, dass Eigentum an sich, besonders großes Eigentum, den Menschen keineswegs frei macht. Als Miteigentümer von Jukos habe ich enorme Kraft darauf verwenden müssen, dieses Eigentum zu verteidigen. Ich musste mich in allem einschränken, was diesem Eigentum hätte schaden können.

Ich verbot mir vieles zu sagen, weil ein offenes Wort dieses Eigentum hätte beeinträchtigen können. Ich musste immer wieder ein Auge zudrücken und Kompromisse machen – für dieses Eigentum, seinen Erhalt und seine Mehrung. Nicht ich regierte über das Eigentum, das Eigentum regierte über mich.

Deshalb möchte ich besonders die junge Generation warnen, die bald die Verantwortung haben wird: Strebt nicht nach großem Reichtum. Denkt nicht, das Leben sei dann leicht und bequem. Eigentum eröffnet Möglichkeiten, aber es führt auch zur Unterdrückung der kreativen Kräfte des Menschen, zur Aushöhlung seiner eigentlichen Individualität. Darin zeigt sich eine grausame Tyrannei: die Tyrannei des Eigentums.

Nun bin ich in eine andere Phase eingetreten. In wirtschaftlicher Hinsicht durchaus ein Vertreter des wohlhabenden Teils der Mittelschicht, bin ich jetzt ein gewöhnlicher Mensch geworden, für den es nicht auf das Haben, sondern auf das Sein ankommt. Und das besteht nicht im Kampf um ein Vermögen, sondern im Kampf um das, was dich ausmacht, um das Recht auf eine eigene Persönlichkeit.

Bei diesem Kampf kommt es nicht auf die Position in diesem und jenem Ranking an, auf einflussreiche Verbindungen oder das Werbeimage. Nur du selbst zählst, deine Gefühle, Ideen, Fähigkeiten, dein Wille, Verstand, Glaube. So sieht wohl die einzig mögliche und richtige Wahl aus: die Wahl der Freiheit.

Unlenkbare Demokratie

Der Fall Jukos hängt unmittelbar mit der Regierung zusammen. Wie wird sie nach Jukos aussehen? Das ist eine äußerst wichtige Frage. Eine alte Redensart besagt: Jedes Volk hat die Regierung, die es verdient. Ich möchte hinzufügen: Alle Machtverhältnisse sind ein Spiegelbild der konzentrierten Vorstellungen eines Volkes vom Wesen der Macht. Und die Stabilität eines Staates gründet sich letztlich darauf, wie das Verhältnis zur Macht traditionell aufgefasst wird. Deshalb ist, von der »Demokratisierung« einiger arabischer Monarchien nach westlichem Vorbild zu sprechen, genauso absurd, als wollte man von der Restauration der absoluten Monarchie mittelalterlichen Typs im heutigen Dänemark sprechen.

Die russische politische Tradition ist in dieser Hinsicht inhomogen. Russland befand (und befindet sich auch jetzt) immer an der Grenze der Kulturen, aber es ist doch überwiegend ein europäisches Land. Deshalb sind die europäischen politischen Institutionen, die die Gewaltenteilung zur Voraussetzung haben, für unser Land selbstverständlich.

Andererseits darf man auch die Kehrseite der Medaille nicht übersehen. Das russische Volk ist es gewohnt, den Staat als eine höhere Macht zu betrachten, die Hoffnung und Glauben schenkt. Eine solche Macht kann man nicht für sich einspannen, man muss erst einmal aufhören, sie als höhere Macht zu betrachten. Wie uns die russische Geschichte lehrt, führt der Verlust dieser besonderen, irrationalen Hochachtung vor dem Staat unser Land unweigerlich und unabänderlich ins Chaos, zu Aufruhr und Revolution.

Dabei darf man die Begriffe »Macht« und »Verwaltung« nicht verwechseln. Die Funktion der Verwaltung übt der Beamte aus, und der ist beileibe keine heilige Kuh. Der Bürokrat ist ein einfacher Sterblicher, der dazu da ist, die Verantwortung für alle Probleme zu übernehmen.

Die Zerschlagung von Jukos zeigt, dass die außer Kontrolle geratenen Beamten sich keineswegs von den Interessen des Staates als solchem, der ewig und deshalb mächtig ist, leiten lassen. Sie gehen davon aus, dass die Staatsmaschine zur Befriedigung ihrer persönlichen Interessen dient und alle anderen Funktionen dieser Maschine, da sie nicht gebraucht werden, zeitweise (oder für immer) außer Kraft gesetzt sind. Sie haben nicht den geringsten Respekt vor dem Staat, sie betrachten ihn lediglich als Mechanismus zur Erreichung ihrer eigenen Ziele. Aus diesem Grund ist der Fall Jukos auch kein Konflikt zwischen Staat und Unternehmertum, sondern ein politisch und profitorientierter Übergriff der einen Interessensphäre (als deren Vertreter Beamte auftreten) auf die andere. Der Staat ist in diesem Fall die Geisel der Motive konkreter Personen, die mit den Vollmachten staatlicher Bediensteter ausgestattet sind.

Auf diese Weise ignoriert die Bürokratie jegliche Gewaltenteilung. Ihr Modell setzt Politiker mit Beamten gleich. Und zugleich die eigentliche Politik mit einer Karriere im eng begrenzten Beamtenapparat.

Zu welchem Zweck? Um die Nation zu mobilisieren und sie zu neuen historischen Heldentaten zu führen?! Kein dem Kreml nahestehender Mensch, der das glaubt, was er sagt, würde sich mit einem solchen Ziel einverstanden erklären. In einem Gespräch unter vier Augen würde er das Gegenteil sagen: Wenn die Gewaltenteilung aufgehoben wird, können die Bürokraten leichter das Geld einsammeln und es nach ihren eigenen Vorstellungen unter sich aufteilen, ohne auf die Nöte und Interessen der Menschen Rücksicht nehmen zu müssen. Das ist eigentlich alles.

Eine andere Frage ist: Wird das geschaffene System effektiv arbeiten und seine Schöpfer zu den Zielen, die sie sich gesetzt haben, führen? Im Gegenteil. Gerade aufgrund der Maßnahmen zur »Verbesserung der Regierbarkeit« kann das Land völlig unregierbar werden, weil Macht immer die wechselseitige Motivierung von Regierenden und zu Regierenden voraussetzt. Die Motive können unterschiedlich sein, sie reichen vom Aufbau des Kommunismus bis zu allgemeinem Wohlstand. Aber diese Motivation muss gegeben und wirklich für alle dieselbe sein.

Den grauen, rückgratlosen Beamten, die nach dem Prinzip »Mir das Meiste, mir und nochmals mir« handeln, braucht man mit einer solchen Zielsetzung nicht zu kommen. Sie verstehen überhaupt nicht, wofür sie gut sein könnte. Deshalb zerstören sie auch konsequent alle Mechanismen, die den Bürger mündig machen würden: Wählbarkeit aller Organe, freie Meinungsäußerung, freier Wettbewerb und so weiter.

Doch nicht ein einziger Patriot gäbe sein Leben für eine Handvoll Beamter, die sich nur für ihre Einkünfte interessieren. Nicht ein einziger Dichter verfasste ihnen zu Ehren eine Hymne. Nicht ein einziger Wissenschaftler würde nach großen Entdeckungen streben in einem Land, das auf sein Genie pfeift. Binnen Kurzem wird der einzige Kontrahent dieser alles verschlingenden Bürokratie ein wilder, anarchischer Mob sein. Die Menschen werden auf die Straße gehen und rufen: »Ihr habt uns Brot und Spiele versprochen? Also her damit!« Ihnen mit administrativen Verordnungen vor der Nase herumzuwedeln, wird da nichts bringen.

Die Folge ist eine unlenkbare Demokratie, mit unendlich großem Elend und Leiden. Das ist wirklich zu befürchten.

Was wird geschehen?

Ich möchte natürlich dazu beitragen, dass unser Land frei ist und gedeiht.

Aber ich bin bereit auszuharren, wenn die Regierung beschließt, mich weiterhin im Gefängnis zu halten.

Diese gierigen Menschen, die so grob und unsinnig gegen Zehntausende von Jukos-Aktionären vorgingen, tun mir einfachem postsowjetischem Häftling sogar leid. Sie haben lange Jahre vor sich, angefüllt mit Angst vor neuen Generationen von Leuten, die »wegnehmen und teilen« wollen, und vor einer echten Gerichtsbarkeit, die sich von dieser »Basmanny-Justiz« unterscheidet. Schließlich glauben inzwischen nur noch ein paar äußerst naive Zuschauer des staatlichen Fernsehens, was sich abspielt, liege im Interesse des ganzen Volkes.

Aber noch mehr tun mir die Leute an der Macht leid, die aufrichtig glauben, sie vollbrächten jetzt eine gute Tat für ihr Land und für die Menschen. Der Weg in die Hölle ist mit guten Vorsätzen gepflastert. Die historische Logik zeigt: Sie werden sich auf diesem Weg noch davon überzeugen lassen müssen, dass repressive Methoden in der Politik, eine zwangsweise Umverteilung des Eigentums zugunsten von Gruppeninteressen und der Aufbau einer modernen Wirtschaft unvereinbar sind. Und diese Maschinerie auf Chodorkowski, Jukos oder die Oligarchen zu beschränken, das wird nicht gelingen, es werden ihr viele zum Opfer fallen, inklusive ihrer heutigen Architekten und Baumeister.

Meine Gegner wissen sehr wohl, dass es in meiner Untersuchungsakte keinen einzigen Beweis für meine Schuld gibt. Das spielt keine Rolle, sie werden neue Anklagen aus dem Hut ziehen, so z.B. ich hätte die Manege in Brand gesteckt[1] oder ich sei ein wirtschaftlicher Konterrevolutionär. Mir ist inzwischen völlig klar: Sie wollen mich auf Dauer hinter Gitter bringen, für fünf oder mehr Jahre, weil sie Angst haben, ich könnte mich an ihnen rächen wollen.

Diese einfältigen Menschen gehen in ihrem Urteil immer von sich selbst aus. Keine Sorge: Ich will mich nicht als Graf von Monte Christo aufspielen. Frühlingsluft schnuppern, mit meinen Kindern spielen, die in eine gewöhnliche Moskauer Schule gehen werden, gute Bücher lesen, das ist entschieden wichtiger, richtiger und angenehmer, als sich um Eigentum zu streiten und mit der eigenen Vergangenheit abzurechnen.

Ich danke Gott, dass ich im Unterschied zu meinen Gegnern verstanden habe, dass viel Geld zu verdienen nicht der einzige (und möglicherweise auch bei Weitem nicht der wichtigste) Sinn menschlicher Anstrengungen ist. Und jetzt, da ich mich von der Last der Vergangenheit befreit habe, will ich für das Wohl der Generationen arbeiten, denen unser Land bald gehören wird. Generationen, mit denen neue Werte und neue Hoffnungen kommen werden.

Verfasser: ein Privatmann, Bürger der Russischen Föderation, Untersuchungsgefängnis (SISO Nr. 99/1) Moskau

---

[1] Manege, 1817 erbautes Gebäude in Moskau, in dem am 14. März 2004, dem Tag der Präsidentenwahl, ein schwerer Brand ausbrach.

Linksruck

»Wedomosti«, 1. August 2005

Wie im Moment allgemein bemerkt und zum Glück auch offen ausgesprochen wird, sind derzeit autoritäre Strömungen unaufhaltsam im Vormarsch. Dabei sind diese Strömungen derart unkreativ und verknöchert, dass man sich an Tschernenkos[1] Zeiten erinnert fühlt.

Das ist kaum zu bestreiten. Aber ich glaube nicht wie zahlreiche russische und ausländische Analysten und Beobachter, dass diese Neuauflage autoritärer Tendenzen auf Wladimir Putin und seine »Leningrader Mannschaft« zurückzuführen ist. Der Freifahrtschein zum Autoritarismus der neuesten russischen Geschichte wurde schon 1996 ausgestellt, als Boris Jelzin auf sehr spezifische Weise zum zweiten Mal zum russischen Präsidenten gemacht wurde.

Ich erinnere mich gut an den trüben Januar des Jahres 1996. Die Mehrheit der Liberalen und Demokraten (ich nahm damals die Bedeutung der Worte nicht so genau und fühlte mich natürlich beiden zugehörig) war angeschlagen und enttäuscht über den überragenden Sieg der KPRF

---

[1] Konstantin Tschernenko (1911–1985): jahrelange Zusammenarbeit mit Breshnew, 1984/85 Generalsekretär der KPdSU und Staatsoberhaupt der Sowjetunion. Tschernenkos Amtszeit zeichnete sich nur durch ihre Kürze aus. Sein Tod war das Ende einer langen Periode der »Herrschaft der alten Männer« und der Stagnation, die 1964 mit Breshnew eingesetzt hatte.

(Kommunistische Partei der Russischen Föderation) bei den Duma-Wahlen von 1995. Aber noch mehr enttäuschte mich die Bereitschaft vieler Mitglieder aus Jelzins Team, bei Gennadi Sjuganow anzuklopfen, sich unter reichlich servilem Lächeln für den vorherigen Flirt mit der Freiheit zu entschuldigen und druckfrische Gutscheine für Karriereposten in Empfang zu nehmen.

Wie viele Gleichgesinnte hatte ich nicht den geringsten Zweifel, dass Sjuganow die bevorstehenden Präsidentschaftswahlen gewinnen würde. Und zwar nicht etwa, weil Jelzin, wie sich damals herausstellte, schwerkrank war, heftig trank oder einfach das Interesse an einer Fortführung seiner Regierung verloren hatte. Was den politischen Jargon angeht, waren wir noch keine Profis, begriffen aber sehr wohl, dass sich an der sogenannten nationalen Agenda etwas geändert hatte.

In den Jahren 1990 und 1991, als der Niedergang des Sowjetregimes offenkundig wurde, sehnte sich unser Land nach Freiheit. Nach dem Recht auf Individualität, nach dem Recht, frei zu denken, zu reden, zu lesen, Augen und Ohren aufsperren und ins Ausland reisen zu dürfen, nicht zu Parteiversammlungen und allwöchentlichen Politschulungen gehen zu müssen, auf Ernteeinsätze zu pfeifen und sich nicht für jeden Schritt rechtfertigen zu müssen. Wir haben uns die Demokratie wie ein Wunder vorgestellt, das alle unsere Probleme lösen würde, ohne dass wir uns hätten beteiligen oder gar anstrengen müssen. Die Sowjetunion brauchte nur den Zaubertrunk mit Namen »Demokratie« zu schlucken, dann würde sie binnen Jahresfrist (ja, selbst das war noch reichlich bemessen!) zu einer großen, reichen und sauberen Version der Schweiz oder Finnlands werden.

Mitte der neunziger Jahre jedoch wurde deutlich, dass das Wunder der Demokratie sich irgendwie nicht eingestellt hatte. Dass die Freiheit uns kein Glück gebracht hatte. Dass wir uns einfach nicht darauf verstanden, auf bürgerliche, Schweizer Art ehrlich, bescheiden und genau zu sein. Vor unserem Land und seiner Bevölkerung standen ganz andere Fragen:

Gerechtigkeit. Wer hat das sozialistische Staatseigentum der Sowjetunion bekommen, für das drei Generationen ihr Blut und ihren Schweiß hergegeben haben? Warum konnten Menschen, die weder besonders klug noch besonders gebildet waren, Millionen scheffeln, während Akademiker, Astronauten und Kapitäne am Existenzminimum leben? War der viel gelobte und viel gescholtene sowjetische Sozialismus am Ende also gar nicht so schlecht?

Nationalbewusstsein. Warum hat man uns, als wir in der »bösen« Sowjetunion lebten, geachtet oder wenigstens auf der ganzen Welt gefürchtet, während man uns jetzt wie Idioten und Bettler verachtet?

Politische Ethik. Wir konnten die ZKs der KPdSU und des Komsomol wegen ihres Zynismus und der unverdienten Privilegien nicht ausstehen, aber haben wir Herrscher verdient, die zehnmal so zynisch und hundertmal so raffgierig sind wie die Parteibonzen, die uns im Vergleich zu den neuen Machthabern wie liebe Datschenopas vorkommen?

Angst vor einer unsicheren Zukunft, Fehlen einer Vision. Man hat uns aus unserem verbeulten »Saporoshez« gestoßen und uns einen Mercedes versprochen. Stattdessen setzte man uns auf einem matschigen Feldweg am Ende der Welt ab. Wo sind wir überhaupt? Wo in aller Welt? Gibt es hier überhaupt Licht?

Ob wir es wollten oder nicht, auf all diese Fragen hatte damals nur Gennadi Sjuganow eine überzeugende Antwort. Deshalb unterschrieb ich im März 1996 zusammen mit dreizehn weiteren führenden (nach den damaligen Maßstäben) Unternehmern den heute fast völlig in Vergessenheit geratenen Aufruf »Heraus aus der Sackgasse!« Unsere Position war eindeutig, und mir ist wichtig zu sagen, dass wir aus Überzeugung gehandelt haben. Boris Jelzin sollte Präsident bleiben, und zwar als Garant der bürgerlichen Freiheiten und Menschenrechte. Premierminister dagegen, und zwar mit erweiterten Vollmachten, sollte der Chef der KPRF werden. Denn wenn es nicht zu einem »Krieg nach den Wahlen« kommen sollte, müssten Wirtschafts- und Sozialpolitik »rot werden«, wie es in dem Aufruf hieß. Es musste einen Linksruck geben, um Freiheit und Gerechtigkeit, die wenigen Sieger und die vielen, die sich durch die allgemeine Liberalisierung als Verlierer fühlten, miteinander zu versöhnen.

Bekanntlich ist es nicht zu diesem (historisch notwendigen) Kompromiss eines Tandems Jelzin-Sjuganow gekommen. Warum, das wissen diejenigen besser, die im Unterschied zu mir im Kreml ein- und ausgingen. Vielleicht ist es die Schuld der engsten Berater Jelzins, die selbst um den Preis dauerhafter Instabilität nicht bereit waren, irgendetwas an irgendjemanden abzugeben. Vielleicht ist es auch die Schuld Sjuganows, der sich entweder nicht absprechen wollte, weil er hundertprozentig von seinem Sieg überzeugt war oder, wie viele inzwischen meinen, die Macht gar nicht übernehmen wollte, sondern weitsichtig genug war, um diese große Belastung zu fürchten.

Es wurde eine andere Strategie gewählt: Man investierte in Millionenhöhe und kurbelte eine riesige Propagandama-

schinerie für Jelzin an. Zweifellos folgte sie einem autoritären Drehbuch. Die Wertvorstellungen der späten neunziger
Jahre gehen auf diese Zeit zurück, die wichtigste von ihnen
lautet: Der Zweck heiligt die Mittel. Wenn wir den Sieg
brauchen, dann lassen wir erst mal die Kommunisten nicht
ins Fernsehen, danach können wir weitersehen. Dann ziehen wir General Lebedew aus dem Hut, damit er Sjuganow
15 Prozent der Stimmen abspenstig macht, und wenn wir
ihn nicht mehr brauchen, lassen wir ihn fallen. Damals ver-
wandelten sich die Journalisten von Architekten der öffentlichen Meinung in fügsame Diener ihrer Herren, und die
unabhängigen öffentlichen Anstalten wurden zu Sprach-
rohren ihrer Sponsoren. Seit Juli 1996 wissen wir: »Nur
der Mammon siegt über das Böse«, sonst nichts.

Damals war im Kreml bereits klar, dass das rechtsliberale
rale Jelzin-Regime nicht auf demokratischem Weg an der
Macht zu halten war. Wären alle Kandidaten vor dem Ge-
setz gleich gewesen, wäre Sjuganow nicht zu schlagen ge-
wesen. Auch im Jahr 2000 ging es nicht ohne merkliches
Abrücken von demokratischen Prinzipien. Damals kam
Wladimir Putin ins Spiel, auf dessen Schultern bereits der
zweite Tschetschenienkrieg lastete und der ein politisches
Programm verkündete, das versprach: »Stabilität an der
Macht bedeutet Stabilität im Land«.

Im Sommer 1999, als Jelzins Gesundheitszustand immer besorgniserregender wurde, kam die neue Generation
der Strippenzieher im Kreml zu dem Schluss, dass es zum
Überleben des Regimes eines gigantischen Bluffs bedurfte.
Wir mussten den Eindruck erwecken, als ob wir auf alle
Schlüsselfragen der seit 1995 unverändert gebliebenen »nationalen Agenda« eine neue Antwort hätten, machten aber

im wirklichen Leben – da, wo Macht, Eigentum und Geld eine Rolle spielen, – alles wie früher. Dieser Bluff wurde zum Dreh- und Angelpunkt des Projekts »Putin 2000«. Einer weiteren autoritären Strömung, die die direkte logische Folge und Fortsetzung des Projekts »Jelzin 1996« war.

2005 war der Widerspruch zwischen Erwartung und Realität nicht mehr zu übersehen. Das zeigten die Demonstrationen im Januar gegen die Umwandlung der sozialen Vergünstigungen in Geldleistungen. Obwohl die »Putin-Mehrheit« vom Fernsehen und der beherzten Aufforderung, den Terroristen »den Schädel einzuschlagen«, benebelt war, wurde ihr auf einmal klar, dass sie einfach benutzt wurde, in Wirklichkeit aber niemand vorhatte, die Strategie des Staates zu ändern.

So dass wir heute immer noch vor denselben unbeantworteten Fragen stehen. Die »nationale Agenda« ist noch immer dieselbe. Aber die Sehnsucht der Menschen nach Gerechtigkeit und Wandel ist stärker und dringlicher. Und 60 US-Dollar für ein Barrel Erdöl können niemanden darüber hinwegtäuschen, dass soziale Unruhen nicht in Zeiten der Wirtschaftskrise auftreten, sondern dann, wenn die Zeit gekommen ist, die Früchte des wirtschaftlichen Aufschwungs zu verteilen.

Nicht dann, wenn alle mehr oder weniger gleich arm sind, sondern wenn ein Prozent Superreiche und neun Prozent Wohlhabende gegen 90 Prozent Arme und – was noch schwerer wiegt – Erniedrigte stehen. Sind die zwei Millionen Unterschriften, die im Mai und Juni 2005 zur Unterstützung des Generalstreiks der russischen Lehrer gesammelt wurden, etwa kein Beweis dafür, dass die Stabilität im Lande eine Ilusion und »die Krise herangereift« ist?

Man sollte auch nicht außer Acht lassen, dass unsere Landsleute heute sehr viel fordernder auftreten als noch vor zehn Jahren. Diese mehrfach betrogenen Menschen werden auf einen neuen Trick nicht so leicht hereinfallen, egal wie verzwickt und ausgeklügelt er ist. Da hat das Wahlkampfteam 2008 noch einiges vor sich.

Den Spindoktoren im Kreml ist noch klarer als zuvor, dass der Kurs der Regierung nur auf antidemokratische Weise beibehalten werden kann. Bei freien Wahlen würden zweifellos die Linken gewinnen. Deshalb werden die Schrauben angezogen, wird das Fernsehen monopolisiert, das Wahlgesetz mit dem Ziel geändert, alle Parteien auszuschließen, die nicht hundertprozentig von der Präsidialverwaltung kontrolliert werden. Landesweite Referenden werden verboten, damit ja niemand erfährt, welche Ideen und Werte das Volk vertritt.

Seriöse soziologische Umfragen (darunter auch die jüngste Umfrage des »Lewada-Zentrums«[2]) lassen keinen Zweifel: Linke Werte liegen vorn. 97 Prozent der Einwohner Russlands sind für unentgeltliche Bildung. 93 Prozent finden, die Rente dürfe nicht unter dem Existenzminimum liegen, 91 Prozent sind für eine uneingeschränkte Rückerstattung der Ersparnisse aus der Zeit vor den Reformen. 81 Prozent sind für die Rückkehr zur Direktwahl der Gouverneure, 59 Prozent für eine Wiedereinführung der Direktmandate. Daraus ergibt sich das Programm der nächsten russischen Regierung: staatlicher Paternalismus und Demokratie, Freiheit und Gerechtigkeit, und zwar beides, nicht entweder oder.

---

[2] Unabhängiges und gemeinnütziges Meinungsforschungsinstitut, benannt nach dem Gründer Juri Lewada.

Das heißt, trotz aller Tricks werden die Linken gewinnen. Und zwar auf demokratischem Weg; in voller Übereinstimmung mit dem erklärten Willen der Mehrheit, so oder so. Ob mit oder ohne beziehungsweise nach den Wahlen. Es wird einen Linksruck geben. Und dann wird die Truppe der Epigonen des jetzigen Regimes ihre Legitimität einbüßen.

Der Kreml kann sich natürlich der Illusion hingeben, der Lauf der Geschichte ließe sich abermals mit autoritären Mitteln aufhalten. Man müsse nur das Land noch ein wenig eisiger machen, die letzten Zeitungen und Radiosender, die nicht zensiert werden, einstellen, die Konten derjenigen, die nicht gehorchen, sperren und so weiter. Aber das Potenzial für einen postsowjetischen Autoritarismus ist in Russland ausgeschöpft. Erstens, weil das Volk, das die Sperrung seiner Konten nicht fürchtet, weil es keine hat, aufbegehrt und in seiner Wahl nicht den Empfehlungen der offiziellen Medien, sondern seinen ureigenen Interessen folgen will. Zweitens, um ein solches Projekt zu Ende zu führen, bräuchte man einen Lenin oder Stalin oder zumindest einen Trotzki, das heißt Menschen, die felsenfest von ihrem eigenen Recht überzeugt sind, nur ihre Ideologie und die durch sie legitimierte Macht als Motiv haben und die bereit sind, für diese Macht zu töten und zu sterben. Heute gibt es keine solchen Leute im Kreml, und es kann sie auch nicht geben: Die Interessen und Ziele der russischen Führungskräfte sind heute – zum Glück für sie selbst und das restliche Land – zu merkantil und bürgerlich, als dass sie in der Rolle blutiger Scharfrichter und Henker auftreten wollten. Ich sage das, obwohl ich ihnen neun Jahre Gefängnis verdanke.

In den meisten ehemals sozialistischen Staaten sind Mitte

der neunziger Jahre linke Kräfte an die Macht gekommen und brachten die Freiheit mit der Gerechtigkeit in Übereinstimmung. Deshalb kam die Macht in diesen Ländern um die schwere Legitimitätskrise herum, mit der fast alle Revolutionen beginnen. Nur im postsowjetischen Raum hat es keinen rechtzeitigen Linksruck gegeben. Denn die herrschenden Gruppen meinten, sich um eine prinzipielle Diskussion der »nationalen Agenda« herumdrücken zu können, indem sie dem Volk eine Schein-Stabilität vorgaukelten. Das Ergebnis waren die Rosenrevolution[3], der Majdan[4] und die Tulpenrevolution[5]. Und jetzt, da die aus dem Majdan hervorgegangene ukrainische Regierung die Frage einer Überprüfung der Privatisierung stellt, braucht man sich nicht zu wundern und an den Kopf zu fassen: Wenn

---

[3] Georgische Rosenrevolution von 2003, die im November 2003 zur Absetzung Eduard Schewardnadses und im Januar 2004 zur Wahl des Oppositionsführers Michail Saakaschwili führte. Der Name »Rosenrevolution« geht auf einen Ausspruch Swiad Gamsachurdias zurück: »Wir werden Rosen statt Kugeln auf unsere Feinde werfen.« Im Sinne dieses Zitats stürmten die Oppositionsanhänger am 22. November 2003 das Parlamentsgebäude mit Rosen in den Händen und forderten Schewardnadse auf zurückzutreten. Schewardnadse regierte seit 1992 als Präsident in Georgien, nutzte die herrschenden Strukturen und wurde immer reicher, während Georgien eines der ärmsten Länder blieb. Zu den Parlamentswahlen am 2. November 2003 stand ein Machtwechsel bevor, der nur durch gefälschte Wahlergebnisse verhindert wurde.

[4] »Majdan Nesaleshnosti«, dt. »Platz der Unabhängigkeit«, zentraler Platz in der ukrainischen Hauptstadt Kiew, der im Jahre 2004 durch die »orangene Revolution« weltbekannt wurde, da er der Mittelpunkt des politischen Protests gegen den Wahlbetrug bei den ukrainischen Präsidentschaftswahlen war.

[5] Massenaufstand in Kirgisien im März 2005. Allen drei Revolutionen ist gemeinsam, dass die Opposition gegen gefälschte Wahlen aufbegehrte, in Kirgisien kam es auch zum Ausbruch von Gewalt.

die herrschende Elite die Frage der Legitimität der Privatisierung vor fünf bis sechs Jahren gestellt hätte, wäre es vielleicht gar nicht zu Majdan gekommen.

Ich möchte betonen, dass besagte Legitimierung der Privatisierung keineswegs eine Verstaatlichung der Wirtschaft bedeutet, bei der die großen Unternehmen unter die uneingeschränkte Kontrolle von Bürokraten gelangen, die niemandem Rechenschaft schulden. Im Gegenteil, das Ergebnis einer solchen Legitimierung wird die Entstehung einer stabilen Schicht von Eigentümern sein, die auf Effektivität bedacht sind und im Bewusstsein der Bevölkerung keine Blutsauger, sondern rechtmäßige Besitzer rechtlich geschützter Unternehmen sind. So dass die Großunternehmen den Linksruck nicht weniger brauchen als die Mehrheit des Volks, das die Privatisierung der neunziger Jahre bisher für ungerecht und damit unrechtmäßig hielt. Die Legitimierung der Privatisierung wird die Rechtmäßigkeit des Eigentums und der Eigentumsverhältnisse herstellen, vielleicht zum ersten Mal in der Geschichte Russlands.

In der nächsten russischen Regierung werden sicher die KPRF und »Heimat«[6] beziehungsweise die Nachfolger dieser Parteien vertreten sein. Die Linksliberalen (»Jabloko«, Ryshkow[7], Chakamada[8] u.a.) aber müssen sich entscheiden, ob sie sich einer breiten sozialdemokratischen Koali-

[6] »Rodina«; eine von 2003 bis 2006 existierende linksnationalistische russische Partei.
[7] Wladimir Ryshkow (*1966): Oppositionspolitiker, Duma-Abgeordneter von 1993 bis 2007.
[8] Irina Chakamada (*1955): 1993–2003 Duma-Abgeordnete, 2004 Bewerbung um die russische Präsidentschaft, Mai 2008 Ausstieg aus der Politik.

tion anschließen oder weiter eine grollende, politisch sinnlose Außenseiterposition einnehmen wollen. Ich finde, sie sollten unbedingt ein Bündnis eingehen, denn nur die möglichst große Bandbreite einer Koalition, in der Vertreter liberalsozialistischer (sozialdemokratischer) Ansichten eine Schlüsselrolle spielen, kann uns davor bewahren, dass auf dem Höhepunkt eines Linksrucks ein neues, ultra-autoritäres Regime entsteht.

Die neue russische Regierung muss die auf der Tagesordnung stehenden Fragen einer linken Politik lösen, muss die unübersehbare Sehnsucht des Volkes nach Gerechtigkeit befriedigen. Vor allem muss die Legitimierung der Privatisierung in Angriff genommen und in einer Reihe von Bereichen paternalistische Programme und Methoden wieder eingeführt werden. Das gilt selbst dann, wenn der liberale Michail Kassjanow[9] oder ein direkter Putin-Erbe wie Sergej Mironow[10] der nächste Präsident sein sollten. Sonst wird dieser Staat explodieren, die Energie des Protests wird die schwache Hülle der Macht zerreißen.

Für das Schicksal Russlands ist ein Linksruck so notwendig wie unausweichlich. Und Wladimir Putin braucht sich gar nicht besonders anzustrengen, um einen friedlichen Linksruck möglich zu machen. Er muss sich lediglich zu

---

[9] Michail Kassjanow (*1957), russischer Politiker, 1995–1999 erster stellvertretender Ministerpräsident von Russland, von 2000–2004 Finanzminister, kritisierte 2003 die Festnahme Platon Lebedews als »überzogen«, wurde im Februar 2004, wenige Wochen vor den Präsidentschaftswahlen, mitsamt seinem Kabinett von Putin entlassen.

[10] Sergej Mironow (*1953): russischer Politiker, Vorsitzender der kremlnahen Partei Gerechtes Russland und seit 2001 Vorsitzender des Russischen Föderationsrates, 2004 Kandidat bei den Präsidentschaftswahlen.

dem von der Verfassung vorgesehenen Zeitpunkt zur Ruhe setzen und demokratische Bedingungen für die nächsten Wahlen sicherstellen. Nur das garantiert die Aussicht auf eine demokratische Entwicklung des Landes ohne Erschütterungen und drohenden Zerfall.

Linksruck II

Kommersant, 11. November 2005

Im Zuge der breiten Diskussion, die mein Artikel »Linksruck« auslöste, haben sich ein paar Fragen von großer Bedeutung ergeben, auf die ich unverzüglich antworten möchte.

1. Gibt es heute in Russland fähige moderne Kräfte der
   Opposition mit linken oder linksliberalen Ansichten?
2. Wie würde das Wirtschaftsprogramm bei einem »Linksruck« eigentlich aussehen?
3. Hat unser Land genügend politisches Personal, das
   einen »Linksruck« gewährleisten und ein entsprechen-
   des wirtschaftspolitisches Programm umsetzen könnte?

Und schließlich:

4. Häftling Chodorkowski & Co., glauben Sie wirklich,
   dass ein Machtwechsel in Russland Ihr Los erträglicher
   machen wird?

Diese – offen oder verdeckt gestellte – Frage 4 kam aus
rechtsliberalen Kreisen, die sich unerwartet als das ideolo-
gische Rückgrat von Waldimir Putins Regime herausgestellt
haben. Mit der Antwort auf diese – in jedem Wortsinn –
letzte Frage will ich beginnen.

Albtraum 2008

Es kursiert die Meinung, Dutzende oder Hunderte von russischen Politikern träumten davon, 2008 Präsident Russlands zu werden. Um Gasprom, Rosneft, den Rüstungsexport und -import und gleich noch zwei, drei Fernsehkanäle zu kontrollieren. Milliarden US-Dollar zu verdienen, Empfänge im Kreml, in Peterhof[1] und Strelna[2] zu geben, mit dem französischen Präsidenten auf die Jagd beziehungsweise mit dem amerikanischen Präsidenten angeln zu gehen, sich danach im Fernsehen dessen zu brüsten und ruhig schlafen zu können. Zumindest bis zum Ende der verfassungsmäßigen Frist der Präsidentschaft. Oder auch länger.

So sieht die parasitäre Denkart der russischen politischen Elite unserer Tage aus. Die einzige Frage, die sie wirklich interessiert, lautet: Wie kann ich es einrichten, von diesem sogenannten Russland etwas Handfestes zu kriegen? Die Frage: »Und was hast du für Russland getan?« wird überhaupt nicht gestellt.

Mir persönlich hat Russland sehr viel gegeben. In den siebziger und achtziger Jahren eine Ausbildung, auf die ich stolz sein kann. In den neunziger Jahren hat es mich (lt. »Forbes«) zum reichsten Mann der Nachsowjetzeit gemacht.

Im letzten Jahrzehnt hat es mich meines Eigentums be-

---

[1] Stadt, 29 Kilometer westlich von Sankt Petersburg, bekannt für die ausgedehnten Palastanlagen, die von den Zaren als Sommerresidenz benutzt wurden; heute eine vielbesuchte Touristenattraktion.

[2] Ortschaft, 20 Kilometer südwestlich von Sankt Petersburg.

raubt, mich ins Gefängnis gesperrt, wo es mir eine weitere Ausbildung geboten hat: diesmal eine allgemein menschliche. Und ich kann sagen, die Menschen, die in zweieinhalb bis drei Jahren über Russland regieren, werden verstehen müssen, dass es aus ist mit der Schmarotzerei. Das Land ist konkurrenzunfähig, und der Vorrat an Strapazierfähigkeit der Bürger, den die Sowjetunion angelegt hat, ist aufgebraucht.

Auf die Russische Föderation kommen folgende objektive – ich unterstreiche: objektive, also von unseren Wünschen, darüber nachzudenken, unabhängige – Probleme zu:

– Der Verschleiß der nationalen Infrastruktur. Dies droht zu einer Umweltkatastrophe zu führen.
– Eine demografische Krise. Die Abnahme der Bevölkerung um fast eine Million Menschen jährlich wird unter anderem bedeuten, dass sich in einer Reihe von Regionen Ostsibiriens und des Fernen Ostens die chinesische Bevölkerung (die in erster Linie aus illegalen Immigranten besteht) zahlenmäßig der russischen nahezu angleichen wird. Die Bürger der chinesischen Volksrepublik werden über verschiedene Sektoren der fernöstlichen Wirtschaft die Oberhand gewinnen, angefangen beim Einzelhandel bis hin zu neuen Rohstoff-Investitionsprojekten.
– Die Lähmung einer Reihe von Branchen des Maschinenbaus, insbesondere Flugzeugbau, Werkzeugmaschinenbau und Bau landwirtschaftlicher Maschinen. Neben negativen Folgen für die Wirtschaftsstruktur wird dies zur Vernichtung von drei Millionen Arbeitsplätzen führen.

- Die Systemkrise der Rüstungsindustrie und des daraus hervorgegangenen Hightech-Sektors, der heute noch von den technischen Entwicklungen der Sowjetzeit zehrt, zugleich aber versucht, Technologien der Informationsgesellschaft aus dem Westen zu übernehmen, weil er seit Langem keine eigenständigen innovativen Entwicklungen mehr vorweisen kann.
- Fehlender wissenschaftlicher Nachwuchs führt zum Tod der Wissenschaft. In der Grundlagenforschung arbeitet schon jetzt niemand mehr, der jünger ist als dreißig Jahre.
- Faktischer Verlust der Kontrolle Moskaus über die innere Situation im Nordkaukasus, vor allem in Tschetschenien und Dagestan, wo die Aktivitäten der wahhabitischen und anderer extremistischer Gruppierungen stark zunehmen. Die Kaukasuskrise hängt nicht zuletzt mit einer nie da gewesenen Höhe der Arbeitslosigkeit und dem Fehlen jeglicher Entwicklungsprogramme für den Nordkaukasus zusammen. Die Anteilnahme der Hauptstadt am Schicksal der Region reduziert sich auf sporadische Finanzspritzen, die sofort versickern und nur dazu angetan sind, den Kampf zwischen den kriminellen Machtclans um das Recht, sich jeden Haushaltsrubel unter den Nagel zu reißen, anzuheizen.
- Der Bankrott unserer Streitkräfte. Sie bieten nicht das Bild einer modernen russischen Armee, sondern sind im Gegenteil ein sich zersetzendes und nahezu kampfunfähiges Relikt der Truppen der längst untergegangenen UdSSR.
- Die Lähmung der Polizei- und Sicherheitskräfte. Weil sie von der Hand in den Mund leben müssen, sind sie zur

Selbstbedienung durch Schutzgelderpressung und andere Arten wirtschaftlicher Kriminalität übergegangen. Sie können aber weder die brennenden Probleme im Kaukasus noch der anderen Regionen Russlands lösen. Davon, die ungeheuere illegale Einwanderung im Osten des Landes mit den Kräften des Strafverfolgungssystems stoppen zu können, kann nicht die Rede sein.

Das sind nicht alle Probleme, sondern nur ein Teil. Wollen Sie immer noch in den Kreml, liebe Putin-Nachfolger?

Mit dem fristgemäßen Rücktritt Wladimir Putins (nicht einen Tag früher und nicht eine Stunde später) muss eine neue, verantwortungsvolle Elite das Land übernehmen, die Regieren als langwierigen, anfangs vielleicht undankbaren Prozess des Aufbaus versteht. Und für diese Elite wird nicht die Frage dominieren: »Wozu nützt dir das?« Nein, nicht uns muss es nützen, meine Lieben, sondern unserem Land. Sonst wird Russland niemals ein moderner, hoch entwickelter und geachteter Staat sein, sondern in Kürze, noch zu unseren Lebzeiten, zusammenbrechen. Und uns gelassen mit dem Zusammenbruch unseres Landes abfinden, das können und wollen und werden wir als Bürger Russlands nicht.

Aber um all die aufgezählten und nicht aufgezählten schwierigen Probleme zu lösen, bedarf es wieder einer Mobilisierung des ganzen Volkes. Und zwar nicht durch Straflager, sondern durch eine gemeinsame nationale Idee, die das kreative und intellektuelle Potenzial von Millionen Mitbürgern fordert. Menschen, die es gewohnt sind, dass die Regierung unendlich weit von ihnen entfernt ist, dass sie für nichts verantwortlich sind, dass die sogenannten Eliten auf sie pfeifen, müssen wieder ein Gespür dafür entwickeln, dass Russland unser gemeinsames Land ist, das an alle denkt und für alle sorgt, die hier leben, und für das sie selbst ebenfalls verantwortlich sind. Das wird in erster Linie erreicht durch qualitativ veränderte Prinzipien der Staats- und Sozialpolitik, durch die Rückkehr zur demokratischen Staatsführung, darunter auch zu einem staatlichen Paternalismus als Instrument der Solidarität von Staat und Volk, als Anerkennung der Tatsache, dass Staat und Wirtschaft für die Belange der Menschen da sind.

Ja, die Demokratie erlaubt es nicht, das liberale Modell »Jeder für sich« in Reinkultur umzusetzen, ja, der Wähler fordert die Abtretung eines Teils des vom Himmel gefallenen Ölreichtums für die Belange derer, die aus gesundheitlichen, bildungsmäßigen, Alters- oder anderen Gründen ihren individuellen Erfolg in der modernen Gesellschaft nicht ohne die Hilfe dieser Gesellschaft erreichen können.

Das ist der Grund, warum dieser Linksruck kommen muss. Um die pathologische Entfremdung zwischen Eliten und Volk, Regierung und Regierten zu überwinden. Und nicht etwa, wie einige Theoretiker der »Putinschen Stabilität« meinen, damit die Opposition bei den Duma-Wahlen siegt und Chodorkowski aus dem Gefängnis entlässt. Ohne die Überwindung der Entfremdung gibt es keine gemeinsame nationale Idee, und ohne nationale Idee ist eine Rettung und Wiedergeburt des Landes nicht möglich. Wenn jemandem das Wort »links« nicht gefällt, dann soll er sich ein anderes ausdenken. Der Kern des Wandels ändert sich dadurch nicht.

Außerdem wird es zwangsläufig zu einem Linksruck kommen, denn ein neuer, »linker« Zyklus ist schon lange in der russischen Politik angebrochen. Und sowohl die Tricks, mit denen man ihn zurückdrängt, als auch die sich in der letzten Zeit mehrenden Versuche von Wahlpropaganda werden nur zu einer weiteren Demoralisierung von Volk und Staat führen. Je früher die linken Kräfte sich durchsetzen und ihren Anteil der Verantwortung für die Gegenwart und Zukunft Russlands übernehmen können, desto konstruktiver und ungefährlicher werden sie sein. Wenn die jetzige Herrschaftselite sich demokratisch wandelt, kommt es zu einem friedlichen demokratischen Machtwechsel. Wenn sie das hinauszögert und – stattdessen dem unverantwortlichsten Teil der Elite folgend – ein extremistisches Szenario provoziert in der Hoffnung, damit den Autoritarismus rechtfertigen zu können, werden die Konsequenzen für das Land traurig und klar vorhersehbar sein: Von Stabilität, postindustrieller Entwicklung und einer angemessenen internationalen Stellung wird man für lange Zeit nicht reden können.

Programm 2020

Das wirtschaftspolitische Programm eines Linksrucks (dieses Programm lässt sich als sozial oder sozialliberal bezeichnen, beides ist partiell richtig) ist auf zwölf Jahre angelegt. Das ist ein realistischer Zeitraum für seine Umsetzung. Es spielt keine Rolle, dass zwölf Jahre drei Amtsperioden des Präsidenten entsprechen. Das Programm kann nur wirksam umgesetzt werden, wenn sich die staatspolitische Verfassung Russlands ändert, und zwar in Richtung einer parlamentarischen Präsidialrepublik. Wo der Präsident die moralische Führungspersönlichkeit, Garant der Einheit des

Landes, Oberster Befehlshaber, unmittelbarer Vorgesetzter der Sicherheitskräfte und Zentrum der Ausrichtung der Außenpolitik ist. Während alle wirtschaftlichen und sozialen Fragen in den Händen der Regierung liegen, die von der Duma gebildet wird und ihr rechenschaftspflichtig ist.

Notwendig ist außerdem die Wiederbelebung des Föderalismus, die Einführung direkter Wahlen für die Regionalverwaltungen und die Mitglieder des russischen Senats, die Einrichtung einer funktionierenden örtlichen Selbstverwaltung, die auch in finanzieller Hinsicht über die notwendigen Vollmachten und Möglichkeiten verfügt. Nur dann werden wir es mit verantwortlichen regionalen Eliten zu tun haben, die an einer langfristigen Entwicklung im Sinne einer »Kultivierung« ihrer Territorien interessiert sind. Einem Bürokraten, der vom Kreml in die Region geschickt wird, damit er (und seine über ihm stehenden Genossen) abkassiert, wird eine langfristige Entwicklung herzlich egal sein. Nur unter den Bedingungen des Föderalismus, einer durchschaubaren und wechselseitigen Verteilung der Rechte und Verantwortlichkeit können wir uns über »Problemzonen« wie die nationalen Republiken einigen und deren wachsenden oder beginnenden Separatismus neutralisieren.

Dieses Programm, das in seinen wesentlichen Punkten bis zum Jahre 2020 umzusetzen ist, hat folgende Ziele.

1. Anwachsen der Bevölkerung Russlands auf 220 bis 230 Millionen, was es erlauben würde, Ostsibirien und den Fernen Osten zu erschließen und eine Spaltung des Landes durch eine chinesische Übermacht in den Ostregionen zu verhindern. Der Kampf gegen die Entvölkerung muss zum einen einhergehen mit der staatlichen

Schaffung einsichtiger strategischer Orientierungen für die neuen Generationen, zum zweiten mit direkten finanziellen Anreizen für die Geburtenrate, die wenigstens das Existenzminimum eines jeden Neugeborenen garantieren (was etwa zehn Milliarden US-Dollar jährlich erfordert).

2. Erzielung folgender Struktur der Nationalwirtschaft: 40 Prozent »Wissensökonomie«, 40 Prozent Industrie (Öl, Gas, Metall), 20 Prozent Landwirtschaft, inklusive Verarbeitung und Handel.

Der Übergang von der Erdöl- und Erdgaswirtschaft zur Wissensökonomie wird es erlauben, das Bruttoinlandsprodukt in zwölf Jahren um das Dreieinhalb- bis Vierfache, das heißt auf vier bis fünf Billionen US-Dollar zu steigern. Ich möchte anmerken, dass die Höhe des Bruttoinlandsprodukts hier nur als Indikator und keinesfalls als Endergebnis der Entwicklung gemeint ist. Die Erreichung des Ziels beinhaltet insbesondere die effektive Förderung der Produktion von Hochtechnologien; die Entwicklung der erforderlichen technischen Infrastruktur, anfangs zumindest im Rahmen von Industrieparks; die Bildung von Venture-Capital-Gesellschaften mit staatlicher Beteiligung, um die Attraktivität der Investitionen in bestimmten Sektoren zu garantieren; die Schaffung öffentlicher und privatwirtschaftlicher Stipendien im Bereich der Bildung und Forschung; systematischer Schutz und Förderung innovativer Tätigkeit der Jugend und des Unternehmertums durch die Politik.

3. Erhaltung des russischen Hoheitsgebiets und Festigung seiner jetzigen Grenzen, unter anderem durch umfang-

reiche Investitionsprogramme in Ostsibirien und dem Fernen Osten. Die Erreichung dieses Ziels umfasst die Schaffung großer russischer Geschäftszentren im Osten und jenseits des Urals. Die Investitionsprogramme, die sowohl mit privatem Kapital als im Rahmen privatwirtschaftlicher und staatlicher Partnerschaft finanziert werden können, sollen einen Umfang von 200 Milliarden US-Dollar erreichen und über 10 bis 15 Jahre laufen.

4. Grundlegender Neuaufbau der russischen Streitkräfte. Wie bereits oben gesagt, können wir nicht mit den Relikten der Armee eines anderen, längst nicht mehr existierenden Staates leben. Der Umfang der Startinvestitionen zur Schaffung einer neuen Armee beläuft sich auf etwa 50 Milliarden US-Dollar.

5. Wiedereinführung von systematischer Ausbildung und Grundlagenforschung, um das intellektuelle Potenzial der Nation zu entwickeln. Russland kann nicht vom Import wissenschaftlicher Errungenschaften leben, und zwar keineswegs nur aus Gründen des »Nationalstolzes«. Wenn wir keine eigene potente Wissenschaft haben, werden wir nicht nur keine Wissensökonomie schaffen können, sondern auch die besten jungen Köpfe verlieren. Sie werden in den Westen gehen (und nicht nur in den Westen; Indien, das moderne Zentrum des Offshore-Programmierens, wird sie mit offenen Armen aufnehmen). Ohne das intellektuelle Potenzial der folgenden Generationen wird es weder eine Wiedergeburt Russlands noch einen »russischen Durchbruch« geben. Dieses Programm erfordert eine Steigerung der Ausgaben für die Wissenschaft um das Zweieinhalb- bis Dreifache des heutigen Umfangs.

6. Grundlegende Modernisierung der russischen kommunalen Infrastruktur und Schaffung neuer Verkehrswege – Straßen und Eisenbahnstrecken – vor allem im Osten und Süden des Landes. Das erfordert etwa 80 Milliarden US-Dollar an privaten und staatlichen Investitionen über einen Zeitraum von zehn Jahren.

7. Schaffung eines Sozialstaats, der Russlands historischer und psychologischer Tradition entspricht, einschließlich einer guten kostenlosen Gesundheitsversorgung und einer guten obligatorischen Mittelschulausbildung für einhundert Prozent der Bevölkerung, einer kostenlosen Hochschulbildung für fünfzig Prozent der jungen Menschen und Garantien für die Gewähr früherer sozialer Privilegien in vollem Umfang beziehungsweise ihres finanziellen Äquivalents.

Die Umsetzung dieses Programms erfordert etwa 400 Milliarden US-Dollar an staatlichen und 500 Milliarden US-Dollar an privaten Investitionen. Mit Letzteren ist es einfacher: Sie werden sich einfinden, sobald der notorisch ineffiziente Zentralismus aufgelöst, ein echter Föderalismus wiederhergestellt und eine verantwortliche Elite dazu bereit ist, Verpflichtungen einzugehen und Garantien zu übernehmen. Mit den staatlichen Investitionen ist es wie immer schwieriger. Wie könnte es gehen?

Es gibt drei Quellen.

1. Änderung des Reglements für die Nutzung der Erlöse aus Rohstoffverkäufen. Die Kreml-Prognosen für die Reserven der Zentralbank im Jahr 2008 belaufen sich auf 300 Milliarden. Das bedeutet 140 Milliarden US-

Dollar Zuwachs in drei Jahren. Im Stabilisierungsfonds der Russischen Föderation haben sich schon 50 Milliarden US-Dollar angesammelt, und bei einer kleinen Änderung der Kappungsgrenze[3] wird er in drei Jahren auf 100 Milliarden US-Dollar gestiegen sein. Auf diese Weise hätte der Staat freie Ressourcen von 60 bis 70 Milliarden US-Dollar im Jahr. Ressourcen, die man für Investitionen in die eigene Wirtschaft nutzen kann und muss.

2. Die Legitimierung der Privatisierung – durch eine eigene Kompensationssteuer – wird dem Staatshaushalt und den zweckgebundenen Sonderfonds an die 30 Milliarden US-Dollar bringen.

3. Zusätzliche Haushaltseinnahmen, die sich aus einer Beschleunigung des Wirtschaftswachstums ergeben. Eine Wachstumsrate von 12 bis 15 Prozent, die bei einer Änderung der Struktur und Lenkung der Wirtschaft durchaus im Bereich des Möglichen ist, würde dem Staatshaushalt zusätzliche jährliche Einnahmen in einer Höhe von 20 Milliarden US-Dollar bringen.

Auf diese Weise gibt es genug Finanzquellen, um die notwendige Höhe der Investitionen auch von staatlicher Seite sicherzustellen.

---

[3] Die Erlöse aus dem Verkauf von Erdöl, die über der Kappungsgrenze liegen, gehen an den Stabilisierungsfonds. Die darunter liegenden Erlöse werden im Staatshaushalt verwendet.

Legitimierung der Privatisierung

Man kann nicht sagen, die Privatisierung der neunziger Jahre sei wirtschaftlich völliger Unsinn gewesen. Ja, es stimmt, viele Großunternehmen Russlands sind zu einem symbolischen Preis verkauft worden. Aber man darf nicht vergessen: Hauptziel der damaligen Privatisierung war nicht die schnelle Aufstockung des Haushalts durch die Einnahmen vom Verkauf dieser Objekte, sondern die Herausbildung effektiv wirtschaftender Privateigentümer. Und diese Aufgabe ist insgesamt auch gelöst worden.

Ich kann mich noch an die Situation bei Jukos erinnern, als ich 1996 in den Konzern kam. Und dabei war Jukos im Vergleich zu anderen Ölgiganten damals noch in einem relativ befriedigenden Zustand. Trotzdem fiel die Erdölmenge um 15 Prozent jährlich, die Schulden beliefen sich auf etwa drei Milliarden US-Dollar, der Konzern war mit den Gehaltszahlungen sechs Monate im Rückstand. Mal murrten die Mitarbeiter hinter vorgehaltener Hand, mal empörten sie sich offen, der Diebstahl in den Unterabteilungen hatte einen Höchststand erreicht. Im Jahr 2003 beliefen sich die Gehälter schon auf 30 000 Rubel monatlich, von Rückständen bei den Gehaltszahlungen konnte keine Rede sein, und die Steuerzahlungen betrugen bereits 3,5 bis 4 Milliarden US-Dollar im Jahr – und das bei einem Ölpreis von 27 bis 30 US-Dollar pro Barrel und nicht wie jetzt 60 US-Dollar. Es ist der Privatisierung zu verdanken, dass ein echtes Management eingerichtet wurde, das es in der Ära der »roten Direktoren« schlicht nicht gegeben hatte.

Trotzdem war die Privatisierung in politischer und sozialer Hinsicht wenig sinnvoll. Denn mehr als 90 Prozent der russischen Bevölkerung halten sie für nicht gerecht. Das heißt, die Ergebnisse der Privatisierung werden nicht von unseren Mitbürgern anerkannt, und unter diesen Bedingungen ist eine dauerhafte Umverteilung des Eigentums unausweichlich.

Ich schlage vor, das Rad nicht neu zu erfinden, sondern auf das äußerst erfolgreiche Modell der Legitimierung zurückzugreifen, das die britische Labour Party unter Tony Blair Ende der neunziger Jahre für die Infrastruktur bereits in den achtziger Jahren privatisierter Staatsbetriebe anwandte. Das Modell sieht eine Steuer auf unbegründete Einnahmen bei guter Konjunkturlage vor. Die Höhe der Steuer kann bei uns dem Jahresumsatz entsprechen, den der Konzern im Jahr der Privatisierung hatte. Um die Mittel zu berücksichtigen, die von den damaligen Direktoren durch Briefkastenfirmen gestohlen wurden, muss man den Umfang der Produktion mit den Marktpreisen multiplizieren und nicht dem absolut unbrauchbaren russischen Berichtswesen auf den Leim gehen.

Ich weiß, wie solche Berichte aussehen; wie viele andere stieß ich auf Berge krimineller Transaktionen, die die Wirtschaft in den Jahren 1993 bis 1995 zerstörten. Dieser Parameter gibt genau den Zustand der russischen Konzerne zur Zeit der Entstaatlichung wieder, unter Berücksichtigung aller Parameter, die damals für die Kapitalisierung eine Rolle spielten, das heißt der Rohstoffpreise auf dem Weltmarkt, der Qualität des Managements, des Ausmaßes der politischen Risiken in Russland zu jener Zeit und so weiter.

Mit anderen Worten: Jeder, der die Frage der Legitimität (Berechtigung) seines großen Industrieeigentums vom

Tisch haben will, muss in den Haushalt der Russischen Föderation oder in die zweckgebundenen Sonderfonds (z. B. Fonds für Geburtenförderung, aus dem die Zuwendungen für Neugeborene bezahlt werden) eine Steuer in der Höhe des Umsatzes des Konzerns im Privatisierungsjahr zahlen. Sobald er gezahlt hat, bekommt der Eigentümer von Staat und Gesellschaft einen unbefristeten »Schutzbrief«, mit dessen Ausstellung sein Eigentum als legal und auf ehrlichem Weg erworben gilt.

Die Legitimierung muss das Ergebnis eines sinnvollen Paktes zwischen Staat und Eigentümern beziehungsweise den großen Unternehmen sein. Die Unternehmen, die lange in Russland leben und arbeiten wollen, müssen sich auf einen solchen Pakt einlassen und sich von dem überzeugenden Prinzip leiten lassen: Lieber heute etwas abgeben, als morgen alles los sein. Das Modell einer einmaligen Steuer und die einfache Berechnung machen den Vorgang der Legitimierung transparent und schließen Korruption und eine selektive Anwendung von Gesetzen bei diesem Vorgang aus.

Nach meinen vorläufigen Berechnungen, deren Qualität durch die Haftbedingungen in der Massenzelle im Straflager von Krasnokamensk eingeschränkt ist, wird die Legitimierung der Privatisierung im Lauf von drei bis vier Jahren 30 bis 35 Milliarden US-Dollar bringen.

Die Öffnung der Schleusen

Meine Kritiker behaupten, es gäbe keine Menschen, die das Zeug hätten, in unserem Land große Reformen durchzuführen. Entweder würde alles zusammenbrechen oder aber gestohlen.

Ich bin entschieden anderer Meinung. Die Vertreter der gegenwärtigen Herrschaftselite schließen von sich selbst auf alle anderen. Ich habe erlebt, wie Jukos zur größten russischen Körperschaft wurde. Und wenn dieser Konzern sich von der spätsowjetischen Zerrüttung auf das Niveau eines Weltgiganten mit einer Kapitalisierung von 40 Milliarden US-Dollar hat erheben können, dann in erster Linie infolge seiner Personalpolitik.

Wir wählten für alle Bereiche die besten und, wenn möglich, junge Leute unter 35 aus. Wenn wir wie der heutige Kreml stattdessen nach Kandidaten Ausschau gehalten hätten, die ihrem Chef treu in die Augen blicken und ihm die Aktentasche hinterhertragen, würde es Jukos längst nicht mehr geben.

Man muss nur die richtigen Kriterien für die Auswahl des Personals formulieren. Talente hatte, hat und wird Russland immer mehr als genug haben! Der Kreml wählt die Leute nach dem staatlichen Kriterium hundertprozentiger Loyalität und Lenkbarkeit aus, dabei ist ein tatkräftiger Mensch nie hundertprozentig lenkbar – das sind nur Stümper und habgierige Leute. Wenn man die Schleusen der vertikalen sozialen Mobilität öffnet, die Klügsten, Gebildetsten und damit auch, Ehrgeizigsten anheuert, wird es bei uns nicht an Professionalität mangeln. Ich finde das Kreml-Genörgel über das Problem, fähiges Personal zu finden, rührend: Wir haben keine Fachleute, wir leiden, kommen um, sind aber auf keinen Fall gewillt, jemanden in unseren Kreis aufzunehmen, wir gehen lieber ein, als uns nach Fachleuten umzusehen, die nicht aus unserem Stall stammen!

Sie brauchen sich also keine Sorgen zu machen. Das nötige Personal gibt es und wird es geben. Ziehen wir die neuen Generationen zu kooperativer Mitarbeit heran, dann werden diese Generationen das Russland der Zukunft aufbauen. Und sich selbst werden diese Menschen der Zukunft schon nicht bestehlen.

Wenn man die ganze Zeit nur fürchtet, »bei erster Gelegenheit würde etwas geklaut«, kann es keine Bewegung nach vorn, keine Investitionen und keine Entwicklung geben.

Modernisierung als Rettung

Die heutige politische Elite Russlands sucht ihre Rettung in der Ablehnung der Modernisierung und verhält sich so, wie es in dem guten Witz der Breshnew-Ära heißt: Sie versuchen, einen auf dem Abstellgleis verrottenden Waggon in Schwung zu bringen, und tun, als hätten sie ein Ziel. Sie rufen: »Wo sind wir hier, in Bologoje oder in Popowka?« Doch niemand antwortet auf den Bahnsteigen, das Volk schweigt.

Ich bestreite nicht: Für viele Bürokraten und Nutznießer staatlicher Renditen ist ein solches Lebensmodell bequem. Aber Russland braucht ein wirkliches Modernisierungsprojekt. Das Land wird im neuen Jahrhundert sonst einfach nicht überleben können. Es wird den objektiven histori-

schen Herausforderungen nicht gewachsen sein. Die Kon-
turen dieses Projekts sind schon jetzt deutlich erkennbar.

Michail Chodorkowski, Privatperson,
Straflager JaG 14/10

Linksruck III – Eine globale Perestroika
»Wedomosti«, 7. November 2008

Der Sieg von Barack Obama bei den Präsidentschaftswahlen in den USA ist nicht nur ein Machtwechsel in einem einzelnen Land, und sei es auch eine Supermacht, wir stehen an der Schwelle eines Paradigmenwechsels. Die Epoche, die Ronald Reagan und Margaret Thatcher vor dreißig Jahren eingeleitet haben, neigt sich dem Ende zu. Als Liberaler sehe ich einen Linksruck voraus.

Zufall und Notwendigkeit

In letzter Zeit wird mir immer häufiger die Frage gestellt, ob ich der Meinung sei, der Kreml beherzige die Vorschläge meiner Artikel »Linksruck I« und »Linksruck II«. Die Fragesteller erwähnen sowohl die »vorrangigen nationalen Projekte« als auch die »Linksfärbung« der offiziellen Rhetorik und sogar mein »Programm 2020« (zu dem ich vor drei Jahren einige Thesen entwickelt habe).

Da die Standardreaktion unserer mächtigen Bürokratie auf meine Ideen ohnehin die Isolationshaft ist, will ich versuchen, über die Zeitung »Wedomosti« zu antworten. Im Voraus danke ich jenen, die mir geholfen haben, diesen Artikel vorzubereiten.

Tatsächlich sind in den vergangenen drei Jahren bestimmte Veränderungen in der russischen Innenpolitik eingetreten. Wenn auch nicht in ausreichendem Maße. Das liegt natürlich nicht an mir. Sondern daran, dass die Regierung gezwungen war, die Logik des Linksrucks als objektive Anforderung der Realität an die herrschende Elite anzuerkennen. Der Rohstoffboom hat die Notwendigkeit einer Überwindung der himmelschreienden Kluft zwischen dem demonstrativ zur Schau gestellten Konsum der Elite und der niederschmetternden Armut im restlichen Russland offenbar gemacht. Und wenn der Staat überleben will, sind Verantwortung der Eliten und die Notwendigkeit langfristiger Planung eine höchst aktuelle Aufgabe.

Der Kreml hat nach dem Erscheinen der beiden Artikel bestimmte Schritte im sozialwirtschaftlichen Bereich unternommen, die man unabhängig von der allgemeinen Einschätzung der heutigen russischen Regierung nur begrüßen kann. Allerdings muss man zugeben, dass diese Schritte nicht aus Einsicht der Machthaber in die Notwendigkeit einer neuen Entwicklungsstrategie geboren waren, sondern die Summe widersprüchlicher Reaktionen des Kreml auf Herausforderungen von außen darstellten, von denen die wichtigste die Gefahr sozialer Instabilität war, besonders nach den Revolutionen in den anderen postsowjetischen Ländern.

Die Anzeichen für die Krise der russischen Wirtschaft zeigen heute, dass das »reaktive Modell« nach der Logik des alten russischen Sprichworts, »Solange der Blitz nicht eingeschlagen hat, bekreuzigt sich der Bauer nicht«, nicht lange funktionieren wird. Die systemimmanenten Probleme und Ursachen möglicher Krisen müssen lange, bevor diese Probleme kritisch für das Land werden, erkannt werden.

Mit anderen Worten, man muss sich darüber im Klaren sein, an welchem Punkt wir uns befinden, wohin uns der historische Weg führt, was uns hinter den ersten Kurven dieses Weges erwartet und wie wir heute die Probleme anpacken wollen, die sich erst morgen oder übermorgen voll auswirken werden.

Das war ja das eigentliche Thema meiner beiden »Linksruck«-Artikel vor drei Jahren. Zur Verwunderung einiger Leute haben sich die Prognosen und Einschätzungen, die ich in diesen Artikeln formulierte, bewahrheitet.

Heute steht die ganze Welt an der Schwelle zu einem Linksruck. Der Beweis dafür sind der Triumph von Obama und die weltweite Finanzkrise. Und diese ist trotz des übertriebenen (und wahrscheinlich durchaus ehrlich gemeinten) Optimismus vieler unserer hohen Beamten zu einer durchaus heimischen, russischen Krise geworden. Wie zu erwarten, in akuter und schwerer Form vorläufig noch im einigermaßen überschaubaren Segment der Fonds. Ich halte an dieser Einschätzung fest, obwohl mir die Entwicklungen bekannt sind, die sich im sozialen Bereich und in Branchen des Realsektors wie der Metallurgie, dem Bauwesen, der Automobilindustrie und so weiter abzeichnen. Die Anzeichen sind zwar bedrohlich, aber bisher nur die Vorboten einer Rezession.

Ob die Wirtschaftskrise sich kurzfristig ausbreitet und vertieft, hängt vom Sachverstand der Finanzbehörden ab. Die mittel- und langfristigen Folgen dagegen liegen außerhalb von deren Reichweite.

Die Krise: Ursachen und Kennzeichen

Führende Politiker, Experten und Unternehmer sind sich in der Einschätzung der Ursachen für die globale Krise einig, als da wären:

- Das zunehmende Versagen der Systeme staatlicher Regulierung in den letzten zehn Jahren. Die große Diskrepanz zwischen dem globalen Charakter der wichtigsten wirtschaftlichen Prozesse und dem lokalen Charakter der Regulierungssysteme, die sich bei internationalen Erschütterungen als labil und anfällig erwiesen, ist eklatant. In einer globalen Wirtschaft müssen auch die Regulierungsmechanismen global sein, was sie heute aber nicht sind.
- Die Kluft zwischen »Verantwortung« und »Entscheidungsbefugnis«, die sich schon vor anderthalb Jahrzehnten aufgetan hat und die seitdem immer tiefer wurde, bis sie die ersten Opfer der Krise verschlang. In der neoliberalen Wirtschaft sind die Entscheidungen immer mehr an supra- und transnationale Strukturen übergegangen (in erster Linie an Körperschaften, aber auch an den Internationalen Währungsfonds und die Weltbank), die Verantwortung für die sozialen Folgen der Entscheidungen aber mussten nach wie vor die nationalen Regierungen und die Steuerzahler tragen.
- Das Diktat der Portfolioinvestoren im globalen Wirtschaftssystem. Wir sind es gewohnt, die Welt aus der Perspektive des Investors zu betrachten, das heißt wir bewerten die unterschiedlichsten Prozesse, Probleme und Risiken ausschließlich im Hinblick darauf, »wie sich das auf die Finanzmärkte auswirken wird«, die von Natur

aus kurzsichtig und hysterisch sind (also dazu neigen, sprunghaft von begeisterter Verliebtheit zu abgrundtiefer Abneigung zu wechseln, häufig ohne jede Analyse der Hintergründe). Dadurch haben sich hinter der Fassade (lange) florierender Märkte Risse gebildet, die 2008 immer offener zutage traten.

– Die soziale und nationale Verantwortungslosigkeit der Managerzunft, die moralische Erosion bei denjenigen, die wirtschaftliche Schlüsselentscheidungen treffen. In den letzten 25 Jahren sind die Manager praktisch zu einer eigenen Kaste geworden, die nicht von der Gesellschaft und noch nicht einmal von den Ergebnissen ihrer leitenden Tätigkeit abhängt. Der Horizont der Geschäftsplanung beschränkt sich für solche Manager auf Monate, denn warum langfristig planen, wenn dein persönlicher Erfolg nur von deinem Status, deiner Position in der Hierarchie und dem Eindruck, den deine Person und dein Quartalsbericht machen, abhängt und nicht von den objektiven sozioökonomischen Ergebnissen deiner Tätigkeit und schon gar nicht von deren mittel- und langfristigen Folgen?

– Die unkritische Haltung der Eliten gegenüber scheinbar bewährten Wirtschaftstheorien. Wie die Führer der Sowjetunion in den siebziger Jahren die kommende Krise und also die Ursache für den Zusammenbruch der UdSSR verschliefen, so gingen die Theoretiker und Praktiker des neoliberalen Modells, das in den Achtzigern und Neunzigern den Sieg davongetragen hatte, zu Beginn des neuen Jahrtausends davon aus, dieses Modell erschöpfe sich nicht und sei trotz einzelner Unannehmlichkeiten krisenfest. Dadurch wurde über fundamentale

Gesetze nicht nur wirtschaftlicher (beispielsweise den zyklischen Charakter von Entwicklungen), sondern auch historischer Prozesse hinweggesehen. Jede Theorie, jedes Modell überlebt sich zu einem bestimmten Zeitpunkt, nur um den Weg zu bereiten, damit der erst gestern besiegte Vorgänger sich auf einem neuen historischen Niveau etablieren kann.

– Die Hoffnung auf die unbegrenzte Ausbeutung leicht verfügbarer Rohstoffe, vor allem der Kohlenwasserstoffe. Diese Prioritätensetzung führte zu einem drastischen Anstieg des Preises für Energieträger, zu einer deutlichen Umlenkung des Kapitals in Öl und Erdgas exportierende Länder und zu einem überproportionalen Wachstum reiner Rohstoffökonomien (also per se nicht innovativer, prinzipiell schwacher und extrem von äußeren Faktoren abhängiger Ökonomien) in der Weltwirtschaft.

Die Welt steht heute zum Teil vor ähnlichen Problemen wie F. D. Roosevelt Ende der zwanziger Jahre. Natürlich gibt es auch gewichtige Unterschiede. Die Welt der Roosevelt-Zeit war eine Ansammlung regionaler Projekte, und im Einklang mit der Monroe-Doktrin[1] wollte das Amerika jener Zeit seinen Einfluss nur in der westlichen Hemisphäre ausdehnen. Die heutige Welt ist global, und deshalb wurde sie zur Geisel der Wallstreet-Probleme. Jede kleinste Bewegung, ja Absicht der amerikanischen Regierung hat eine Flut von Folgen, und zwar praktisch überall, außer vielleicht

---

[1] Monroe-Doktrin: Teil der Rede zur Lage der Nation vom 2. Dezember 1823, in der US-Präsident James Monroe die Grundzüge einer langfristigen Außenpolitik der USA entwarf.

in solch absolut isolierten Ländern wie Nordkorea. Die Welt ist demnach nicht polyzentristisch und erst recht nicht ohne Zentrum, sie ist nach wie vor auf die USA ausgerichtet. Trotz aller ökonomischen, politischen, militärischen und intellektuellen Probleme, die Amerika heute hat.

Selbsttäuschungen, insbesondere über die gegenwärtige Weltwirtschaftsordnung, sind deshalb gefährlich, weil sie falsche Entscheidungen nahelegen. Erstrebenswerter Wandel dagegen würde ernsthafte und langfristige Anstrengungen und Ausgaben nötig machen.

Auf die globale Krise wird zweifelsohne eine globale Perestroika folgen müssen. Wir wollen wie vor zwanzig Jahren von einer Perestroika sprechen, weil dieser russische Begriff uns die Sache verständlich und erklärbar macht. Es ist kein Zufall, dass die Finanzkrise, die sich im September dieses Jahres zugespitzt hat, zu einem unmittelbaren Anstieg der Popularität von Obama geführt hat, der für die Wähler der USA mehr oder weniger bewusst die Idee einer Perestroika verkörpert (»Change we can believe in«) und in gewisser Weise als eine amerikanische Parallele zu Gorbatschow in der Mitte der achtziger Jahre betrachtet werden kann.

Die Experten haben eindeutig recht mit der Feststellung, dass die dreißig Jahre der Dominanz liberaler Ideen an ihr Ende gekommen sind. Ja, es stimmt, zu Beginn der achtziger Jahre sind in den USA und Großbritannien Politiker an die Macht gekommen – ich meine Ronald Reagan und Margaret Thatcher –, die sahen: Der »Realsozialismus« war ökonomisch, politisch und sozial nicht konkurrenzfähig. Die Existenz zweier Blöcke würde also nicht ewig währen, man konnte den Kalten Krieg gewinnen. Und zwar, indem man sich auf den guten alten Liberalismus stützte. Zumal die Sozialdemokraten sich damals nicht so klar und eindeutig vom Kommunismus distanzierten, sondern einiges Konstruktive und Positive an ihm sahen. Die damaligen europäischen und amerikanischen Linken gingen stillschweigend davon aus, der kommunistische Block werde von Dauer sein, und legten es nicht auf einen Sieg über ihn an.

Jetzt ist die Situation in der Welt umgekehrt. Nach über einem Vierteljahrhundert Leben im Wohlstand haben sich »Reaganomics« und »Thatcherismus« überlebt. Der Neosozialismus ist angesagt. In nächster Zukunft wird man mehr Keynes als Friedman und Hayek brauchen. Nicht die unsichtbare Hand des Marktes, sondern die spürbaren Hände von Staaten und Staatenbündnissen sind gefragt.

Ein Linksruck, nicht mehr bloß auf nationaler oder regionaler Ebene, sondern ein globaler Linksruck ist die Antwort der Welt auf die Herausforderung der Krise oder genauer: auf die in den letzten zweieinhalb Jahrzehnten aufgelaufenen Probleme.

12 Thesen für eine globale Perestroika

Was erwartet uns in der Anfangsphase einer globalen Perestroika?

1. Eine qualitative Stärkung des Staates als Regulierer der Wirtschaft (aber auf keinen Fall als Akteur und schon gar nicht als Umverteiler von Eigentum oder Geldströmen. Letzteres ist das typisch russische Modell der

Korruption, das die Illusion einer größeren Rolle des Staates in einer Situation schafft, wo die staatlichen Institutionen Instrumente zur Befriedigung rein privater Interessen geworden sind, wie das bei Jukos der Fall war).

2. Die Anpassung der Regulierungssysteme an die Anforderungen einer globalen Wirtschaft und ein Gleichgewicht ihrer wichtigen Player. Die nationalen Regierungen werden nicht nur die Kontrolle über ihre angestammten Hoheitsgebiete verstärken, sondern auch gezwungen sein, ihre Handlungen genauer aufeinander abzustimmen. Auf diese Weise werden sie praktisch den Grundstein für eine »Weltwirtschaftsregierung« legen.

3. Die Rückkehr zur Solidarität als Wert und Alternative zu ökonomischem Egoismus und unkontrollierbarer Konkurrenz. Dies wird nicht nur die Akteure des Marktes, sondern ganze Länder und Regionen betreffen. Die neue Zusammenarbeit zwischen Europa und China zur Überwindung der Krise ist ein erstes Beispiel dafür.

4. Die Verschärfung der Anforderungen an Eigentümer und Manager vonseiten des Staates und der Gesellschaft. Rückkehr des Managements zu Traditionen, die man als »neopatriarchal« bezeichnen kann: Moral, persönliche Verantwortung gegenüber Staat und Gesellschaft für die Ergebnisse der Unternehmenstätigkeit, Familienbetriebe, langfristige Planung, rigide objektive Kriterien für die Bewertung der Effektivität der Unternehmensleitung, und zwar nicht nur aus Sicht der Aktionäre.

5. Ein neues System der Lenkung und Regulierung der

Finanzmärkte, das den Schwerpunkt seiner Tätigkeit auf die Unterstützung der Realökonomie verlagern soll. Das derzeitige Hauptziel, schnelle Bereicherung der Akteure des Finanzmarkts, soll in den Hintergrund treten.

6. Die Begrenzung des materiellen Konsums der »goldenen Milliarde«, der in den letzten 15 Jahren einfach hemmungslos geworden ist. Rückkehr zur Selbstbeschränkung als Wert, Abkehr vom ständigen Konsumdruck als Wirtschafts- und Lebensphilosophie der entwickelten Länder.

7. Die beschleunigte Entwicklung und Einführung konkreter Technologien zur Senkung des Verbrauchs nicht erneuerbarer Rohstoffe. Eine besondere Bedeutung unter diesen Technologien wird alternativen Energien zukommen, die eine Abkehr von der Dominanz des Öl- und Erdgasverbrauchs erlauben. Es liegt auf der Hand, dass die Nationalregierungen, die zwischenstaatlichen Lenkungssysteme und die Unternehmen sich der Natur und ihren Ressourcen gegenüber erheblich verantwortungsbewusster zeigen müssen, als das in den Hochzeiten der »Reagonomics« üblich war.

8. Die teilweise Wiederherstellung der Werte und Standards der Industrialisierung als Gegengewicht zum virtuellen Sektor, der sich zu einem grotesken Selbstzweck ausgewachsen hat. Wiederherstellung einiger Positionen und Vorteile des Realen im Wettbewerb mit dem Virtuellen. Verstärkung der faktischen Kontrolle der Staaten über die Großunternehmen, inklusive gesetzgeberischer Regulierung und sogar teilweiser Verstaatlichung. Das wird notwendig zu einem Sinken der Effektivität des Marktes und der Elastizität marktwirtschaftlicher

Strukturen führen. Dadurch entstehen neue Möglichkeiten für kleine und mittlere Unternehmen, was wiederum die Basis für einen zukünftigen Rechtsruck liefert.

9. Einschränkungen der Bewegung von Kapital, Waren und Arbeitskraft zwischen den großen Wirtschaftszonen zur Verhinderung plötzlicher katastrophaler Turbulenzen. Ich gehe davon aus, dass der Kampf gegen die illegale Einwanderung, der aus unerfindlichen Gründen in Russland als radikaler Nationalismus gilt, sich in den nächsten Jahren an verschiedenen Punkten der Welt verstärken wird, schon allein wegen der steigenden Arbeitslosigkeit auch bei der »goldenen Milliarde« und der Bereitschaft vieler Einwohner der entwickelten Länder, zu weniger angesehenen Jobs zurückzukehren.

10. Eine Konzentration der nationalen Regierungen und zwischenstaatlichen Regulatoren auf funktionierende soziale »Sicherheitspolster«. Diese können extreme, für die Welt als Ganze immer bedrohlicher werdende Einbrüche des Lebensstandards von einzelnen Menschen und ganzen Völkern auffangen. Das Problem der an die nächste Generation weitergegebenen Abhängigkeit von Sozialleistungen und der Verelendung der Unterhaltsempfänger wird sich verschärfen und erfordert bereits jetzt Lösungen.

11. Die wachsende Bedeutung des menschlichen Faktors und der Intelligenz in der Wirtschaft, die verschiedene objektive Trends nicht mehr ohne ein subjektives, kreatives und kritisches Herangehen nutzen kann. An die erste Stelle der Voraussetzungen für eine wirtschaftliche Entwicklung rückt die menschliche Fähigkeit zu kreativer Arbeit und damit die Einrichtung politischer und

sozialer Bedingungen, die es erlauben, diese Fähigkeit zu verwerten.

12. Ein Zurücktreten des Gewinnstrebens, des berüchtigten wirtschaftlichen Egoismus. Umstellung der Staaten und (in geringerem Ausmaß) großer Unternehmen auf die Entwicklung und Finanzierung strategischer Projekte, die selbst in mittelfristiger Perspektive nicht gewinnbringend sind, sich aber sozial lohnen, also langfristig Sinn haben.

Wo wird Russland bei einer neuen Perestroika stehen? Die Antwort muss von der herrschenden Elite kommen, wenn sie bei ihrem Ziel bleiben will, die Verantwortung für die notwendige und unausweichliche Reformierung unseres Landes zu übernehmen.

Rechtfertigung des Liberalismus

Heißt das, die Krise wird dazu führen, dass der Liberalismus in der Welt zusammenbricht und vergessen wird? Sicher nicht.

Anfang der achtziger Jahre war der Liberalismus qualitativ wirkungsvoller als der Komplex sozialistischer Ideen und Praktiken. Der Sieg des Liberalismus brachte enorme geopolitische und wirtschaftliche Veränderungen mit sich und ermöglichte es beispielsweise Francis Fukuyama, seine bekannte Prognose vom »Ende der Geschichte« und dem »letzten globalen Menschen« zu formulieren.

Jetzt, am Ende des ersten Jahrzehnts des 21. Jahrhunderts, wird der Neosozialismus siegen. Dabei handelt es sich nicht mehr um den totalitären Sozialismus der Welt von Jalta, sondern er wird viel vom Neoliberalismus Reagans und Thatchers haben. Der Prozess der Globalisierung wird sich etwas verlangsamen, aber nicht anhalten. Die »goldene Milliarde« muss sich von ihren Hoffnungen auf einen weiteren Anstieg ihres Konsums verabschieden, wobei die hohen Standards des Verbrauchs, wie sie sich am Ende des vorigen Jahrhunderts herausgebildet haben, im Wesentlichen richtungsweisend bleiben werden. Das Streben nach politischer Freiheit und freiem Wettbewerb von Menschen und Ideen wird nicht verschwinden. Die Vorhersage von Fukuyama hat sich nicht bewahrheitet, aber seine Einschätzungen waren in vieler Hinsicht richtig; das lässt sich nicht bestreiten, jetzt, wo wir in die Phase eines weltweiten Linksrucks eintreten.

Und am nächsten Wendepunkt der Geschichte – wahrscheinlich in 12 bis 15 Jahren –, wenn der Neosozialismus die Verwehungen der weltweiten Krise aufgeräumt und die Weltwirtschaft harmonisiert haben wird, wird eine neue Phase der Liberalisierung kommen. Dem Linksruck wird ein Rechtsruck folgen. Doch das steht erst auf der Tagesordnung von morgen…

Verfasser: Häftling, früher Besitzer
des Ölkonzerns Jukos

Der Briefwechsel Boris Strugazki und Michail Chodorkowski

Fantastische Briefe – Dialog über die Weltordnung

Boris Natanowitsch Strugazki, geboren 1933 im heutigen St. Petersburg, gehört mit seinem verstorbenen Bruder Arkadi (1925–1991) zu den erfolgreichsten russischen Autoren der Nachkriegszeit. Die Strugazkis begründeten und prägten die sowjetische Science-Fiction- und Fantasy-Literatur. Ihre auf der ganzen Welt gelesenen Werke erreichten allein im Original eine Gesamtauflage von über 40 Millionen. Viele der Romane wurden verfilmt, darunter am bekanntesten »Picknick am Wegesrand« unter dem Titel »Stalker« von Andrej Tarkowski. Boris Strugazki studierte in St. Petersburg an der mathematisch-technischen Fakultät und arbeitete nach seinem Abschluss als Astronom an der Sternwarte in Pulkowo. Seit 1964 ist er freier Schriftsteller.

Über das Verhältnis von Lebensqualität und materiellen Gütern

Sehr geehrter Boris Natanowitsch!
Ich bin seit Langem ein Verehrer Ihres Talents und beneide Sie ein wenig. Nicht um Ihre Fähigkeit, wunderbare literarische Werke zu erschaffen, denn das liegt weit außerhalb meiner Möglichkeiten. Oder könnte man einen fernen Stern etwa um etwas beneiden? Was mich weitaus mehr

beeindruckt, ist Ihre Fähigkeit, die Zukunft vorherzusehen und Probleme vorwegzunehmen, die sich gerade erst am Horizont abzeichnen.

Ich selbst kann ohne falsche Bescheidenheit sagen, dass ich für meinen Bereich einen Zeitraum von fünf bis zehn Jahren prognostizieren kann. Und zwar ganz intuitiv. Aber das können alle erfolgreichen Führungskräfte. Jetzt, wo ich aus bekannten Gründen von meiner gewöhnlichen Arbeit abgeschnitten bin, habe ich versucht, einen Zeitraum von zwanzig, dreißig, vierzig Jahren im Voraus zu überblicken. Und bin dabei auf eine Reihe von Fragestellungen gestoßen, deren Lösung mir nicht klar ist, genauso wenig wie die eigentliche Problematik (und ob es sich dabei wirklich um Probleme handelt).

Ich wäre Ihnen sehr dankbar, wenn Sie meine Sicht bewerten und Ihre eigene kritische oder alternative Meinung äußern würden.

Mir scheint, das Problem ausreichender Energieversorgung zeichnet sich bisher erst ansatzweise ab, wird mittelfristig aber das Hauptproblem unserer Zivilisation sein. Eine Lösung ist undenkbar, wenn wir nicht das uns allen in den letzten hundert Jahren anerzogene Konsumdenken verändern, nach dem steigende Lebensqualität mit einer Zunahme an konsumierten materiellen Gütern gleichgesetzt wird.

Das Niveau des Konsums ist derzeit auf dem Erdball extrem ungleich verteilt. Riesiger, eindeutig verschwenderischer Verbrauch und elementarer Hunger existieren nebeneinander.

Es ist klar, dass diese unausgeglichene Situation die Länder (beziehungsweise Völker) mit einem niedrigeren Konsum veranlasst wird, ihre Situation zu verändern. Gleichzeitig geht aber auch in den überkonsumierenden Ländern die Jagd nach einem noch größeren Verbrauch weiter, weil der Anstieg des (häufig sogar zur Schau gestellten) Konsums nach wie vor das wichtigste Symbol für Erfolg ist.

Selbst wenn man die heutige Bevölkerungszahl zugrunde legt, kann die Erde offensichtlich nicht alle Menschen in dem Ausmaß versorgen, wie es dem derzeitigen Standard der Industrieländer entsprechen würde. Dazu braucht man nur zu wissen, dass der Energieverbrauch eines US-Amerikaners (obwohl energiesparende Technologien berücksichtigt sind) fünfmal so hoch ist wie der eines Chinesen.

Geht man vom jetzigen Niveau der technischen Entwicklung aus, so sind wir also nicht in der Lage, allein die Bevölkerung Chinas (vergessen wir für einen Augenblick Indien und andere) mit einer der wichtigsten Ressourcen, nämlich Energie, in dem Maße zu versorgen, wie es dem heutigen Energieverbrauch der USA entspricht.

Dieses Problem (eines von zahlreichen im Rohstoffbereich) ist nicht mithilfe der langsam zu Ende gehenden Kohlenwasserstoffquellen[1] zu lösen. Die Vorräte reichen einfach nicht. Die Atomenergie ist zwar weniger begrenzt, bringt aber zweifellos andere Nachteile mit sich, und für die nächsten dreißig bis fünfzig Jahre können wir nicht davon ausgehen, dass wir auf diese Technologie in großem Umfang werden zurückgreifen können.

---

[1] Kohlenwasserstoffe sind Verbindungen, die nur aus Kohlen- und Wasserstoff bestehen. Es ist die einfachste Stoffgruppe der organischen Chemie. Ihr gehören die fossilen Brennstoffe wie zum Beispiel Methan als Hauptbestandteil von Erdgas an.

Zum Teil wird die Entwicklung alternativer Energien hier helfen können, allerdings nur, wenn der jährliche Energieverbrauch lediglich um zwei bis drei Prozent ansteigen würde, realistischer ist jedoch ein Anstieg der globalen Nachfrage um ein Vielfaches.

Die Schlussfolgerung liegt für mein Gefühl auf der Hand und ist schon aus diesem einen Beispiel ersichtlich: Wenn es keine begründeten Hoffnungen auf die Erschließung völlig neuer, ökologisch ungefährlicher Möglichkeiten zur Befriedigung bestimmter materieller Bedürfnisse der Menschen gibt, dann müssen diese Bedürfnisse eingeschränkt oder verändert werden. Niemand wird sich damit einverstanden erklären, dass der Status quo, bei dem ein Teil der Erdbevölkerung ungleich mehr verbraucht als der Rest, gewaltsam festgeschrieben wird. Andererseits ist genauso klar, dass eine Senkung des Verbrauchs ohne soziale und politische Katastrophen kaum möglich sein wird.

Was also tun? Die skandinavischen Länder geben uns hier ein interessantes Beispiel. Sie schränken nicht nur den Verbrauch ihrer Möglichkeiten ein (so hat Schweden versprochen, ab 2020 keine Kohlenwasserstoffe mehr einzuführen), sondern schlagen auch die Abkehr von dem seit fast hundert Jahren vorherrschenden Konsumdenken vor. Dazu gilt es allerdings, die bisher eingefahrene Gleichsetzung des Energieverbrauchs mit Lebensqualität aufzubrechen.

So schlagen sie zum Beispiel mit Erfolg vor, Wertschätzungen zu verändern. Nicht mehr das neue Auto auf dem Parkplatz zählt, sondern Fahrrad und Kiefernwald.

Ist ein solcher Wandel schrittweise und durchdacht für die Menschheit insgesamt denkbar? Oder sind wir zu einer

Reihe härtester Krisen verdammt, die unsere Zivilisation zerstören?

Oder gibt es vielleicht einen dritten Weg?

Verehrter Michail Borissowitsch!
Nach meiner festen Überzeugung wird die Fähigkeit der Science-Fiction-Schriftsteller, die Zukunft vorherzusagen, sie auszurechnen und erst recht, sie zu erfinden, von den Enthusiasten und Anhängern dieser Gattung stark überschätzt. Wenn es gelingt, das lehrt die Erfahrung, dann handelt es sich entweder um Banalitäten oder um Zufälle. Vorhersagen lassen sich der Geist, die Aura, die Atmosphäre der Zukunft (wie dies H.G. Wells oder Jewgeni Iwanowitsch Samjatin[2] unternommen haben), aber nicht mehr. Die konkreten Verhältnisse sind nicht prognostizierbar. Zukunft ist das Ergebnis aus Einfluss und Wechselwirkung von so vielen Faktoren und Ereignissen (im umfassenden Sinn dieses Wortes), dass eine einigermaßen überzeugende Übersicht über die möglichen Varianten von nichtprofessioneller Seite ausgeschlossen ist.

Man kann sich nur mit dem Umstand trösten, dass die professionellen Prognostiker dieser Aufgabe ebenfalls nicht gewachsen sind und als Science-Fiction-Schriftsteller erst recht nicht taugen.

Die Brüder Arkadi und Boris Strugazki haben sich ihr ganzes Leben für die Zukunft interessiert, ständig über sie nachgedacht, in gewissem Sinn sogar in ihr gelebt, aber sie

---

[2] Russischer Revolutionär und Schriftsteller (1884–1937): Sein 1920 erschienener Roman »Wir« beschreibt eine Gesellschaft, in der alle Individualität unterdrückt wird.

haben nie versucht, sie vorherzusagen. Und erst recht nicht, sie zu konstruieren. Sie haben Welten entworfen, in denen sie gern leben würden. Oder Welten, in denen sie auf keinen Fall leben möchten. Aber sie haben nie ein Modell zu entwerfen versucht, wie die Welt aussehen *sollte*, und erst recht nicht, wie sie wirklich aussehen wird.

Manches gelang uns zufällig und gegen unsere anfänglichen Absichten. Wir beschrieben die Welt in dem Buch »Die gierigen Dinge des Jahrhunderts«, weil wir eine Antiutopie schaffen wollten, verstanden dann aber nach fünf Jahren, dass diese Welt bei Weitem nicht die schlimmste der möglichen (und durchaus realen) Welten ist. Und erst jetzt sehe ich, dass sie die wahrscheinlichste Zukunftswelt ist, die Milliarden haben wollen und zu der wir mit Sicherheit kommen werden… Oder kommen würden, wenn es nicht die beunruhigenden Umstände gäbe, die Sie erwähnen. Die Energiekrise. Die ökologische Krise. Ich bin mit Ihnen völlig einig: Die Menschheit hat im Moment kein wichtigeres Problem. Und Ihren Eindruck, dass wir in einer fürchterlichen Sackgasse stecken, kann ich gut verstehen. Auch ich denke seit mindestens 15 Jahren mit einem Gefühl der Angst und Hilflosigkeit über dieses Thema nach. Hinzu kommt, dass ich mir nicht sicher bin, ob dies, wie Sie schreiben, eine kurzfristige Perspektive ist. Ich fürchte, die ersten schrecklichen Indizien für das Ende »der Konsumkultur« werden sich schon in den nächsten zehn bis 15 Jahren zeigen, wenn endgültig klar wird, dass die Vorräte an Kohlenwasserstoffen zur Neige gehen und es wie in der Vergangenheit auch keine alternative Energiequellen geben wird. Dann werden wir der finsteren Zukunft ins Gesicht schauen müssen (entschuldigen Sie das Begräbnispathos, es ist schwer, es zurückzuhalten).

Nein, es wird keine KATASTROPHE (in dem verbreiteten Sinn dieses überstrapazierten Begriffs) geben. Die Menschheit wird nicht untergehen. Und auch zu einem Massensterben durch Hunger wird es kaum kommen. Nur die jetzige Kultur wird untergehen, das Wohlergehen der »satten Milliarde«, die Dominanz demokratischer Werte, der allgemeingültige Humanismus als Grundlage der Moral, mitsamt dem ganzen »Konsumdenken« (von dem Sie sprechen). Überall wird eine autoritäre Ära anbrechen, mit einem System von Gutscheinen für Waren, Lebensmittelkarten und Abkommandierungen der Bevölkerung zu Arbeitseinsätzen. Von heute auf morgen wird die Erde auf das Niveau des Energieverbrauchs des 19. Jahrhunderts (des Jahrhunderts des Dampfs und der Elektrizität, als es viel Dampf und wenig Elektrizität gab) zurückfallen. Und wahrscheinlich wird eine Zeit lokaler Kriege anbrechen: um die Ölfelder und um Trinkwasser.

Bemerkenswert ist, dass zwei Drittel der Menschheit davon gar nichts merken werden. Weder in Afrika noch in einem Großteil Südamerikas oder in Asien werden sich Niveau und Qualität des Lebens dadurch großartig ändern. Es wird keine globale Tragödie eintreten. Lediglich die Tragödie der »satten Milliarde«.

Was Sie zu den schwedischen Versuchen der Änderung des Konsumdenkens schreiben, ist interessant, ja rührend, aber ich halte diesen Weg für völlig exotisch. Ich bin nicht davon überzeugt, dass in Schweden etwas dabei herauskommt, worüber es sich zu sprechen lohnt, aber ich bin mir völlig sicher, dass dieser Weg weder für die USA noch beispielsweise England und schon gar nicht für uns infrage kommt. Nein, freiwillige Versuche, sich einer neuen Lebensweise anzupassen, haben meiner Meinung nach keinerlei Perspektive. Wir werden die ganze Bandbreite der Güter bis zum Letzten auskosten, bis man uns erklärt, dass eine Tankfüllung die Hälfte unseres Gehalts kostet, und auch dann werden wir für alle Fälle erst einmal ordentlich aufs Gaspedal drücken, bevor wir aufs Fahrrad umsteigen. (Ich habe nie von einem Auto gehört, das bei uns herumstand, nur weil der Benzinpreis bei uns so hoch ist wie in den USA, während die Löhne wie in Burkina Faso sind.)

Vor diesem Schicksal kann uns nur die Atomenergie bewahren. (Die Natur hält noch andere gewaltige Energiequellen bereit: Wir sehen, wie sie in den Zentren einiger Galaxien funktionieren, aber keiner durchschaut das wirklich und hat, soviel ich weiß, auch nur die mindeste Ahnung davon, um was für Quellen und um welche Energie es sich dabei handelt.) Was die Atomenergie betrifft, so stockt die Entwicklung seit etlichen Jahren. Ich denke manchmal sogar, dass sie in Wahrheit schon seit langem bewusst vernachlässigt wird, was von irgendwelchen cleveren Politikern aber sorgfältig vertuscht wird, damit der Besitzer funktionierender Atomenergie sich dann beim Ausbruch der Energiekrise zum »Herrscher der Welt« aufschwingen kann. Das sind natürlich Phantasien, aber mir ist aufgefallen, dass man in den letzten Jahren ganz aufgehört hat, über die Atomenergie zu sprechen und zu schreiben (ähnlich wie das Ende der vierziger Jahre mit der Uranspaltung der Fall war). Doch selbst wenn man Verschwörungstheorien beiseitelässt, ist klar: Um die Atomenergie steht es schlecht. Es will einfach nicht klappen. Und wird auch in nächster Zukunft nicht gelingen. Das wäre aber nötig, denn die Zeit ist knapp.

Von der Ökologie will ich nicht sprechen. Das hat vorläufig noch Zeit. Die Natur wird noch hundert Jahre aushalten. Die meisten Verschmutzungen sind Gott sei Dank reversibel. Hauptsache, es gibt Energie. Schon wieder Energie. Es dreht sich alles um die Energie.

Ich weiß nicht, ob ich mich für einen Pessimisten halten soll. Einerseits ist das oben gezeichnete Bild nicht besonders angenehm und wohl unausweichlich. Andererseits ist die Menschheit in jedem Fall »zum Überleben verurteilt«. Sie ist eine zu leistungsfähige, zu stabile, zu widerstandsfähige Struktur, als dass man ihre irreversible Zerstörung befürchten müsste. In dieser Hinsicht bin ich Optimist. Entschuldigen Sie diese Formulierung, denn bekanntlich ist ein Optimist nur ein schlecht informierter Pessimist. (Mark Twain hat das noch mehr auf die Spitze getrieben und gesagt: »Das 20. Jahrhundert unterscheidet sich vom 19. dadurch, dass im 19. Jahrhundert die Worte ›Optimist‹ und ›Dummkopf‹ nicht synonym waren.« Diese Aussage stammt wohl aus dem Jahre 1908. Was sollen wir da erst heute, im Jahre 2008, sagen?)

Wie dem auch sei, ich habe mich mit der düsteren Prognose abgefunden. Vielleicht, weil ich diese Zeiten nicht mehr erleben werde. Oder weil mir unser Land heute mehr Sorge macht als die drohende Energiekrise. Es kann einem schon schlecht werden, wenn man wieder in die verfluchte Welt zurückkehren soll, von der man gedacht hat, dass sie für immer der Vergangenheit angehört. Sozialer Optimismus wird unweigerlich bestraft. So viel ist sicher.

Lieber Michail Borissowitsch! Wie angenehm es war, mich mit Ihnen zu unterhalten. Ich hoffe, das war nicht unser letztes Gespräch. Ich wünsche Ihnen Gesundheit, Geduld und Erfolg!

Über die Balance zwischen Freiheit
und Sicherheit

Sehr geehrter Boris Natanowitsch!
Vielen Dank für Ihren Brief. Ich habe, glaube ich, alles verstanden, was Sie gesagt haben. Da ich Erfahrung mit der Lektüre Ihrer Bücher habe, habe ich Ihren Brief mit Unterbrechungen wieder und wieder gelesen.

Ich bin nicht einverstanden mit Ihrer Äußerung, dass es keinem der Science-Fiction-Schriftsteller gelingt, die Zukunft vorherzusagen. Ihrem Bruder und Ihnen ist das sehr wohl wiederholt gelungen. Als Sie »Welten entworfen haben, in denen Sie gern leben würden, oder Welten, in denen Sie auf keinen Fall leben möchten«, haben Sie die wirkliche Zukunft mehr als einmal getroffen. Als wir uns später in dieser Zukunft vorfanden, konnten wir uns von Ihrer Weitsicht überzeugen.

Ich bin völlig mit Ihnen einig, dass die Energiekrise und die ökologische Krise die beiden Hauptgefahren der Menschheit darstellen. Sie sind zwar nicht identisch, hängen aber eng miteinander zusammen, obwohl nur wenige das heute verstehen. Die Menschheit lebt zu hektisch; sie schafft es nicht innezuhalten, um die brisanten Probleme der Zukunft zu bedenken. Auch mit Ihrer Ansicht, dass die Menschheit nicht untergehen wird, wenn man den Menschen als biologische Gattung und nicht als Gesamtheit verschiedener Zivilisationen, die auf der Erde leben, betrachtet, bin ich einverstanden.

Sie schreiben: »Mit der Atomenergie will es nicht klappen, und eine Alternative gibt es nicht«? Doch, sowohl die Atomenergie als auch eine Alternative (Sonnenbatterien mit einem Wirkungsgrad von mehr als 40 Prozent und so weiter) sind machbar, nur ist das sehr teuer (genauer: kapitalaufwendig). Im Grunde genommen ist es ein Projekt vom Ausmaß des »Manhattan-Projekts«. Die jährlichen Kosten sind vergleichbar mit dem Verteidigungshaushalt eines Landes wie den USA. Dies wird man sich in nächster Zeit wohl kaum erlauben können.

Bezweifeln möchte ich Ihre Worte, dass die Mehrheit der Menschen (außerhalb der Länder der »goldenen Milliarde«) die Katastrophe der Energiekrise gar nicht bemerken wird. Leider werden es alle zu spüren bekommen, das zeigt schon die heutige Wirtschaftskrise. Die Globalisierung ist zu weit fortgeschritten; was in einem Teil der Welt geschieht, wirkt sich auch auf den Rest aus. Obwohl Sie sicher recht haben in dem Punkt, dass nicht alle, sofort und in gleichem Ausmaß von der Katastrophe betroffen sein werden.

Eingehen will ich auf Ihre Voraussage, die mich am meisten schreckt: Die Welt wird autoritärer und weniger human werden. Und auf Ihre Äußerung, wie widerlich es ist, in einen für immer der Vergangenheit angehörenden Albtraum zurückkehren zu müssen.

Auch mich widert das an. Aber mich verlässt der soziale Optimismus, von dem Sie schreiben, trotzdem nicht. Ich hoffe inständig, dass Ihre Vision nur von relativ kurzer Dauer sein wird, dass die dunklen Wolken jetzt am dichtesten sind, wir aber später – und sei es in zehn bis zwanzig Jahren – doch allmählich wieder ans Licht kommen werden.

Mit »wir« meine ich Russland. Die restliche Welt befindet sich heute vielleicht noch nicht auf dem Tiefpunkt, obwohl die Neokonservativen getan haben, was sie konnten.

Ich hoffe trotzdem, dass die Krise bei ihnen weniger stark ausgeprägt sein wird als bei uns.

Vielleicht wird es uns ja in einem bestimmten Augenblick sogar besser gehen als ihnen?

Mir liegt viel daran, an etwas Positives glauben zu können.

Sehr geehrter Boris Natanowitsch, ich schicke Ihnen anbei meine Notizen zum Gleichgewicht von Freiheit und Sicherheit. In gewisser Hinsicht hat Ihr Brief schon eine Antwort auf dieses Problem gegeben, aber es ist jetzt von größter Aktualität. Sowohl in Russland als auch im Westen.

In den letzten Jahren sind wir alle Zeugen einer Revision der verbürgten Ansichten zu diesem Problem in den Ländern des Westens geworden (wenn man sie denn als verbürgt betrachten kann). Auch wenn man auf die eingetretenen Veränderungen nicht im Einzelnen eingeht (sie sind bekannt und liegen auf der Hand), müsste man meiner Ansicht nach klären, wo und wie die neue Grenze zwischen den Rechten des Individuums und der Sicherheit der Gesellschaft, zwischen den Rechten eines Volkes auf Selbstbestimmung und den Rechten des Staates auf Erhalt seiner territorialen Integrität und so weiter verlaufen soll.

Wie soll man den objektiv wachsenden Gefahren begegnen? Der traditionelle Weg, erzwungen durch die Notwendigkeit erhöhter Sicherheit, besteht in der Einschränkung der persönlichen Freiheit.

Es gibt Situationen, in denen das nicht zu vermeiden ist. Anders kann man das wichtigste Menschenrecht, das Recht auf Leben, womöglich nicht sicherstellen. Es kommt dabei aber sehr darauf an, von wem und wie die Einschätzung getroffen wird, wie weit die Freiheit einzuschränken ist und wie weit die Sicherheit dadurch steigt. Und für wen.

Es lässt sich nicht leugnen, dass es außer objektiven Voraussetzungen für die Notwendigkeit von Veränderungen im Bereich der persönlichen Freiheit auch subjektive Interessen der Bürokratie gibt, die in die gleiche Richtung zielen. Die Wahrscheinlichkeit, dass auch ein »Teil der objektiven Voraussetzungen« von eben dieser Gruppe manipuliert wird, um einen Vorwand für die Einschränkung der Freiheit zu haben, ist groß. Die klassische Variante der Geschichte sieht folgendermaßen aus: Die Schrauben werden angezogen, das System büßt seine Elastizität ein, die Folgen sind Zusammenbruch und Anarchie, und dann wird auf den Trümmern etwas Neues aufgebaut. So hat es sich in unserer Geschichte mehrfach zugetragen, und das nicht nur in *unserer* Geschichte. Der Unterschied ist: In einer globalen Wirtschaft ist der Zusammenbruch womöglich weltweit, und es gibt niemanden, der ihn verhüten kann.

Wo und wie den Prozess aufhalten? Kann Russland eine positive Rolle spielen und einige Vorteile seiner jungen Entwicklung ins Spiel bringen?

Lieber Michail Borissowitsch!
Ich kann nicht behaupten, dass mich die Neuordnung der Welt anlässlich des Verlusts der (gewohnten) Sicherheit und der gestiegenen Gefährdung der sozialen Systeme sonderlich beunruhigen würde. Im Grunde genommen erwartet uns nichts grundsätzlich Neues und Unbekanntes: entweder Kriege (und zwar ausschließlich regionale, denn globale würden das Ende der Zivilisation bedeuten) oder Vorkriegs- und Zwischenkriegszustände, die durchaus

brenzlig sein können (falls der Terrorismus sich gefährlich verschärft).

Sowohl auf den ersten als auch auf den zweiten Fall ist unsere Zivilisation durchaus vorbereitet (»Das kennen wir bereits!«), und ich sehe absolut keine Notwendigkeit »einer neuen Grenzziehung zwischen den Rechten des Individuums und der Sicherheit der Gesellschaft, zwischen den Rechten eines Volkes auf Selbstbestimmung und den Rechten des Staates auf Erhalt seiner territorialen Integrität…« Zwar wird es zu dieser neuen Grenzziehung und einem neuen Verhältnis zwischen »Freiheit und Sicherheit« bestimmt kommen, und zwar in jedem Land auf seine Weise, je nach der herrschenden Mentalität der über die Gesetze entscheidenden Mehrheit, entsprechend der Willensbildung von Millionen Einwohnern und in der gewählten Richtung. In Russland beispielsweise wird das so aussehen: unbedingte Unterordnung unter den Willen der Obrigkeit, völliger Verzicht auf Eigenbeteiligung am System »Freiheit und Sicherheit« in der rührenden Überzeugung, je größer die Freiheit, desto geringer die Sicherheit. Verantwortlich für die Freiheit ist bei uns bekanntlich der Polizist (ein verhasster, gerissener, käuflicher Typ, aber der einzige Zuverlässige, weil er für diesen Posten *eingesetzt*! ist). Wir wissen, was die Miliz taugt, wir hassen sie, aber wenn es ernst wird, rufen wir nach der Miliz – appellieren nicht an die Bürger, sehen uns nicht nach Kameraden um, nach denen, die zu uns gehören, sondern rufen nach der Miliz, denn sie und *nur* sie ist dazu verpflichtet, uns (nach den Anweisungen der Obrigkeit) zu schützen. Alle anderen sind nicht dazu verpflichtet!

Ich habe nur eine schwache Vorstellung von einem durchschnittlichen »Westler«. Soll ich ihn mir so vorstellen, wie ich ihn aus Büchern kenne? Ich denke, die russische postfeudale Mentalität ist für ihn weniger typisch. Und auch die Obrigkeit ist in seinen Augen nicht unbedingt der Inbegriff der Gesetzlichkeit. Die Obrigkeit wird mit so einem Bürger wohl mehr Ärger bekommen, und ein mehr oder minder rigides Sicherheitssystem wird sich nicht ganz einfach durchsetzen lassen. Aber ich sehe auch im Westen keine prinzipiellen Hindernisse dafür.

Ich würde die Vielfalt der sozialen Umgestaltungen, die durch die Notwendigkeit der Etablierung eines neuen Systems von »Freiheit und Sicherheit« hervorgerufen sind, nicht überschätzen wollen. Ich habe den Eindruck, dass sich in der Gesellschaft eigentlich nichts grundlegend Neues abspielen wird. Wir werden uns einfach an die neue Lebensweise anpassen, wo mal hier mal da ein (unbekanntes) Café in die Luft geht oder in einer Schule aus heiterem Himmel Geiseln genommen werden… Das ist natürlich schrecklich, grauenhaft, wie lange soll diese Schweinerei noch dauern!, aber die täglichen Angelegenheiten sind so dringend, und das Epizentrum der Ereignisse ist so weit entfernt… Und all das geschieht ja nicht zum ersten Mal, und bisher sind wir immer mit einem blauen Auge davongekommen: die Spezialeinheiten haben die Sache in die Hand genommen… oder die OMON[3]? Ja, die Opfer, das ist schrecklich, aber auch das hatten wir ja schon: in Beslan zum Beispiel hat es Hunderte von Opfern gegeben…

Dieses resignative Zähneknirschen wird zu unserer häu-

[3] Einheit der Miliz besonderer Bestimmung: Spezialeinheit der russischen Polizei.

figsten Reaktion auf JEGLICHE Schrecken des Terrorismus werden, und das leider auch auf einen (letztendlich) unausweichlichen Anschlag auf ein Atomkraftwerk. Wir gewöhnen uns (mit Leichtigkeit) an die längsten Kriege; wir haben uns an die täglichen Zahlen der Hungertoten in Afrika gewöhnt; wir haben uns an die Flugzeugabstürze gewöhnt und daran, dass der Straßenverkehr mehr Leute umbringt als ein richtiger Krieg; ein Fall wie Tschernobyl kann uns noch ein wenig aus der Ruhe bringen, aber wie viele solcher Vorfälle braucht es noch – zwei oder drei – , damit wir sie gleichmütig hinnehmen?

Die Menschheit kann wohl nicht anders. Sie ist zu groß. Sie ist zu sehr mit alltäglichen Dingen beschäftigt, als dass sie ein winziges Stückchen ihrer Seele für etwas »Entlegenes«, »Unpraktisches«, für etwas anderes als »Essen, Trinken, Küssen« übrig hätte: für Mitleid, Mitgefühl, Barmherzigkeit. Und sie hat Geduld, eine teuflische Geduld! Diese Eigenschaft kann man ihr nicht absprechen. Sie findet sich mit allen Unannehmlichkeiten ab, die einen beliebigen (nicht zu sehr exponierten) Teil ihrer selbst heimsuchen, egal ob es sich um ein Massensterben, eine Hungersnot oder einen Anschlag des internationalen Terrorismus handelt. Die Sozialpsychologen können vielleicht sagen, welcher Teil dieses schwerfälligen Körpers gereizt, angegriffen, verwundet sein muss, damit dieser Köper aus der Ruhe kommt, aufhört, sich wohl zu fühlen, und das Bedürfnis verspürt, den früheren Status quo wiederherzustellen.

Und ich fürchte, das ist nicht gut und nicht schlecht, sondern es ist einfach so, und fertig. Wir haben keine andere Menschheit in der Hinterhand, sondern nur diese. Sie ist bereit, wenn es sein muss, für ihr eigenes Kind zu sterben, ja, von wegen ihr Kind, sie ist schon bereit, für die Vierzigstundenwoche zu sterben, aber sie ist absolut nicht dazu imstande, einen Finger zu krümmen für jemanden, der weiter weg ist.

Man kann sich leicht Länder vorstellen, die liebend gern von dem »legalen« Recht Gebrauch machen, den Druck zu verschärfen, die das schnell, geschickt und mit dem schweigenden Einverständnis ihrer Bevölkerung durchziehen. Genauso leicht kann man sich Staaten vorstellen, die versuchen, die Sicherheitsmaßnahmen auf ein Minimum zu begrenzen, oder sogar ganz ohne sie auskommen.

Was unser Russland mit seinem Entwicklungsrückstand betrifft, so wird es sich bei diesen Prozessen kaum etwas Neues einfallen lassen. Russland steht jetzt (zum x-ten Mal!) erneut am Scheideweg, an einer Weggabelung, und eine solche Lappalie wie die Verschärfung der Sicherheitsmaßnahmen (ein für uns ganz gewöhnlicher Vorgang, der praktisch unbewusst, automatisch, fast instinktiv verläuft) spielt keinerlei Rolle in seinem politischen Leben.

Nach einer Unterbrechung von hundert Jahren müssen unsere Machthaber das Recht des »Pöbels« auf einen zwar kleinen, aber ganz bestimmten Teil der Güter anerkennen, die sich die Machthaber selbst ganz selbstverständlich leisten können. Es hat Generationen gebraucht und eines völligen psychologischen Umbruchs bedurft, bis einige Selbstverständlichkeiten (wieder) Teil des Bewusstseins der arroganten und abgehobenen Schicht der Machthaber wurden. So zum Beispiel, dass es ein Recht auf eine eigene Wohnung gibt. Ein Recht, Geld zu verdienen und es auszugeben. Ein Recht, die Arbeit zu wechseln, und ein Recht, zu wählen, wofür man seinen Verdienst ausgeben will. Es gibt – man denke – ein Recht, sein Land zu verlassen und nach Gutdünken zurückzukehren… All diese »Selbstverständlichkeiten« sind erst vor Kurzem ins Bewusstsein der Machthaber dieser Welt getreten: vor einem Jahrhundert oder zwei. Bei uns in Russland setzen sie sich (nach der verheerenden Pest des Stalinismus) aber erst jetzt langsam durch und gelten bestenfalls für die Hälfte der herrschenden Elite, während die andere Hälfte noch nicht entschieden hat, ob es nicht einfacher und richtiger wäre, alles wieder so wie unter Stalin oder zumindest so wie unter Andropow einzurichten.

Werden wir von Asketen oder Hedonisten regiert?

Untersteht ihnen das Volk oder ein bestimmtes Kollektiv?

All diese Fragen hat Russland schon einmal zu lösen versucht: Ende der zwanziger Jahre. Damals siegten die Asketen, Träger einer reinen eisigen Macht mit unmenschlichem Angesicht. Sie sind auch heute nicht stärker, machen aber ordentlich Lärm und üben Druck aus, so dass man nur hoffen kann, dass sich die Zeiten endgültig geändert haben und die bekannte Losung »Enrichissez-vous!« unsichtbar, aber zum Greifen nah über den politischen Kampfplätzen schwebt. Entschuldigen Sie, wenn Sie finden, dass ich Ihre Frage nicht beantwortet habe, sondern zu sehr meinen eigenen Gedanken nachhänge. Aber was soll ich machen, wenn mich diese Weggabelung der Geschichte heute mehr als alles andere bewegt?

Ich wünsche Ihnen Gesundheit und Standfestigkeit!

230

Über Asketen, Hedonisten und beleidigte Jünglinge, die an der Macht sind

Sehr geehrter Boris Natanowitsch!
Vielen Dank für Ihren Brief und Ihre Antwort zum Problem des Verhältnisses von Freiheit und Sicherheit. Ich habe verstanden, dass Sie dieses Problem als nicht so wesentlich für die heutige Situation erachten, weil Sie davon ausgehen, dass die Gesellschaft jegliche die Freiheit beschneidenden Maßnahmen auch ohne die üblichen Hinweise auf die Notwendigkeit, die Sicherheit gewährleisten zu müssen, »schluckt«. Und erst recht ohne einen Vergleich zwischen der Verhältnismäßigkeit der zu erwartenden Bedrohungen und der Härte der zu ergreifenden Maßnahmen zur Einschränkung der individuellen und gesellschaftlichen Freiheit.

Ich hoffe aber sehr, dass Ihr Pessimismus nicht ganz berechtigt ist und die Gesellschaft sich doch nicht so leicht fügt. Dass sie nicht so widerspruchslos bereit ist, sich der Obrigkeit unterzuordnen, und nicht so sehr der »rührenden Überzeugung anhängt: je größer die Freiheit, desto geringer die Sicherheit«.

Trotzdem muss ich zugeben, die Aussicht, »die Träger einer reinen eisigen Macht mit unmenschlichem Angesicht« könnten die Herrschaft übernehmen, jagt mir Angst ein. Umso mehr, als das kaum ohne eine Zerstörung des Landes denkbar ist. Zu dieser Schlussfolgerung führen mich recht einfache wirtschaftliche Erwägungen.

Auf Ihre Frage, ob wir von Asketen oder Hedonisten regiert werden, lautet meine Antwort aus der Kenntnis vieler von ihnen: Wir haben es mit ängstlichen Hedonisten zu tun. Sie möchten gut leben, ohne Einschränkungen, also nicht wie die Mitglieder des Zentralkomitees der KPdSU, die Angst hatten, bei sich zu Hause eine Klimaanlage einzubauen, weil dann über sie geredet werden könnte. Was ein gutes Leben ist, das wissen sie dank der Globalisierung sehr wohl. Und ihnen ist absolut klar, dass ihnen das »dort« nur gelingen kann, wenn sie »hier« nicht zu viel Unfug treiben, denn die Welt ist in letzter Zeit sehr transparent geworden. Etwas Wichtiges lässt sich nur noch schwer verbergen. Aber bei fest angezogenen Schrauben in unserem Land ist ein gutes Leben »hier« ausgeschlossen, weil der eifrig bemühte Mythos einer belagerten Festung nicht gerade zu einem fröhlichen Leben einlädt. Besonders wenn man von dem mehr oder weniger breiten Kreis der Eliten und deren Kindern spricht.

Die »asketische« Alternative ist meiner Ansicht nach aus zwei miteinander zusammenhängenden Gründen unwahrscheinlich.

Erstens, sie tötet die postindustrielle Wirtschaft und in der Folge die Perspektiven des Wirtschaftswachstums, die Konkurrenz- und Verteidigungsfähigkeit eines Landes mit einem so großen Territorium wie Russland und mit derart unruhigen Nachbarn, wie wir sie im Moment haben. Zweitens, diese Alternative braucht eine der Gesellschaft verständliche und für die Mehrheit der Bevölkerung akzeptable Ideologie, die sie mobilisiert. Der Kommunismus des alten, sowjetischen Zuschnitts taugt für diesen Zweck nicht. Soweit er nicht schon tot ist, hat er mit Sicherheit keine Massenperspektive. Was kommt also infrage? Nur der Nationalismus. Und zwar einer, der kein Kinderspielzeug, sondern Nationalismus übelster Art ist.

Es liegt auf der Hand, dass das Wohlergehen des Landes unseren Asketen oder Hedonisten, vorsichtig gesagt, nicht vorrangig am Herzen liegt. Aber eine starke Verschlechterung der Situation Russlands würde starke Auswirkungen auf ihre eigenen Interessen haben. Und da die Möglichkeiten einer Steigerung der Rohstoffförderung ausgeschöpft sind und die industrielle Entwicklungsperspektive durch China, Indien und andere »asiatische Tigerstaaten« beschränkt ist, mit denen wir eine Konkurrenz nicht aushalten, ist die Wahl einfach: Entweder bauen wir eine postindustrielle Wirtschaft auf, oder es wird zu einer Stagnation auf einem relativ niedrigen Niveau kommen.

Dieses niedrige wirtschaftliche Niveau bringt uns in eine stark unterlegene Position nicht nur gegenüber China, der Europäischen Union und den USA, sondern auf weite Sicht auch gegenüber dem Iran und der Türkei. Sowie – auch wenn das jetzt angesichts der gegenwärtigen Wirtschaftskrise in den Ohren vieler lächerlich klingen mag – gegenüber der Ukraine. Letzteres ist für die Asketen besonders gefährlich. Wenig wirkt sich auf die Mythen staatlicher Propaganda so zerstörerisch aus wie der Wohlstand der nächsten Nachbarn und »Verwandten«.

Die »Zwangsmodernisierung« Stalins ist jetzt in Russland völlig ausgeschlossen. Grundlage dafür war die Massenflucht der Arbeitskräfte vom Land in die Stadt und der daraus folgende Anstieg der Produktivität. Genau das aber ist der »Motor« der chinesischen Wirtschaft. Er ist bei uns schon vor siebzig Jahren zum Stillstand gekommen.

Selbst wenn die Asketen, die »die reine, eisige Macht« anstreben, im heutigen Russland auftauchten und sie bekämen, müssten sie meiner Meinung nach den neuen Gegebenheiten der Welt Rechnung tragen. Und wenn sie dies nicht tun, würden die USA, die EU und China durch konzertierte Aktionen und geleitet von unterschiedlichen, aber in diesem Punkt identischen Interessen Russland auf die Stufe eines »Dritte-Welt-Landes« drücken, was weder für die Asketen selbst noch für unsere Bevölkerung akzeptabel ist. (Die Details, wie sich solch eine Degradierung technisch durchführen lässt, lasse ich weg, aber es hat in der Geschichte durchaus Präzedenzfälle für eine solche »konzertierte Aktion« gegeben.) Deshalb ist meiner Ansicht nach der Erhalt des hohen technologischen Standards in Russland heute die wichtigste Voraussetzung für den Machterhalt der Asketen.

Was die Hedonisten betrifft, so ist ohnehin alles klar. Um sich an der Macht zu halten, müssen sie hier leben. Hier leben, ohne ein hohes Tempo des Wirtschaftswachstums zu garantieren, ist nur möglich durch den Übergang zum Totalitarismus. Dazu haben sie weder die politischen noch die psychologischen Ressourcen. Die Menschen haben gelernt, sich völlig gleichgültig dem Staat gegenüber zu verhalten, ihre Loyalität rein formal zur Schau zu stellen, ohne dass dahinter eine reale Ergebenheit steckt. Außerdem macht der Totalitarismus in einem großen europäischen Land des 21. Jahrhunderts das Leben sehr beschwerlich und schon bei kurzer Dauer perspektivlos. Präzedenzfälle dafür hat es gegeben.

Viele verstehen den oben dargestellten Sachverhalt. Deshalb gilt das Szenario eines »trägen Russlands« auch für das wahrscheinlichste unter Experten.

Zum Glück stehen nicht alle Menschen, selbst im bürokratischen Milieu, dem Schicksal ihres Landes gleichgültig gegenüber. Deshalb sehe ich es als meine Aufgabe an, eine einfache Tatsache klarzustellen: Ohne eine ernsthafte Weiterentwicklung hat das gegenwärtige politische System halb autoritären Typs keine Perspektive in unserem Land. Es führt unweigerlich zur klassischen Situation der Stagnation und zu erneuter historischer Rückständigkeit, die in der heutigen globalisierten Welt eine existenzielle Bedrohung des Landes bedeutet.

Ich bin überzeugt davon, Schutz vor dieser Bedrohung neuen Typs bietet nicht ein Polizeistaat, sondern nur eine Liberalisierung, die ein postindustrielles Projekt anvisiert.

Ich möchte auch noch anmerken, dass mich nicht nur die heute in Russland wachsende »politische Unfreiheit« schreckt, sondern auch die »Jaebolisierung«,[4] die eine Folge davon ist.

Schon 1996/97 habe ich das Experiment der koreanischen und japanischen Wirtschaft eingehend studiert. Und zwar unter Hinzuziehung der besten internationalen Berater im Zusammenhang mit meinem Vorhaben, den Konzern »Rosprom«, eine Art russischen Jaebol, aufzubauen. Ich kam zu dem Schluss: Für die globalisierte Wirtschaft ist dieser Weg strategisch ineffektiv. Ich habe mich in der Folge rigoros von allen Unterabteilungen des Konzerns getrennt, die nicht zu der gewählten Branche gehörten. In den vergangenen zehn Jahren hat die Schlussfolgerung, zu der ich damals kam, ihre Gültigkeit behalten. Durch die Erfahrung der entwickelten Wirtschaften wurde sie sogar noch weiter bestätigt.

Die Konsequenzen der falschen Strukturpolitik der Ge-

---

[4] Jaebol ist der koreanische Begriff für einen bestimmten Typ Mischkonzern.

genwart werden wir mit Sicherheit in den nächsten sieben bis zehn Jahren zu spüren bekommen, wie ich glaube. Diese Konsequenzen werden hart sein. Für das Land, für die Gesellschaft, für die meisten Bürger.

Warum spreche ich von alldem? Weil ich zeigen will, wo ich den wirklichen Problembereich sehe: im halb autoritären System, der Diversifizierung, der Bremsung der Geschwindigkeit des Wirtschaftswachstums auf einem Niveau von völlig unzulänglichen ein bis zwei Prozent. Das sind die Hauptgefahren und Hauptprobleme, die gelöst werden müssen.

Faschismus und Stalinismus schätze ich nicht als solche realen Gefahren ein, als dass man ernstlich seine Kräfte darauf verschwenden sollte. Ja, ich bin sogar der Meinung, dass die propagandistische Aufbauschung dieser wenig wahrscheinlichen Gefahren ein Ablenkungsmanöver der machtnahen Clique ist, um das halb autoritäre System als »kleineres Übel« darstellen zu können.

Natürlich kann man die Nationalisten und die Betonköpfe der Geheimdienste und der Armee nicht ganz außer Acht lassen, aber es ist gefährlich, ihre Bedeutung zu überschätzen, weil man darüber die reale Gefahr »verschlafen« kann. Sie liegt in einer halb autoritären Stagnation für 15 bis 20 Jahre, durch die das Land zerstört wird.

So sehen also meine »unfrisierten Gedanken« aus.

Über eine kritische Anmerkung und (oder) »Zielanweisung« von Ihrer Seite würde ich mich freuen.

Lieber Michail Borissowitsch!
Vielen Dank für Ihren interessanten und gehaltvollen Brief. Ich bin ein Pessimist. Ja, das stimmt. Aber Sie sind ein hoff-

nungsloser und unverbesserlicher Optimist. Sie gehen davon aus, dass die Machthaber sich von ihrer *Ratio* leiten lassen, dass sie *nachdenken*, dass sie der *Logik* folgen. Natürlich sind sie logisch, aber auf ihre Weise. Ihre Logik stützt sich auf ein ganz anderes als das uns bekannte Paradigma. Natürlich kennen sie die Begriffe »Wohl des Volkes«, »Prosperieren des Landes« und gebrauchen sie auch gern, legen ihnen aber ihren individuellen, besonderen, ganz persönlichen Sinn bei.

Sie sind sich absolut sicher, dass mit dem Wohl des Volkes vor allem IHR persönliches Wohl gemeint ist, und dieses Wohl ist eine alles kontrollierende rigide Macht. Außerhalb dieser Macht und ohne diese Macht wird das Volk zugrunde gehen, sich in eine Herde unlenkbarer, armer Tiere verwandeln. Dann kommt es zu einer Zeit der Wirren, und etwas Schlimmeres als eine Zeit der Wirren können sie sich nicht vorstellen.

»Wohlergehen des Landes« heißt vor allem eine gewaltige Militarisierung (»Russland hat zwei Verbündete: die Armee und die Flotte«, wobei wir heute hinzufügen würden: und die heldenmütigen Sicherheitsorgane), denn ohne die Militarisierung stellen wir nichts dar und sind niemand, jeder hergelaufene Staat vom Typ Georgiens kann uns verspeisen, von Amerika ganz zu schweigen (»verspeisen« war das Lieblingsverb des Genossen Stalin, wenn er von der Außenpolitik sprach).

Wenn der Lebensstandard sinkt, keine Panik. Dafür steht die Macht wie ein Fels da, und alles ist unter Kontrolle. Wenn es zu sozialen Unruhen kommt, keine Panik. Es gibt die OMON und die Spezialeinheiten, die nur darauf warten, Ordnung zu schaffen. Und es gibt die loyalen Medien, die immer bereit sind, Demonstrationen als kriminelle Verschwörung von Mafia-Strukturen hinzustellen, als Anschläge des Abschaums unserer souveränen Demokratie oder gar als dreiste Aggression globaler Drahtzieher, die nichts anderes als das im Sinn haben.

Es gibt nichts Schreckliches und kann nichts Schreckliches in unserem Land geben, wenn die Machtvertikale unerschütterlich dasteht und die Meinungsumfragen über die Hauptpersonen positiv ausfallen. Wer hat behauptet, »der Erhalt eines hohen technologischen Standards in Russland ist heute die wichtigste Voraussetzung für den Machterhalt der Asketen«? Weit gefehlt. Die Hauptvoraussetzung ist die Stärkung, die Stärkung und noch mal die Stärkung der Machtvertikale (Armee, Flotte, Sicherheitsorgane, Medien).

Wer hat behauptet, »der Totalitarismus in einem großen europäischen Land des 21. Jahrhunderts macht das Leben beschwerlich und nach kurzer Zeit perspektivlos«? Das stimmt vielleicht für den einfachen Kleinbürger und für den Kleinbürger aus der Intelligenz, aber für den Komfort eines der Mächtigen ist der Totalitarismus keineswegs ein Hindernis (vorausgesetzt, er bleibt in vernünftigen Grenzen und schlägt nicht in Großen Terror um).

Es ist traurig, aber sie fürchten noch nicht einmal den Zerfall des Landes. Hauptsache, es gelingt ihnen, auf den Ruinen ihre monopolistische und unwidersprochene Macht zu erhalten. Sie haben vor NICHTS Angst außer vor dem Verlust der Macht. Sie sind das Hirn und die Seele der Nation. Der Körper der Nation kann an Dystrophie sterben, sich mit Furunkeln bedecken – in der schlechten sozialen Atmosphäre ersticken, solange das Hirn und der Geist funktionieren, ist der Organismus lebendig.

Es gibt nur eine einzige Hoffnung auf eine Beendigung dieser Orgie: die Hoffnung auf eine Spaltung innerhalb der Elite, auf die Schizophrenie der Macht. Ein neuer Gorbatschow muss kommen (oder vielleicht gleich ein Jelzin), ein Mann, der Autorität hat, dem es missfällt, über Knechte zu regieren, dem die Macht allein nicht ausreicht, der darüber hinaus auch noch *Ruhm* haben will. Woher solche Leute kommen, weiß der Himmel. Sie erscheinen zwar selten in Russland, aber regelmäßig. Ich weiß nicht, ob die Wirtschaftskrise das Erscheinen eines solchen Kometen begünstigt, kann es aber auch nicht ausschließen. Warten wir also ab. Wie Sie sehen, habe auch ich einen gewissen Optimismus (»mit Tränen in den Augen«).

Ein gutes Neues Jahr! Ich wünsche Ihnen von ganzem Herzen Gesundheit, Gelingen, Erfolg und vor allem: die Freiheit!

Verehrter Boris Natanowitsch!
Ich möchte Ihnen zu der Verfilmung Ihres Buchs »Die bewohnte Insel«[5] gratulieren. Der Film kommt genau zur rechten Zeit, und er entspricht dem Roman sehr viel mehr als der Film »Die Zauberer«, der eine Verfilmung Ihres Werks »Der Montag beginnt am Samstag« sein sollte. Hören Sie nicht auf das Gemecker, es zeugt nur von der Aktualität des Themas. Die Ähnlichkeit zwischen dem, was in dem Roman beschrieben wird, und dem, was zurzeit in Russland geschieht, ist nicht zu übersehen.

---

[5] Science-Fiction-Roman von Arkadi und Boris Strugazki aus dem Jahre 1969, deutsch erstmals 1972, von Fjodor Bondartschuk 2008 verfilmt.

Was unsere Diskussion betrifft, so möchte ich hervorheben: Wenn ich Ihrer Meinung nach ein hoffnungsloser und unverbesserlicher Optimist bin, dann sind Sie kein Pessimist, sondern ein Skeptiker hoch drei. Ich habe schon ein skeptisches Verhältnis zur Macht, aber Sie ...

Vielleicht können unter bestimmten Bedingungen Vertreter der Elite, denen es, wie Sie sagen, »missfällt, über Knechte zu regieren, und denen die Macht allein nicht ausreicht, die darüber hinaus auch noch *Ruhm* haben wollen«, die Führung übernehmen. Oder die, denen die Macht ausreicht, können zu solchen werden, die auch noch nach Ruhm streben. Aber vorläufig liegt das in weiter Ferne: glauben Sie mir das, ich kenne viele von ihnen recht gut. Was Ihren Gedanken, positive Änderungen »von oben« seien ausschließlich bei einer »Spaltung« der Elite zu erwarten, nicht weniger zutreffend macht. Da stimme ich hundertprozentig zu. Deshalb unterstütze ich (wie auch Sie, soweit ich weiß) die Beteiligung der Liberalen an der Macht und die Suche nach Kompromissen wie im Fall der Partei »Die gerechte Sache«[6]. Dafür ernte ich Kritik, bleibe aber bei meiner Einstellung.

Ich hoffe, Ihre Meinung bringt einige der »Unversöhnlichen« unter unseren Leuten dazu, dieses Problem anders zu beurteilen. Obwohl es auch Unversöhnliche geben muss, sonst wird unsere Gesellschaft noch serviler. Was den »Optimismus mit Tränen in den Augen« betrifft: Wenn Sie ihn sich in den sowjetischen Zeiten bewahrt haben, dann ist er

---

[6] »Prawoje delo«, eine 2008 durch Dreierfusion entstandene liberale Partei Russlands. Das Motto der Partei lautet »Freiheit, Eigentum, Ordnung«.

jetzt erst recht angebracht. Die Situation ist ja sehr viel entspannter als früher. Sowohl, was den Zugang zur Information angeht (in dieser Hinsicht sind die Möglichkeiten mit der Vergangenheit einfach nicht zu vergleichen), als auch, was die Gegnerschaft gegenüber dem Westen betrifft, die bei aller antiwestlichen Rhetorik der Behörden doch sehr viel geringer ist als zur Sowjetzeit.

Ich bin überzeugt davon: Keiner der heutigen Machthaber strebt freiwillig die Stellung eines Parias an. Es handelt sich bei ihnen einfach um zornige, gekränkte Jünglinge, die gefährlich sein können, die aber, wenn sie erwachsen sind, vermutlich mehr oder weniger normale Menschen sein werden. Natürlich nicht alle, aber in der Masse als politische Klasse gesehen, bestimmt. Damit das nicht passiert und sie auch im erwachsenen Zustand gefährlich bleiben, bräuchte es den Großen Terror, der die ganze Führungsschicht durch gemeinsame Morde verbindet und die Beseitigung zweifelnder Elemente garantiert.

Ich bezweifle, dass das heute möglich ist. Die Armee braucht Köpfe und Know-how, die Bevölkerung moderne Produkte und einen mit den Nachbarn vergleichbaren Lebensstandard, die Elite Anerkennung und Respekt im Ausland. Lappalien, sagen Sie? Aber gerade diese Lappalien ändern die Motivation der Elite entscheidend, wie ich finde.

Ich wünsche Ihnen das Beste.

Lieber Michail Borissowitsch!
Ich habe mit der Antwort ein wenig gewartet, weil ich dachte, Ihnen stehe der Sinn im Moment wohl kaum nach unserer Korrespondenz. Man hat mich davon überzeugt, dass das nicht stimmt, und so kehre ich also zu unserem

Thema zurück, zu dem Versuch zu zeigen, dass ich nicht ganz ohne Hoffnung bin und in der Zukunft nicht nur die »Finsternis der Macht«[7] sehe.

Sie schreiben in Ihrem letzten Brief: »Die Armee braucht Köpfe und Know-how, die Bevölkerung moderne Produkte und einen mit den Nachbarn vergleichbaren Lebensstandard, die Elite Anerkennung und Respekt im Ausland. Lappalien, sagen Sie? Aber gerade diese Lappalien ändern die Motivation der Elite entscheidend, wie ich finde.«

»Ihr Wort in Gottes Ohr!«, wie meine Mutter zu sagen pflegte. Wenn alles so einfach wäre, hätten wir die jetzige Regierungsform schon unter dem Genossen Breshnew haben können. All das: Köpfe, Know-how, Produkte, Anerkennung sind jedoch offenbar nicht genug. Es fehlt noch etwas zur »Änderung der Motivation der Elite«. Oder steht im Gegenteil etwas, das überflüssig ist, im Weg? Die Bürde chronischen imperialen Denkens? Die Last geopolitischer Wunschträume? Oder das »Menschliche, allzu Menschliche«, das jeden Durchschnittsbeamten in einen VIP verwandelt? Wahrscheinlich alles auf einmal. Aber wie dem auch sei, egal welche Partei wir gründen, es kommt eine KPdSU dabei heraus, egal welche Wirtschaftsbranche wir wählen, es läuft auf die Rüstungsindustrie hinaus, und überhaupt: »Es kommt immer dasselbe dabei heraus«, etwas Rigides, Bürokratisches, Aggressives, etwas hoffnungslos Verstaatlichtes.

Manchmal scheint mir, es bräuchte nur zwei Generationen ohne Inflation, Autoritarismus, demonstrative Aggressivität,

---

[7] Geflügeltes Wort: »In Russland gibt es zwei Abgründe: unten die Macht der Finsternis, oben die Finsternis der Macht.«

und es würde sich alles einrenken, es täte sich dann ein natürlicher liberaldemokratischer Weg für Russland auf, aber woher sollen wir diese zwei Generationen nehmen?

Vor Kurzem habe ich in der Zeitschrift »Snob« die Antworten ganz unterschiedlicher Leute auf die Frage »Wie stellen Sie sich Russland in zehn Jahren vor?« gelesen. Mich hat der allgemeine Optimismus der Antworten erstaunt, ein vorsichtiger, aber eindeutiger Optimismus. Und das Leitmotiv hat mich erstaunt: Es wird keine besonderen Vorkommnisse geben, es wird sogar ein bisschen besser werden, aber großartige Katastrophen werden ausbleiben. Unsere Generation lässt sich die »Hoffnung auf Ruhm und Gutes« nicht nehmen. Trotz allem. Gegen jeden Pessimismus.

Und tatsächlich: Ob Skeptiker oder leidenschaftlicher Pessimist, langfristig gibt es nur den liberaldemokratischen Weg. Jeder Autoritarismus, jede Verstaatlichung des sozialen Lebens bedeutet zweifelsohne eine Bremse, Stagnation, eine Unterbrechung des Prozesses, die übliche Militarisierung, ja sogar Krieg (zumindest einen »kalten«). Und es bringt zwangsläufig den Rückstand hinter Ländern mit einer freien Wirtschaft mit sich, eine triste Verwandlung in ein Obervolta mit Atombomben. Es bringt einen auf Dauer instabilen Haushalt mit sich, Konzerne, die nicht auf eigenen Beinen stehen können und – natürlich! – eine durch nichts begrenzte Macht der in alle Ritzen eindringenden, allgegenwärtigen, unkontrollierten Bürokratie, die alle Schaltstellen des staatlichen Getriebes mit Sand füllt… Ein solcher Staat ist vor allem nicht konkurrenzfähig. Er ist gezwungen, sich etwas einfallen zu lassen: eine Perestroika vorzunehmen, die Eliten auszuwechseln, den Weg der Zivilisation wiederzufinden. Einmal haben wir das bereits erlebt, werden wir es noch einmal erleben?

Der »Pfeil der Geschichte« geht mit großer Wahrscheinlichkeit in eine bestimmte Richtung. So dass die Pessimisten für eine kurze Zeitspanne durchaus recht behalten können, in einer langfristigen Perspektive aber eindeutig den Kürzeren ziehen. Möge ihnen das eine Lehre sein! Denn bekanntlich ist Trübsinn eine der sieben Todsünden.

Ich wünsche Ihnen Erfolg, Michail Borissowitsch, Geduld und Gesundheit.

Modernisierung: Generation M
»Wedomosti«, 21. Oktober 2009

Viele meiner Freunde sind der Meinung, den bekannten Artikel von Präsident Medwedew »Russland, vorwärts!« kommentieren oder einer Polemik unterziehen zu wollen sei ein sinnloses Unterfangen. Sie halten den öffentlich unternommenen Versuch Medwedews, sich an den intellektuell und schöpferisch aktiven Teil der Gesellschaft zu wenden, für Bluff und eine Farce, in der das Staatsoberhaupt nur die klassische Rolle des »guten Polizisten« in einem Schauspiel mit dem Titel »Russische Tandemokratie« spielt. All das solle nur bewirken, dass der eine Teil der Bevölkerung der Russischen Föderation weiterhin Putin liebe, während der andere, sich mit dem ersten nicht überschneidende Teil Medwedew lieben oder ihm wenigstens glauben solle.

Vielleicht stimmt das auch. Oder es stimmt teilweise. Beweise für das Gegenteil habe ich nicht. Umso mehr als es in dem Artikel des Präsidenten mit seiner verlockenden und vielversprechenden Überschrift einige Stellen gibt, die absolut nicht vom Beginn »eines neuen politischen Denkens« im Sinne einer Perestroika zeugen. So ist der Autor des Artikels »Russland, vorwärts!« etwa der Meinung, die Unabhängigkeit des Gerichts bestehe »in einem selbstständigen Verständnis dessen, was der Staat braucht«. (Vielleicht ist damit gemeint, der Richter solle nicht erst auf einen Anruf aus dem Kreml warten, sondern müsse selbst wissen, welche Entscheidung die Obrigkeit von ihm erwartet.) Obwohl doch die moderne Rechtstheorie eigentlich davon ausgeht, dass das Gericht nur dem Gesetz und nicht dem Staat verpflichtet ist. Und schon gar nicht den Bürokraten und Günstlingen, die sich im heutigen Russland das alleinige Recht herausgenommen haben, sich »Staat« zu nennen.

Jener Teil des Artikels, der die Möglichkeit einer Modernisierung Russlands ohne Abrücken vom autoritären System diskutiert, ist eine Enttäuschung. Der Punkt ist, dass unser autoritäres System vielen wesentlichen humanitären Ansprüchen moderner europäischer Staaten nicht genügt. (Wenn mich mein Gedächtnis nicht täuscht, hat der Kreml, egal was er unternahm, um die Demokratie zu beschneiden, nie offiziell verkündet, wir seien Asien. Es war immer von Europa die Rede, selbst wenn ein »anderes Europa« angesteuert werden sollte.) Der Punkt ist vielmehr, dass die berüchtigte »Vertikale der Macht« ungeheuer ineffektiv ist. Das sehen wir allein daran, wie die bürokratische Maschine in den letzten Jahren funktioniert oder richtiger: eben nicht funktioniert. Einen so großen, komplizierten und inhomogenen Raum wie Russland kann man nicht mit solch archaischen Mechanismen verwalten, die schon in den Grenzen der Moskauer Innenstadt nicht zu den geplanten Ergebnissen führen. Und schon gar nicht unter den Bedingungen einer zwar lenkbaren, aber doch unzweifelhaften Krise, wie sie eine Modernisierung immer mit sich bringt.

Ohne mir zu große Illusionen zu machen, halte ich es doch für sinnvoll, mich auf eine Diskussion des angeschnittenen Problems einzulassen, umso mehr als ich mit einigen Stellen und Passagen des Artikels »Russland, vorwärts!«

durchaus einverstanden bin: etwa mit der klaren Prämisse, dass keine Modernisierung die unermesslichen Opfer an Menschenleben rechtfertigen kann, die sie gekostet hat (Beispiele: Peter der Große, Stalin); mit der recht zutreffenden Beschreibung des gegenwärtigen Zustands der russischen Wirtschaft; mit der Einschätzung, die bestochenen Beamten und die bestechenden Geschäftsleute würden gegen die Modernisierung sein, weil die parasitäre »Pipeline-Wirtschaft« vollkommen in ihr Konzept passt.

Natürlich maße ich mir nicht an, meinerseits eine Version für eine zukünftige Erklärung des Präsidenten zu entwerfen. Deshalb würde ich es erstmal für richtig halten, Dmitri Medwedew nur eine Frage zu stellen, die mir sehr wichtig erscheint: Wenn die politische Entscheidung für eine Modernisierung im heutigen Russland getroffen wird, wer soll diese Modernisierung umsetzen?

Dass es nicht der korrumpierte Teil der Bürokratie und die ihr nahestehenden Geschäftsleute sein können, ist klar. Das hat Medwedew zugegeben.

Die Elite des Polizeiapparats auch nicht. Sie ist für die Sicherheit da und nicht, um etwas Neues aufzubauen. Alle Versuche, diese unvereinbaren Aufgaben miteinander zu verbinden, haben weder zur Sicherheit noch zum Aufbau von etwas Neuem beigetragen.

Es liegt auf der Hand: Eine einzelne Führungskraft, und sei sie noch so stark, die niemand hat, auf den sie sich stützen kann, ist unmöglich imstande, eine Modernisierung in Gang zu setzen. Eine Modernisierung ist nicht das Werk von Einzelnen. Nicht Hunderte und nicht Tausende von Verbündeten aus dem bürokratischen Lager sind dieser Aufgabe gewachsen.

Für die Durchsetzung einer echten Modernisierung braucht man meiner Meinung nach eine ganze soziale Schicht: eine regelrechte Modernisierungsklasse. Für die diese Modernisierung des Landes keine fiktive, von oben angeordnete Kampagne ist, sondern eine Frage der Existenz, der Selbstverwirklichung im eigenen Land und, wenn man so will, eine Frage des kontinuierlichen Aufstiegs zur Macht. Wenn man die historische Erfahrung unterschiedlicher Modernisierungen zusammenfasst und verallgemeinert, kann man davon ausgehen, dass die Größe der modernisierenden Klasse nicht kleiner als drei Prozent der arbeitsfähigen Bevölkerung sein darf. In unserem Fall also nicht weniger als zwei Millionen Menschen.

Als Angehörige dieser Modernisierungsklasse kommen insbesondere infrage:

– Professionelle Innovatoren, darunter Inhaber und Manager kleiner und mittlerer, in Eigeninitiative gegründeter Privatunternehmen, mit greifbaren Arbeitsergebnissen in innovativen Branchen.
– In den 1960er und 1970er Jahren geborene Wissenschaftler und Ingenieure, die ihre Ausbildung in der Sowjetunion erhalten haben, in Russland einen Beruf entsprechend ihrer Qualifikation ausüben und noch nicht endgültig die Hoffnung verloren haben, in ihrer Heimat ein Betätigungsfeld für sich finden zu können.
– Wissenschaftler und Ingenieure, die Russland in der postsowjetischen Zeit verlassen und sich im Westen betätigt haben: Ein gewisser Teil von ihnen kann zurückkehren, wenn sie Medwedews Aufruf Glauben schenken

und qualitativ neue Möglichkeiten für sich in der Heimat sehen.

– Junge Fachleute mit hohem kreativem Potenzial, die jetzt vor der schwierigen Alternative stehen: emigrieren und sich »dort« betätigen oder Medwedew glauben und »hier« bleiben.

– Recht breite Schichten der geisteswissenschaftlichen Intelligenzija, denen der Glamour und die Machtspielchen der Souveräne nicht allen Mut genommen haben, darunter in erster Linie: gute Lehrer und Journalisten.

Modernisierer Russlands können nur eigenständig denkende Menschen sein und nicht solche, die eine parasitäre Anspruchshaltung haben. Leider haben die Eliten und der Machtapparat in den letzten Jahren im Wesentlichen die Zunahme Letzterer und das Verschwinden Ersterer begünstigt.

Diese Gemeinschaft, die als Ganzes zum Motor der Modernisierung werden kann, will ich Modernisierungsgeneration, »Generation M«, nennen.

Wenn Medwedew wirklich solchen Menschen – und nur solchen – eine Chance geben will, dann ist die Modernisierung kein leerer Begriff. Aber das heißt auch, dass den Präsidenten sehr schwierige Entscheidungen erwarten. Denn die »Generation M« muss das Feld säubern können und die sich an ihre Pfründe klammernden Vertreter des erwähnten Tandems von »korrumpierter Bürokratie und parasitärem Kapital« fühlbar zurückdrängen. Ist der Präsident imstande, solche Schritte zu unterstützen? Er hat uns aufgefordert, wir sollten Fragen stellen – fragen wir ihn also. Solange es keine Antwort auf diese Frage gibt, kann man schwerlich von einer ernsthaften Modernisierung sprechen.

Noch eines. Die Vertreter der »Generation M« haben per se keine Vorliebe für die »Vertikale der Macht«. Neben vertikaler Mobilität brauchen sie unbedingt funktionierende Institutionen eines demokratischen Staatswesens und eine wirksame Zivilgesellschaft. Die bekommen wir aber nicht ohne politische Reformen. Man kann nicht eine »Generation M« ausrufen und zum Gegenstand der Modernisierung machen wollen, wenn man ihr gleichzeitig eine reale Modernisierung des politischen Systems verweigert.

Verfasser: Bürger der Russischen Föderation, Untersuchungsgefängnis (Siso Nr. 99/1), Moskau

Unsere Justiz – wie ich sie sehe

»Nesawisimaja Gaseta«, 3. März 2010

Meine Sicht unseres Justizsystems wäre allzu schlecht, basierte sie nur auf den Gefühlen und der Erfahrung einer Person, die in seine Mühlen geraten ist. Schließlich bin ich ein etwas *anderer* Gefangener. Meine Abenteuer laufen unter »spezieller Kontrolle« wie mein Anwalt Juri Schmidt zufällig bei einer Sitzung des Obersten Gerichtshofs der Russischen Föderation festgestellt hat. Und zwar von Anfang an. Audio, Video und menschliche Kontrolle. Nie wurden normale Obdachlose, die eine Auszeit nehmen vom harten Leben auf der Straße, gemeinsam mit mir in eine Zelle gesteckt.

Was ich jetzt erzählen werde, ist das Ergebnis der Analyse eines Menschen (und ist nicht jeder Manager eines großen Unternehmens unweigerlich Analyst?), der sich über einen Zeitraum von fast sieben Jahren immer wieder in dumpfe Ränkespiele unserer Gesetzesvollstrecker verstrickt gefunden hat – in ihre Ränkespiele untereinander und gegen die russischen Bürger.

Die erste und wichtigste Sache, die ich bereits im dritten Monat meiner Gefangenschaft verstanden hatte, war: Die Vorstellungen, die wir uns »draußen« von der Polizei, den Gerichten und der Strafvollzugsbehörde (FSIN) als voneinander unabhängigen Strukturen machen, sind absolut unzutreffend. Wir wissen gar nichts über das System, bis wir selbst in seine Fänge geraten.

Das System ist in seinem Wesenskern ein Unternehmen, dessen Geschäft die legalisierte Gewalt ist. Dieses Unternehmen ist riesig, mit einer unglaublichen Menge interner Konflikte und widerstreitender Interessen. Das Problem dieses Unternehmens, in dem sowohl anständige Menschen als auch zwielichtiger Abschaum arbeiten, ist nicht das Menschenmaterial, sondern seine Organisationsprinzipien.

Das System ist das Förderband einer gigantischen Anlage, die einer eigenen Logik folgt und die im Allgemeinen keiner Regulierung von außen unterliegt. Wenn Sie als Rohmaterial auf dieses Förderband gelangen, dann wartet am Ende dieses Bandes immer eine Kalaschnikow, also ein Schuldspruch auf Sie. Jedes andere Ergebnis bei der Verarbeitung des Rohmaterials wird als fehlerhaftes Produkt betrachtet. Daher sollte man wiederum allgemein den Gedanken aufgeben, dass irgendjemand irgendwo tatsächlich versuchen würde, den Dingen auf den Grund zu gehen, den Fall zu verstehen. Nein – sie werden Sie nicht unbestraft laufen lassen, nur weil Ihre Schuld nicht bewiesen wurde oder gar nicht existiert. Das ist das übergeordnete Prinzip, nach dem das System arbeitet. Sein Ziel ist es nicht etwa, die Wahrheit zu finden, sondern die eigene Agenda umzusetzen. Was ist der Mensch? Nur ein Objekt, Material, notwendig nur für statistische Zwecke.

Dieses »Förderband« arbeitet in drei Phasen:

1. Die operative Phase. Hier wird ein wahrer oder erfundener Hinweis auf ein Verbrechen geliefert und eine schuldige Partei ausgemacht. Es kommt allerdings häufiger vor, dass der Weg umgekehrt verläuft: Zuerst wird

die schuldige Partei ausfindig gemacht, und dann erfolgt die Suche nach etwas, das als Verbrechen verpackt werden kann.

Die Untersuchung eines Wirtschaftsverbrechens (ich spreche hier nicht über gewöhnliche Straßenkriminalität) beginnt in den seltensten Fällen mit der Klage eines tatsächlichen Opfers. Echte Opfer stehen dem System nur im Wege. Gewöhnlich wird das Verbrechen von den Gesetzesvollstreckern selbst aufgedeckt – oder erfunden. Eines der seltenen Male, als das System tatsächlich auf die Klagen betrogener Bürger reagierte, war der Fall »Mawrodi«. Sergej Mawrodi erhielt für seine »Finanzpyramide« viereinhalb Jahre; er hatte Millionen Russen mit ihren Geldanlagen durch falsche Zinsversprechen in ein Schneeballsystem gelockt. Die Durchschnittsstrafe für eine Person, die für ein Wirtschaftsverbrechen verurteilt wurde und ihre Schuld nicht eingestanden hat, beträgt dagegen zehn Jahre.

2. Die Untersuchungsphase. Hier werden Papiere ausgefüllt und die zugewiesenen Rollen der für (zu Recht oder Unrecht) schuldig erklärten Parteien endgültig bestätigt.

Man muss sich klarmachen, dass das konkrete Individuum dem System als Ganzem gleichgültig ist, das System ist nicht unnötig grausam. Wenn es keine persönliche Anweisung von oben gibt, eine bestimmte Person ins Gefängnis zu werfen, dann kann das Opfer dem System einfach geben, was von ihm verlangt wird (in der Regel 90 Prozent seines Vermögens), und die Strafe wird zur Bewährung ausgesetzt. Oder das Opfer kann eine andere Person als Sündenbock einsetzen. Unterstützung beim Ausfüllen der notwendigen Formulare bietet das System selbst. Es weiß, wie man das macht. Eine Klage ablehnen? Auch das wäre ein fehlerhaftes Produkt oder »privates Interesse«. Gegen Letzteres kämpft das System durchaus, wenn auch nicht immer erfolgreich.

3. Und zuletzt – die Prozessphase. Sie legitimiert im Laufe einer Gerichtsverhandlung die Entscheidungen, die in den bisherigen Phasen getroffen wurden.

Es gibt einen alten Witz: Ein Richter wird gefragt: »Könnten Sie einen Unschuldigen verurteilen?« Antwort: »Niemals! Ich würde ihm eine Bewährungsstrafe geben!« Das ist gar nicht so weit von der Wahrheit entfernt. Das System ist so gebaut, dass ein Richter, der tatsächlich einen Angeklagten freispricht, riskiert, nicht nur selbst aus dem System ausgestoßen zu werden, sondern auch als »fragwürdig« und »zweifelhaft« – je nachdem wie weit die Korruption reicht – abgestempelt zu werden. Für die Richtergeneration, die vom System aufgezogen und genährt worden ist und die sich selbst weniger als Pfeiler des Rechts, sondern vielmehr als Diener der Vertikale der Macht sieht, ist das ein ernst zu nehmendes und hohes Risiko. Daher gehören Freisprüche (außer durch ein Geschworenengericht) in das Reich der Mythen und Legenden, und daher ist ihr Anteil auch so verschwindend gering (0,8 Prozent).

Die Rolle der Strafvollzugsbehörde (FSIN) ist ausschließlich die eines Ersatzspielers und schwankt zwischen unter-

stützender Gleichgültigkeit und aktiver Folter. Der Modus
der aktiven Folter kann ins Spiel gebracht werden, wenn
eine Anweisung von sehr weit oben kommt (aus der Ebene
der Generalität), oder als eine Art persönlicher Gefallen,
den der eine Obere dem anderen erweist, oder aber, wenn
die Gefängnisaufseher eine Kleinigkeit für sich abzweigen
möchten. Zum Beispiel die Wohnung des Häftlings (das ist
eigentlich der häufigste Fall).

Das System legt dem Gesetz gegenüber ein äußerst un-
gnädiges und verächtliches Verhalten an den Tag, daher
wäre es verrückt, seine Hoffnungen auf das Gesetz zu setzen. Es gibt jedoch einige Besonderheiten.

Das System legt sehr viel Wert darauf, dass die forma-
len Anforderungen der Strafprozessordnung genauestens
erfüllt werden.

– Sie mögen Sie schlagen, Ihnen Medikamente oder medizinische Behandlungen vorenthalten, Sie plump oder spitz-
  findig beschimpfen – immer werden Sie auf der gepunk-
  teten Linie unterschreiben, dass Sie ordnungsgemäß über
  Ihr Recht, sich mit einer Aussage nicht selbst belasten zu
  müssen, informiert wurden.
– Sie werden Sie daran hindern, Ihrer Prozessakte Dokumente beizufügen, die Ihre Unschuld beweisen. Doch
  sie werden Ihnen ordnungsgemäß all den Müll und die
  dreisten Falschungen zur Kenntnis geben, die das Papier
  nicht wert sind, auf dem sie geschrieben sind. Wiederum
  gegen Ihre Unterschrift, die belegt, dass Sie alles ordnungsgemäß erhalten haben.
– Bei Durchsuchungen beschlagnahmte Papiere werden
  vielleicht nicht in der Prozessakte zu finden sein, wäh-

rend andere, die von weiß Gott woher kommen, auftauchen. Und die Tatsache solch unkonventioneller »Dokumentenbewegungen« wird die Justizbeamten nicht einmal mit der Wimper zucken lassen. Die Begriffe »gerecht und fundiert«[1] haben – wie das amerikanische »How do you do?« – ihre ursprüngliche Bedeutung schon lange verloren.

Der einzige Punkt im Strafgesetzbuch, an den das System sich hält, ist die Höchststrafe. Sie werden Ihnen nie mehr als angemessen geben (und »angemessen« heißt für Wirtschaftsverbrecher, die zum ersten Mal straffällig werden, 22,5 Jahre, vor allem seit der »Geldwäsche«-Artikel 174 auf so ziemlich jedes »sehr gefährliche« Wirtschaftsverbrechen angewendet wird).

Sollte jemand denken, man könne einer Strafverfolgung in der Russischen Föderation entkommen, nur weil es den Vorfall oder das Corpus Delicti gar nicht gab – dann ist er ein hoffnungsloser Idealist.

Wenn es im Strafgesetzbuch »ohne Gegenleistung« heißt, während Sie das fragliche Objekt für eine Million gekauft haben und sich deshalb auf der sicheren Seite wähnen, dann heißt das nur, dass Sie schlecht informiert sind. Ein Experte (zum Beispiel ein Angestellter des Außenministeriums) wird keine Schwierigkeiten haben, das Objekt auf einen Preis von 1,1 Millionen (oder je nach Notwendigkeit, auf 0,9 Millionen) zu schätzen, woraufhin – bitte jetzt genau aufpassen! – die Million, die Sie gezahlt haben, als »ohne Gegenleistung« betrachtet wird. Das ist kein Witz. So werden Gesetze in der Praxis angewandt.

[1] Ein grundlegendes Prinzip der russischen Prozessordnung.

Wenn im Strafgesetzbuch von einer Handlung »gegen den Willen der Aktiengesellschaft« die Rede ist, Sie aber der einzige Aktionär sind, folgern Sie natürlich daraus, dass die Gesellschaft unmöglich andere Interessen neben Ihren eigenen haben kann. Nun, unser »menschlichstes aller Gerichte« wird Ihnen helfen, Ihre höchst mangelhafte Wahrnehmung der Realität zu korrigieren. Tatsächlich werden die Interessen des Unternehmens weder von Ihnen noch von der Gesellschaft festgelegt, sondern vom Staatsanwalt.

Die im Strafgesetzbuch auf Anregung Medwedews vorgenommenen Änderungen bezüglich des Straftatbestands der Steuerhinterziehung hatten bisher wenig Einfluss auf die Interessen dieser Räuberbanden in Uniform. Schon zuvor liebten sie diese Artikel nicht wirklich: Das Strafmaß ist zu gering, »nur« maximal sechs Jahre. Die Ergänzung dieses Artikels um die Möglichkeit der kollateralen Rechtsverwirkung (ein Verbot, faktische Umstände, die zuvor von Gerichten begründet worden waren, zu ignorieren) hat nun zu wütenden Unmutsäußerungen und zur aktiven Suche nach Wegen, dieses neue Gesetz zu umgehen, geführt. Schließlich sind so Schmier- und Bestechungsgelder in Milliardenhöhe gefährdet. Besonders weil sich die höchsten Richter des Hohen Wirtschaftsgerichtshofes in letzter Zeit durchaus unabhängig gezeigt haben.

Das ist jedoch nur die Spitze des Eisbergs. Ohne Schwierigkeiten kann ein Ermittler jedem Unternehmer auch ohne Urteilsspruch eineinhalb Jahre Gefängnis verschaffen. Im Verlauf dessen können sich auch Dokumente, die die Funktionäre selbst Ihnen ausgestellt haben, als ungesetzlich erweisen (die Entwicklung der »Retschnik«-Siedlung ist ein Beispiel dafür), und der Verkauf Ihres Hauses kann, wenn der Präsident des Landes nicht persönlich eingebunden ist, Sie beispielsweise zum Geldwäscher machen. Und das heißt – wieder aufgepasst! – dass Sie entsprechend unseren humanen Gesetzen ein »besonders gefährlicher Verbrecher« sind und 22,5 Jahren in einer Strafkolonie entgegensehen.

Dachten Sie tatsächlich, es wäre grausam, Ihr Haus zu demolieren und Sie mit einer Geldbuße abzustrafen? Woher denn, Juri Luschkow[2] ist der Humanist der Humanisten verglichen mit diesen Räubern in Uniform.

Nun, und zuletzt: Wollen Sie bei Gericht für Lacher sorgen? Zitieren Sie ein Verfassungsprinzip – nämlich das der Unschuldsvermutung. Unser Justizsystem baut nicht auf diesem Prinzip auf. Das ist der wahre Grund, weshalb die Angriffe auf die Institution des Geschworenengerichts in der letzten Zeit immer zahlreicher werden.

Geschworene deuten in der Regel verbliebene Zweifel im Sinne der Verfassung, also zugunsten der Angeklagten, und eine nicht erwiesene Anschuldigung verstehen sie als gleichbedeutend mit Unschuld.

Aber jedes noch so kleine Rad in der Maschinerie des Systems ist vom Gegenteil überzeugt. Wenn Sie unschuldig sind, dann beweisen Sie es – und tun Sie dies, während Sie

---

[2] Bürgermeister Moskaus von 1992 bis zu seiner Entlassung durch Medwedew 2010. Immer wieder wurden dem »König von Moskau« Amtsmissbrauch und Korruption vorgeworfen, vor allem zugunsten der Bau- und Immobilienwirtschaft. Unter anderem stieg seine Gattin Jelena Baturina im Windschatten seines Amtes als Bauunternehmerin zur Milliardärin auf.

im Gefängnis sitzen. Und diese Überzeugung wird jeden Tag durch die juristische Praxis neu bestätig – 0,8 Prozent der Prozesse enden mit einem Freispruch und 20 Prozent der Freisprüche durch Geschworenengerichte werden im Nachhinein aufgehoben.

Ein Richter hat »keinerlei Veranlassung, nicht zu glauben, was eine Person in Uniform geschrieben hat«, während die Aussagen eines gewöhnlichen Bürgers nur der »Versuch sind, sich der Haftung zu entziehen«.

Interessant ist doch, dass das Vertrauen der Mehrheit der Richter in die Richtigkeit dieser Überlegung sehr stark den Regeln des kriminellen Milieus entspricht, wo das Wort einer Autorität weit mehr gilt als das Wort eines »Muschik«.[3] Ein Überbleibsel der Feudalgesellschaft, in der das Wort eines Adeligen schwerer wog als das des einfachen Leibeigenen.

Jedes Jahr verschlingt das Justiz- und Polizei-Förderband die Menschenwürde und die Schicksale Hunderttausender Mitbürger, die in Gefängnissen enden, von Freunden und Verwandten getrennt werden oder »nur« ihr Hab und Gut verlieren. Hierher gehören auch die Schicksale der echten Opfer, die das System gar nicht braucht. Die, die in die Mühlen dieser Maschine geraten, kommen nicht unbeschädigt aus ihr heraus. Das Förderband lähmt vor Angst und raubt Millionen die Lebenskraft. Doch das Förderband ist nicht für die Ewigkeit. Jedes Jahr bringt es viele tausend Menschen hervor, die das System hassen.

Die im Moment wichtigste Frage dreht sich nicht um die

---

[3] Ein normaler Verurteilter in der Gefängnishierarchie; eigentlich »Bauer«.

Wirtschaft oder um den Rückgang unternehmerischer Aktivitäten. Entweder wird dieses Förderband-System zerstört, indem die notwendigen Strukturen mit der Verfassung in Übereinstimmung gebracht werden (ein Vorhaben, das starken Willen und Durchsetzungskraft seitens der politischen Elite dieses Landes erfordert), oder die Zerstörung erfolgt auf die in Russland traditionelle Art und Weise – von unten und mit Blutvergießen.

Man kann mit Sicherheit sagen, dass das Silowiki-Förderband (siehe Seite 134), das die Justiz unterhöhlt hat, der Totengräber eines modernen Russlands ist. Mit beachtenswerter Regelmäßigkeit bringt es Tausende von Russlands aktivsten, sensibelsten und unabhängigsten Bürgern gegen den Staat auf. Und das sind genau diejenigen Menschen, von deren Entscheidungen letzten Endes das Schicksal dieses Staates abhängt.

Die Ergebnisse soziologischer Umfragen sollten nicht dazu verführen, sich von einem falschen Gefühl der Sicherheit einlullen zu lassen. Die träge Mehrheit wählt häufig die Machthaber, besonders bei mangelnder Demokratie. Eine soziale Explosion (wie ein sozialer Fortschritt) wird aber bei einer aktiven Minderheit verursacht – wenn diese die gegenwärtigen Zustände nicht mehr ertragen kann. Drei Prozent der Bevölkerung sind – wenn wir davon ausgehen, dass das der aktivste Teil ist – die kritische Masse, die notwendig und ausreichend ist für radikale Veränderungen.

Das Silowiki-Förderband frisst, in seiner langweiligen, methodischen Art und Weise, wie es die Dinge immer ausführt, nur diese kleine gegen das System gerichtete Minderheit. Seltsam, dass Russlands regierende Elite – anders als ihr nicht sehr großer, sensibler Teil – keine Angst davor zu haben scheint. Nicht einmal ihr Selbsterhaltungstrieb scheint richtig zu funktionieren.

Der Winter der Justiz: Worte und Wirklichkeit

»Wedomosti«, 2. Februar 2011

Ich halte es für notwendig, mich im Zusammenhang mit dem beschämenden Urteil des Chamownitscheski-Gerichtshofes persönlich an den Präsidenten der Russischen Föderation zu wenden.

Ich weiß durchaus, dass dieser Schritt bei denjenigen meiner Mitbürger, die fest davon überzeugt sind, dass Dmitri Medwedew überhaupt nichts entscheidet, und zugleich auch bei denjenen, die glauben, dass ein Eingreifen seinerseits in die Justiz unzulässig sei, auf Unverständnis stoßen wird.

Es geht hier allerdings nicht um ein Eingreifen in die Justiz oder um meine persönliche Rettung. Der vollständige Zusammenbruch unseres Rechtssystems hat vielmehr dramatische Konsequenzen nicht nur für jeden Einzelnen, sondern für unser ganzes Land.

Es ist die verfassungsmäßige Pflicht des Präsidenten, die Unabhängigkeit der Rechtsprechung zu gewährleisten – und sie nicht nur zu betonen. Ich denke also, dass es nicht nur das Recht, sondern auch die Pflicht unseres Staatsoberhaupts ist, eine wirklich unabhängige Untersuchung anzuordnen, wenn Fakten auftauchen, die die fehlende Unabhängigkeit des Richters in diesem hochkarätigen Prozess belegen. Wir haben in der jüngsten Vergangenheit bereits ein Beispiel für eine Untersuchung unter der Leitung des

Präsidenten kennenlernen dürfen – nämlich den »Tri kita«-Fall.[1]

Ich betone: Obwohl sich mein Vorwurf der fehlenden Unabhängigkeit des Richters auf weit mehr stützt als die skandalöse Rede des Ministerpräsidenten, halte ich es nicht für angebracht, alle meine Informationen offenzulegen, bevor eine Untersuchung angeordnet worden ist. Andererseits, wie anders könnte man die Lächerlichkeit beschreiben, wenn laut einem »Gerichtsurteil« zehn Millionen Tonnen mehr Öl gestohlen wurden, als tatsächlich produziert worden waren, wenn im Urteil gegenüber der Behauptung »Misstrauen« geäußert wird, Öl in Sibirien koste weniger als in Westeuropa, und so weiter. Das sind natürlich Punkte, über die die Verteidigung, die Journalisten und sogar der Richter im Verlauf des Prozesses herzlich mit den Generalstaatsanwälten gelacht haben.

Der Präsident Russlands ist der Garant für die Rechte und Freiheiten der Bürger. Und der immer schlimmer werdende Rechtsnihilismus der Richter und – im Besonderen – die schlampige Interpretation der Gesetze durch diese Richter sind eine schamlose Verletzung dieser Grundrechte.

Wohin werden solche pseudo-juristischen Praktiken das Land führen, wenn ein Gericht bestimmen kann, eine Transaktion, in deren Verlauf tatsächlich Summen in Milliardenhöhe geflossen sind, sei »ohne Gegenzahlung« vonstatten gegangen und damit »Diebstahl«?

Eine entsprechende Untersuchung im Auftrag des Vor-

---

[1] »Tri kita« heißt übersetzt »Drei Wale« und ist der Name eines Moskauer Möbelhauses. Dem Besitzer wurde im Jahr 2000 Möbelschmuggel im großen Stil vorgeworfen. Der Skandal weitete sich bis auf Regierungsebene aus.

sitzenden des Verfassungsgerichtshofs der Russischen Föderation könnte dieser künstlichen Kriminalisierung von gewöhnlichen Geschäftsvorgängen, die von geldgierigen Offiziellen für Gaunereien und Erpressungen betrieben wird, ein Ende setzen. Meine diesbezügliche Eingabe bei Gericht verlief im Sande, wie es mit einer Vielzahl solcher Eingaben geschehen ist.

Natürlich – wenn die Gerichte die Gesetze unverschämterweise nicht anwenden, während der Präsident des Landes nicht die Möglichkeiten hat, die Situation zu ändern, kommt es zu einer Verfassungskrise. Doch so weit sind wir glücklicherweise noch nicht. Die Erfahrungen mit Urteilen der Wirtschaftsgerichte zeigen mir, dass Dmitri Medwedew und seine Mannschaft wissen, wie man die Situation in den Gerichten zum Besseren wenden kann.

Es wurde viel über Dmitri Medwedews informelle Beschränkungen gesprochen, doch ich halte es für kontraproduktiv, sich auf eine Diskussion über diese Einschätzungen einzulassen: Mein Land hat einen Präsidenten und seine verfassungsmäßige Pflicht ist es, die Rechte und Freiheiten seiner Bürger zu schützen. Der Zustand des Justizsystems gehört in seinen Aufgabenbereich, und dieses hat, wie er immer wieder betont hat, für ihn absolute Priorität.

Ich bin auch überzeugt davon, dass sich Präsident Medwedew als ein umsichtiger und pragmatischer Politiker über die Einstellung der russischen Intelligenzija und aller nichtgleichgültigen Menschen zur demonstrativen Willkür der Gerichte und der Silowiki im Klaren ist.

Es muss nicht zu Ausschreitungen kommen, doch es ist extrem irrational und gefährlich für die Machthaber, die Kluft zwischen Worten und Wirklichkeit noch weiter auseinanderklaffen zu lassen und so zu zeigen, dass es in diesem Land keine andere Möglichkeit mehr gibt, die Bürgerrechte zu schützen, als »auf die Straße zu gehen«. Ohne das Vertrauen der Menschen in die Institutionen des Staates liegt rohe Gewalt als »Verwaltungsmethode« nicht fern.

Obendrein ist es angesichts solcher »Verwaltungsmethoden« absolut überflüssig, auch nur über die Möglichkeit einer Modernisierung im 21. Jahrhundert zu sprechen. Ein Land, das heute zivilisiert genannt werden will, in dem sich aber gleichzeitig die Regierung über das Gesetz und die Gerichte erhebt, wäre auf dieser Welt nur schwer zu finden – gäbe es Russland nicht. Die Menschen brauchen Fairness, Menschenrechte und Schutz ihrer Würde, das wird sich Bahn brechen. Bis dahin zeichnet sich das System durch Rechtsnihilismus und eine »Anything-goes«-Haltung aus, der Machthunger der Beamten, einschließlich derer aus der Justiz, wächst immer mehr und die letzten Anreize, die Pflicht mit Anstand zu erfüllen, verschwinden nach und nach.

Für die Bürger bedeutet das, sie müssen sich entweder durch Lösegeld freikaufen oder versuchen, sich zu wehren. Wir dürfen die Rolle der Intelligenzija als Katalysator dieser Bürgerwehr nicht unterschätzen. Wenn ehrbare Leute sich für ihr Land schämen, dann erwacht das Bewusstsein. Wenn es für ein respektables Mitglied der Intelligenzija unanständig wird, dem Staat zu dienen, dann verweist das auf einen grundsätzlichen moralischen Konflikt, eine gefährliche offene Wunde in unserer Gesellschaft.

So empfinde ich meinen Appell an den Präsidenten als meine Bürgerpflicht. Ich möchte betonen: Ich schlage nicht vor, Druck auf die Gerichte auszuüben und ihnen Vorschriften zu machen. Im Gegenteil: Ich schlage vor, den offensichtlichen und den unterschwelligen Druck von ihnen zu nehmen, den die erniedrigende Rolle, Handlanger eines repressiven Systems und zugleich Gegenstand von Manipulationen zu sein, mit sich bringt.

Und was die Beispiele eines demonstrativen Rechtsnihilismus in diesem monströsen Urteil angeht, das jenen wegweisenden Prozess krönte: Sie sind eine direkte Bedrohung für das gesamte Rechtssystem des Landes, auch für seine wirtschaftliche Handlungs- und internationale Konkurrenzfähigkeit. Ich habe dem Präsidenten gegenüber einige Beispiele genannt. Es mag blödsinnig erscheinen, doch das Urteil besagt unter anderem tatsächlich:

– Dass der Abzug von Kapital von einer hundertprozentigen Tochter durch die Muttergesellschaft Diebstahl ist, nämlich die Beschlagnahmung von Besitz ohne eine Gegenleistung – selbiges gilt im Fall des Abzugs durch Anteilseigner.
– Dass die Tatsache, dass ein Produzent Profite in Milliardenhöhe erhält, das »Nicht-Erfolgen einer Geldzahlung« bestätigt.
– Dass der »korrekte« Preis für Öl auf den Feldern Sibiriens dem in Rotterdam entspricht, ungeachtet der noch hinzukommenden Zölle und Transportkosten.

Alle »Überlegungen« des Gerichts finden sich auf meiner Website. Dazu gehören auch folgende Hinweise:

»Aussagen darüber, ob das Öl Eigentum der OAO NK YUKOS war, werden in der Entscheidung des Wirtschaftsgerichtshofes nicht getroffen... Aus der Entscheidung des

Wirtschaftsgerichtshofes folgt, dass der Eigentümer des Öls OAO NK YUKOS war...«

Ich kann das nur noch als pseudolegale Teufelei bezeichnen.

Oder: »...die Schuld der Angeklagten (*im Prozess über Öldiebstahl*) wird durch die Tatsache, dass diese aktiv am Aufbau der vertikal-integrierten Struktur von OAO NK YUKOS beteiligt waren, bestätigt«; »die Angeklagten... verschleierten den begangenen Diebstahl... durch die Auszahlung von Dividenden (*an die Anteilseigner*)«; »Die Steigerung der Produktionsvolumina bei YUKOS (*dies bestätigt der Anklagepunkt, demzufolge...*)... entsprach den geldgierigen Hoffnungen, noch mehr Profit zu machen.«

Während also die Führung dieses Landes Investoren einlädt und ihnen optimale Bedingungen verspricht, erklären russische Gerichte ansteigende Produktionsvolumina, die Erarbeitung von Profiten und die Ausschüttung von Dividenden zu Beweisen für kriminelle Aktivitäten.

Doch letztendlich ist Dmitri Medwedew selbst Zivilrechtler, er hat einen Hochschulabschluss und um sich herum eine ausreichende Anzahl von Spezialisten, die Hunderte von Seiten offensichtlicher und demonstrativer Ketzerei wider das Gesetz analysieren können – falls denn überhaupt ein Interesse daran bestehen sollte.

Etwas ganz anderes aber ist wichtig: Was vor dem Chamownitscheski-Gericht geschah, ist keine Ausnahme, sondern vielmehr das anschaulichste und wohl bekannteste Beispiel für die russische Praxis der Erpressung, der ungesetzlichen Neuverteilung von Besitz und der Verfolgung unerwünschter Personen mithilfe einer fingierten Gerichtsbarkeit.

Dieses absolut schamlose Urteil in einem öffentlichen Prozess von internationaler Bedeutung, dem jede Glaubwürdigkeit abgeht, der aber von offensichtlich außergesetzmäßigen Zielsetzungen beeinflusst wird, dazu ein barbarisches Urteil, 14 Jahre, sind all diese Punkte nicht eine unmissverständliche Botschaft für diese »Bruderschaft der Amtsträger«, dass von jetzt an alles möglich ist?

Es wäre falsch, der Welt oder sich selbst einzureden, der Fall Jukos sei eine Ausnahme (das einzig Besondere war lediglich das Ausmaß des Debakels). Unser Gerichtssystem, das seine Unabhängigkeit und das Verbot der Einflussnahme von außen beschwört, spuckt auf jedes lästige Gesetz. Und selbst wenn sie Sie nicht einsperren – die Kosten für ein »Dach«, das angesichts der Ermangelung juristischen Schutzes notwendig geworden ist, werden zweifellos weiter steigen. Und was die Menschenwürde angeht – an die denken wir am besten gar nicht erst.

Rechenschaftspflicht nur gegenüber den Vorgesetzten bei gleichzeitiger Nichtbefolgung von Gesetzen sind Merkmale und Werkzeuge der Ungesetzlichkeit – um den Preis politischer Passivität und der Unterwürfigkeit von Bürokraten erkauft. Unter solchen Bedingungen ist es verständlich, dass Russland so attraktiv für Opportunisten und Langfinger ist. Doch wie könnte man ernsthafte Investoren oder weltgewandte Intellektuelle, die international alle Möglichkeiten haben, anziehen und halten? Mit einer Vervielfachung der Gewinnspannen? Mit persönlichen Garantien des Ministerpräsidenten? Sind das die modernen Mittel des 21. Jahrhunderts?

Was mich persönlich anbelangt, wurde der erste Prozess bereits als »diskriminierende« und »ungewöhnliche«

Rechtsanwendung bezeichnet. Der zweite Fall ist nicht nur völlig absurd, sondern widerspricht dem ersten auch unmittelbar – was für jedermann offensichtlich ist. Verrückten Urteilen mit dem Ziel, jemanden im Gefängnis zu halten, sind nur durch die Phantasie der Beamten Grenzen gesetzt – und durch die Wünsche ihrer Vorgesetzten.

Ich weiß – Viktor Danilkin, der Richter am Chamownitscheski-Gericht, ist kein bisschen verrückt. Außerdem war er in den zwanzig Monaten des Prozesses, in dem ich verurteilt wurde, eine höchst professionelle und gewissenhafte Person. Vor welche Wahl musste er gestellt werden, dass man ihn zwingen konnte, »das« zu unterschreiben?

Wie wird ihm sein Gewissen zusetzen?

Wie nennt man Menschen, die einem anderen so etwas antun?

Wie nennt man Menschen, die vortäuschen, nicht zu bemerken, was passiert, die an die Unabhängigkeit dieses »Gerichts« glauben und dieses unverschämte Stück Papier einen »Rechtsakt« nennen?

Vielleicht ist die Zeit schon gekommen, um den Machthabern laut zuzurufen:

»Genug Versprechen. Zeigt uns hier und heute, dass in den russischen Gerichten kein Platz für Willkür ist. Dass ein Mensch Gerechtigkeit auch ohne Bestechungsgelder und Bürgerproteste, sondern gemäß geltendem Recht erhalten kann, wie es in einer normalen modernen Gesellschaft üblich ist! Zeigt uns, dass Ihr die Menschen und ihre Angelegenheiten vor Willkür beschützen könnt und wollt und dass Ihr Willkür nicht zu Eurem eigenen Interesse einsetzt!«

269

Im 4. Jahrhundert sagt der heilige Augustinus, dass ein Staat ohne Gerechtigkeit nichts anderes sei als eine Handvoll Diebe.[2]

Doch Russland im 21. Jahrhundert verdient etwas Besseres. Finden Sie nicht?

Moskau FBU SIZO-1 des FSIN Russlands

---

[2] Augustinus *De civitate Dei*; liber IV; caput 4.

ANHANG

Das Internat »Podmoskowny«

von Jewgeni Trawin

Das Gymnasium »Podmoskowny« wurde 1994 auf Initiative von Michail Chodorkowski als wohltätiges Bildungsprojekt des Ölkonzerns Jukos gegründet.

Ziel des Gymnasiums ist es, die kostenlose Schulbildung für Kinder aus sozial schwachen Bevölkerungsgruppen verschiedener russischer Regionen zu unterstützen, insbesondere für Waisenkinder, die sich unter der Obhut von Verwandten befinden, und Kinder aus kinderreichen Familien mit einem alleinerziehenden Elternteil. Außerdem werden in das Gymnasium vom ersten Tag seines Bestehens an Kinder von Grenzsoldaten aufgenommen, deren Eltern ihren Dienst in Kriegsregionen leisten, sowie Kinder, die den Schrecken von Terroranschlägen (»Nord-Ost«, Beslan) überlebt haben.

In den 15 Jahren seines Bestehens wurden etwa 400 Kinder in »Podmoskowny« unterrichtet, die 11. Klasse des Gymnasiums schlossen 140 Schüler ab, davon 35 mit Auszeichnung.

Die überwiegende Mehrheit der Absolventen nahm anschließend ein Studium an einer Hochschule auf oder konnte erfolgreich ins Arbeitsleben entlassen werden.

Gegenwärtig halten sich in dem Gymnasium 180 Kinder aus 40 russischen Regionen auf. Darunter sind 57 Waisen beziehungsweise nicht in der Obhut ihrer Eltern aufwachsende Kinder, 25 Geiseln von Beslan[1], 32 Kinder, die aus Familien von Militärangehörigen der Russischen Armee, des Innenministeriums oder des FSB stammen und deren Eltern an »Brennpunkten« eingesetzt sind, sowie Kinder aus kinderreichen Familien.

Am 4. Februar 2009 erhielt das Gymnasium unter AA Nr. 001810 die staatliche Ausbildungsgenehmigung der Russischen Schulaufsicht, am 9. April 2007 wurde es unter der Nr. 148765 des Bildungsministeriums des Bezirks Moskau staatlich zugelassen.

Das Internat bietet den Schülern ideale schulische, pädagogische und wohnliche Bedingungen, die es den Kindern ermöglichen sollen, ein wettbewerbsfähiges Bildungsniveau zu erreichen und nach Beendigung des Gymnasiums ihr Studium an einer Hochschule fortzusetzen. Das Hauptziel ist die Unterstützung einer Entwicklung der Kinder zu integren Bürgern des neuen Russlands.

Der Unterricht für die Schüler der 5. bis 9. Klasse folgt den allgemeinen Lehrplänen, die Mädchen und Jungen der 10. und 11. Klasse werden nach den Lehrplänen für die Oberstufe unterrichtet. Zur 11. Klasse gehört ein gründlicher Kurs in russischer Sprache, Mathematik, Physik, Geschichte und Gesellschaftskunde als Vorbereitung für die Aufnahmeprüfung an der Hochschule.

---

[1] Geiselnahme von Beslan (Kleinstadt in Nordossetien): Am 1. September 2004 nahmen tschetschenische Terroristen in einer örtlichen Schule am ersten Schultag des Jahres mehr als 1200 Geiseln, darunter ein Großteil Kinder, angeblich um die Entlassung von in Inguschetien inhaftierten tschetschenischen Gesinnungsgenossen zu erwirken. Bei der Erstürmung der Schule kamen nach offiziellen Angaben 331 Geiseln ums Leben, größtenteils Kinder.

Besonders begabte Kinder des Gymnasiums erringen Jahr für Jahr Siege und Preise in Schulwettbewerben verschiedener Niveaus.

Das Internat hat ein breit gefächertes zusätzliches Bildungsangebot: Ballett, Singen, Jazzorchester, Zeichnen, Theater, Fußball, Basketball, Volleyball, Skilauf, Schwimmen, Wandern, Werken, Handarbeit, Foto- und Videokurse. Künstlerisch begabte Kinder haben die Möglichkeit, Kurse der musikalischen oder choreografischen Abteilung der Kunstschule zu besuchen.

Die musischen Arbeitsgruppen des Internats haben Diplome und Preise gewonnen im internationalen Wettbewerb der »Kleinen Kremlstars«, beim russischen Festival »Neue Namen«, bei den lokalen Wettbewerben »Silberner Hirsch«, »Nachtigall von Odinzowo« und beim Wettbewerb für Jazzorchester.

Die Lernerfolge und die Ergebnisse des staatlichen Zentralabiturs weisen das Gymnasium als eine der besten Bildungseinrichtungen der Region Moskau aus.

Das Internat hat eine moderne Ausstattung: ein Schulgebäude für 240 Schüler, vier Wohnhäuser für drei bis vier Schüler pro Zimmer, ein Sportzentrum (Stadion, Turnsaal, Schwimmhalle, zwei Krafträume), ein medizinischer Trakt, ein Bereich für zusätzliche Beschäftigungen (Aula, Tanzklasse, Zeichensaal, Werkstätten, Haus für festliche Veranstaltungen, Räume für Arbeitsgruppen), es gibt zwei Räume mit Computern und ein Internetzimmer.

Die Schüler erhalten täglich fünf ausgewogen zusammengestellte Mahlzeiten, Schuluniformen und Turnsachen. Der erhöhte Bedarf der Waisenkinder an Kleidung und Schuhen wird berücksichtigt.

Da die Mehrheit der Schüler gesundheitliche Probleme hat, wird im Internat besonders auf die Vorsorge geachtet. Fünf Kinderärzte, zwei Physiotherapeutinnen, ein Zahnarzt, eine Diätassistentin und zwei Krankenschwestern arbeiten für das Internat und erstellen individuelle Therapiepläne.

Das pädagogische Team besteht aus qualifizierten Lehrern und Erziehern. Alle Leistungen der Einrichtung sind kostenlos und werden durch Spenden finanziert.

Zeittafel zu Michail Chodorkowski

26. Juni 1963	geboren als Sohn von Boris und Marina Chodorkowski (beide Angestellte in der chemischen Industrie)
1981	Beginn des Studiums der Chemie am Moskauer Chemisch-Technischen Mendelejew-Institut; während des Studiums Mitglied in einer Brigade des Komsomol (Jugendorganisation der KPdSU)
März 1985	**Michail Gorbatschow wird Generalsekretär der KPdSU**
1986	Abschluss als Diplomchemiker
1987	Leitung eines NTTM-Zentrums (Zentrum für wissenschaftlich-technische Kreativität der Jugend) (Ziel: Hinführung großer Unternehmen zu neuen Technologien)
1986–1987	Stellvertretender Komsomolsekretär des Mendelejew-Instituts
1988	Abschluss des Studiengangs zum Volkswirt am Moskauer Plechanow-Institut
1989	Aufbau einer der ersten Privatbanken in Russland (später bekannt unter dem Namen Menatep); ab 1991 Vorstandsvorsitzender

Juni 1991	Wahl Boris Jelzins zum ersten Präsidenten der sowjetischen Teilrepublik Russland
Dezember 1991	Offizielle Auflösung der Sowjetunion
1992–1998	Viktor Tschernomyrdin ist russischer Ministerpräsident
1992	Mitglied im Beraterstab des russischen Premiers Viktor Tschernomyrdin
März 1993	Stellvertretender Minister für Brennstoff und Energie
1993–1994	Mitglied im Rat für Industriepolitik
Ende 1993	Beteiligung am Wahlkampf für Präsident Jelzin
1994	Beschluss der Direktoren von Menatep, das Unternehmen Rosprom zu gründen, das die Privatisierung von etwa 100 großen Fabriken durchführen soll (Umsetzung 1995); unter anderem erwirbt Menatep die Aktienmehrheit am Ölunternehmen Jukos
1996	Wechsel Chodorkowskis in die Geschäftsführung von Jukos
Okt. 1996	Mitglied des Konsultativrats für Bankwesen der russischen Regierung
1997	Vereinigung von Rosprom und Jukos zu einer Holding; Chodorkowski als Vorstandsvorsitzender
Nov. 1998	Mitglied des Kollegiums des Energieministeriums
1998/99	Rubelkrise und wechselnde Ministerpräsidenten

August 1999	Wladimir Putin wird Ministerpräsident
Dezember 1999	Putin wird Stellvertreter Jelzins nach dessen überraschendem Rücktritt von der Präsidentschaft
1999	Finanzierung der liberalen Partei Jabloko bei den Duma-Wahlen
März 2000	**Wahl Putins zum Präsidenten**
Ende 2001	Gründung der Stiftung »Offenes Russland«
2002/03	Weitere Steigerung der Förderleistungen bei Jukos und Fusion mit Sibneft, die 1998 gescheitert war
Anfang 2003	Platz 26 auf der »Forbes«-Liste der reichsten Männer der Welt – für Russland auf Platz 1
19. Feb. 2003	Öffentliche Konfrontation mit Präsident Putin bei einem Treffen des Russischen Verbands der Industriellen und Unternehmer
2. Juli 2003	Inhaftierung Platon Lebedews, eines Geschäftspartners von Chodorkowski
25. Okt. 2003	Verhaftung Chodorkowskis bei einem Zwischenstopp mit seinem Privatjet in Nowosibirsk und Inhaftierung in Moskau
März 2004	**Wiederwahl Putins zum Präsidenten**
2004	Chodorkowskis Anwälte legen Beschwerde beim Europäischen Gerichtshof für Menschenrechte ein

16. Mai 2005	Verurteilung zu neun Jahren Gefängnis; Milderung des Urteils von einem Moskauer Revisionsgericht im September 2005 auf acht Jahre
Ab Okt. 2005	Straflager JaG 14/10 Krasnokamensk im Länderdreieck Russland-China-Mongolei
Ab Dez. 2006	Untersuchungsgefängnis in Tschita
Jan./Feb. 2008	Erfolgreicher Hungerstreik mit dem Ziel, einem Untersuchungshäftling die nötige medizinische Behandlung zu verschaffen
Mai 2008	**Dmitri Medwedew wird Präsident, Putin Ministerpräsident**
30. Juni 2008	Neue Vorwürfe gegen Chodorkowski
Aug./Okt. 2008	Ablehnung der Anträge auf vorzeitige Entlassung
Februar 2009	Verlegung der Haft nach Moskau
31. März 2009	Beginn des zweiten Verfahrens
2009	Zulassung der Beschwerde der Anwälte Chodorkowskis von 2004 durch den Europäischen Gerichtshof für Menschenrechte in fast vollem Umfang. Ein Urteil steht noch aus
Dez. 2010	Verurteilung wegen Unterschlagung von 350 Millionen Tonnen Öl und Geldwäsche zu weiteren sechs Jahren Haft bis 2017

Handschriftliche Notizen

Seite 60

Kirijenko[1] in Krasnokamensk beim Kombinat[2].

Überhaupt waren fast alle in diesem Jahr in Tschita und Krasnokamensk: der Innenminister, der Finanzminister, der Verteidigungsminister, der Generalstaatsanwalt, der Rohstoffminister.

Tschita ist zu einem regelrechten Zentrum des gesellschaftspolitischen Lebens des Trans-Urals geworden.

Ein ziemlicher Witz.

Note[3]

Sehr schade, dass sie Tschita nicht wie Irkutsk-Angarsk in die Reihe der geplanten Megalopolen[4] aufgenommen haben. Obwohl das aus rein wirtschaftlichen Gründen durchaus sinnvoll wäre. Die Entfernungen zwischen den besiedelten Punkten sind hier zu groß (als Arbeitskräfte kommen

[1] Sergej Kirijenko (*1962): seit 2005 Russlands Chef der Bundesagentur für Atomenergie der Russischen Föderation.

[2] Vereinigung verschiedener Industriebetriebe; hier konkret das Bergbau- und Chemieunternehmen Priargunskoje: Kirijenko besichtigte das Unternehmen am 31.5.2007.

[3] Engl. »Notiz«.

[4] Die Stadtplanung von 2007 sah vor, die sibirischen Städte Irkutsk, Angarsk und Schelechow zu einer Megalopolis mit mehr als einer Million Einwohner zu vereinen.

nur Pendler infrage). Ganz zu schweigen vom politischen, sozialen und kulturellen Aspekt. Hier an der Grenze zu China muss es einfach eine »Millionenstadt« geben.

Presse

»Experte« vom 21.–27.05.07 Maxim Sokolow:[5] Unmöglichkeit, »den Konzernchef abzuhalten, die ganze Duma zu kaufen, ohne das gesamte Rechtssystem außer Kraft zu setzen«?

»Kommersant«: Artikel von Gerastschenko[6] »Nicht-Erbe«[7]
ENI:[8] Differenz bei den Rechnungen zwischen Gaslieferungen und Gaskäufen. Anklage der Bildung krimineller Vereinigungen

---

[5] Maxim Sokolow (*1959): russischer Journalist.

[6] Viktor Gerastschenko (*1937): u. a. ehemaliger Chef der Staatsbank der Sowjetunion, der Zentralbank von Russland und Vorsitzender des Jukos-Vorstands. Überlegte 2007, sich als Kandidat der Opposition für die Präsidentschaftswahlen 2008 aufstellen zu lassen.

[7] Der Artikel »Nicht-Erbe« (gemeint: Nicht-Erbe des amtierenden Präsidenten Putin) erschien am 31.5.2007 und bezog sich auf Gerastschenkos Kandidatur.

[8] ENI S.p.A.: italienischer Erdöl- und Energiekonzern, der mit Gasprom beim Bau einer Pipeline, die Russland über das Schwarze Meer mit der Türkei verbindet, zusammenarbeitete.

1.06.07 Freitag

Anwältin Terechowa (Besuch)

- Putin-Rede (Interview nach dem Treffen mit dem griechischen Premier). Antiamerikanismus, Antiimperialismus, asymmetrische Antwort auf die Installierung des Raketenabwehrschildes (Interkontinentalraketen).
- in der Ukraine versuchen sie weiter, Gesetze für die Wahl der Rada[9] zu verabschieden (klappt bisher nicht).
- Erleichterung der Erteilung eines Europäischen Visums für Studenten und Kulturschaffende.
- Vor 40 Tagen starb B. N. Jelzin.

Theorie? T. beauftragt

Wo ist die Grenze zwischen Zivilrecht und Strafrecht?

- Was heißt ausreichende Beweise?
- Zulässigkeit von abgeleiteten Beweisen, die auf ungenügenden primären Beweisen basieren.
- Bezug der Beweise zu jedem Umstand, der bewiesen werden muss.
- Glaubwürdigkeit.
- Übereinstimmung der Schlussfolgerungen mit den Fakten, die im Gericht bewiesen wurden. Wer bestimmt die Logik?
- Notwendigkeit eines nicht nur unabhängigen, sondern auch kompetenten Gerichts.

---

[9] »Werchowa Rada« (dt. »Oberster Rat«), das gesetzgebende Organ der Ukraine.

Von zu Hause

Nastjucha[10] hat bis zum 15. Juni Abschlussprüfungen: 5 Stück.

Die Zwillinge[11] haben gut abgeschlossen.

Gestern Pressekonferenz in Tschita. Rosenberg,[12] Terechowa,[13] Mosk.[14]

---

[10] Tochter Nastja.
[11] Zwillingssöhne Gleb und Ilja, im Jahr 2000 geboren.
[12] Rechtsanwalt Semjon Rosenberg.
[13] Rechtsanwältin Natalja Terechowa.
[14] Rechtsanwältin Karinna Moskalenko.

Bildnachweis

Schwarzweiß-Bildteil:

S. 59, 61: Grigory Tambulov/Kommersant
S. 60, 63: Handschriftliche Notizen Chodorkowskis mit freundlicher Genehmigung MBK IP Limited
S. 62: Alexey Kudenko/Kommersant
S. 64: Dmitry Lebedev/Kommersant

Farbbildteil:

S. 1 oben: Itar-Tass, Moscow
S. 1 unten links: Stolitza/Kommersant
S. 1 unten rechts: Vassily Shaposhnikov/Kommersant
S. 2 oben: Boris Babanov/RIA Novosti News Agency, Moskau
S. 2 unten: Eddie Opp/Kommersant
S. 3 oben: AFP
S. 3 unten: Dmitry Lekay/Kommersant
S. 4/5: Vladimir Rodionov/RIA Novosti News Agency, Moskau
S. 6: Mit freundlicher Genehmigung MBK IP Limited
S. 7 oben: ddpimages/AP/Russian Newsweek
S. 7 Mitte und unten: Ilya Pitalev/Kommersant
S. 8 oben links: Sergey Kiselev/Kommersant
S. 8 oben rechts: Vassily Shaposhnikov/Kommersant
S. 8 unten: Andrey Stenin/RIA Novosti News Agency, Moskau